Eine Zeitreise durch die 60er

Genehmigte Sonderausgabe für Verlagsgruppe Weltbild GmbH,
Steinerne Furt, 86167 Augsburg

Umschlaggestaltung: coverdesign uhlig, augsburg
Umschlagmotive (vorne): *Bravo* (Ausgabe vom 14. März 1966): © dpa – Report; Kofferplattenspieler, ca. 1961: © dja65/Fotolia.com; Opel Rekord 1967: © Wikimedia Commons/ Joost J. Bakker; Miss Twiggy 1968: © dpa – Bildarchiv; Neil Armstrong 1969: © picture-alliance/ Mary Evans Picture; Sean Connery und Tippi Hedren im Hitchcock-Film *Marnie* von 1964: © dpa – Fotoreport; HB-Männchen: © Haus Bergmann, B.A.T. Hamburg;
Umschlagmotive (hinten): Kennedy Brothers 1960: © Wikimedia Commons/United States Senate; Rotes Telefon: © worthdog13/Fotolia.com; Schuhe mit Handtasche: © Mona Coots/Fotolia.com

Lektorat: Christiane Labonté, Köln
Satz und Layout: Inga Menkhoff, Köln
Druck: Eurografica, Italy
Printed in the EU
978-3-8289-4689-7

Einkaufen im Internet:
www.weltbild.de

NORBERT GOLLUCH

Eine Zeitreise durch die 60er

1001 DINGE,
AN DIE MAN SICH ERINNERN SOLLTE

Weltbild

Inhalt

Inhalt

Die 60er-Jahre – ein erstaunliches Jahrzehnt

Neue Denkansätze und Theorien revolutionierten die Wissenschaft, frische Erfahrungen und Ausdrucksformen die Kunst, ein anderes Bewusstsein das alltägliche Leben. Antiautoritäre Erziehung revoltierte gegen eine festgefahrene Pädagogik. Neue politische, aber auch hedonistische Zielsetzungen, geprägt von Drogenerfahrungen Einzelner, innovative Formen des Zusammenlebens, eine andere Moral und Erotik fegten ab Mitte des Jahrzehnts den Muff der 50er-Jahre weg. So die Sicht der Befürworter von Veränderungen, doch was die einen als Befreiung und als einen Erfolg des modernen Denkens begriffen, war für andere Gruppen der Gesellschaft der Niedergang traditioneller Werte in Moral, Religion und gesellschaftlichem Zusammenleben.

Für alle – Befürworter und Gegner – kamen die gesellschaftlichen Veränderungen der Sixties überraschend wie ein Naturereignis – und waren eine Eruption der explosiven Erneuerung, ein Erdbeben in den zwischenmenschlichen Beziehungen, ein Tsunami neuer Gedanken und Antriebe, dessen Ausläufer weit in unser Jahrtausend reichen.

Dieses Buch will einen Überblick dieses sich verändernden Lebensgefühls geben. Aber mit der Vollständigkeit ist es so eine Sache, wenn es um ein ganzes Jahrzehnt geht. Schon die erste Recherche zu diesem Buch machte klar: An Inhalt würde es nicht mangeln, und mit jeder weiteren Überlegung und Assoziation explodierte das Material im Kopf des Autors, verfeinerten sich die Verästelun-

Die 60er-Jahre waren eine Zeit der politischen Revolte, die sich in zahlreichen Protestformen niederschlug.

gen der Erinnerung und immer neue, im Gedächtnis gespeicherte Dinge vervollständigten das Bild. 1000 Dinge? Nein, sicher sind es mehr, die mit einer besonderen farbigen Unterlegung als Sinnbild der Zeit hervorgehoben sind. Und mit jedem weiteren Tag Arbeit an dem Buch wurde die Idee einer gewissen Vollständigkeit aufgegeben. Deshalb: Entschuldigen Sie bitte, wenn die Erinnerungen in diesem Buch nicht ganz genau den Ihren entsprechen oder wenn vielleicht etwas fehlt.

Ich hoffe, dass die angesprochenen Dinge, Personen und Ereignisse zahlreiche Erinnerungen und Bilder in Ihnen hervorrufen, dass Sie vieles mit persönlichen Erlebnissen assoziieren und ein Lebensgefühl reaktivieren können – eine Erfahrung, die ich bei der Arbeit an diesem Buch viele Male machen durfte. In diesem Sinne soll dieses Buch natürlich auch kein Lexikon oder Nachschlagewerk sein, sondern eher ein Lesebuch über dieses Jahrzehnt des Umbruchs und der Revolte gegen das Establishment und die alten Ordnungen.

Sie werden vielleicht überrascht oder auch enttäuscht sein, dass die Erinnerungen und Assoziationen sich fast ausschließlich auf die BRD beziehen und die andere Hälfte der Nation, damals noch Deutsche Demokratische Republik genannt, keine allzu große Rolle in diesem Band spielt. Während sich im Westen die Ereignisse überschlugen, erreichten die revolutionären Strömungen den Osten nur bedingt, denn die verschlossene Grenze von Walter Ulbrichts DDR – besonders nach dem Mauerbau – ließ nur noch wenige Informationen passieren und im sozialistischen Alltag Raum greifen. Über das verbotene West-Fernsehen bekamen unsere Brüder und Schwestern in der sowjetischen Besatzungszone (so hätte es Adenauer gesagt) mit, was westlich von ihnen geschah. Natürlich kam es auch hier in der Mitte der 60er-Jahre zu einem Generationenkonflikt, der aber nicht vergleichbar war mit der Aufbruchstimmung im Westen. Außerdem muss man konstatieren, dass es sich bei den beiden Teilen Deutschlands in den 60er-Jahren faktisch um zwei verschiedene Länder handelte, mit unterschiedlichen politischen Systemen und Lebenswirklichkeiten.

Der Bruch mit alten Formen zeigte sich ebenso im Bereich der Mode, auch wenn sich nicht alles – wie der Minirock für den Mann – durchsetzte.

Es wurde weitgehend und ganz bewusst auf Geburts- und Todesdaten von Personen verzichtet. Sie sollen wie unsere Erinnerung an dieses Jahrzehnt zeitlos bleiben.

Was es nicht gab

Beginnen wir die Geschichte mit Dingen, welche die Menschen der 60er-Jahre nicht besaßen und die sie in den meisten Fällen auch nicht vermisst haben dürften, denn sie wussten ja nicht, dass es sie geben würde. Vieles, das uns heute selbstverständlich erscheint und ohne das wir glauben nicht mehr leben zu können, lag in den 60er-Jahren noch in weiter Ferne oder war für den Durchschnittsbürger einfach nicht verfügbar.

Es gab keine **Mobiltelefone**, die gesamte Telefonkommunikation lief noch über das Kabel. Mal eben zwischendurch zu Hause anrufen bedeutete: Telefonzelle suchen, mindestens zwei Groschen bereithalten, die Telefonnummer im Kopf haben oder in einem ebenso dicken wie versifften Telefonbuch nachschlagen, das in manchen Zellen auch nur noch in Fragmenten vorhanden war. Wenn man Glück hatte, funktionierte die Telefonzelle auch noch.

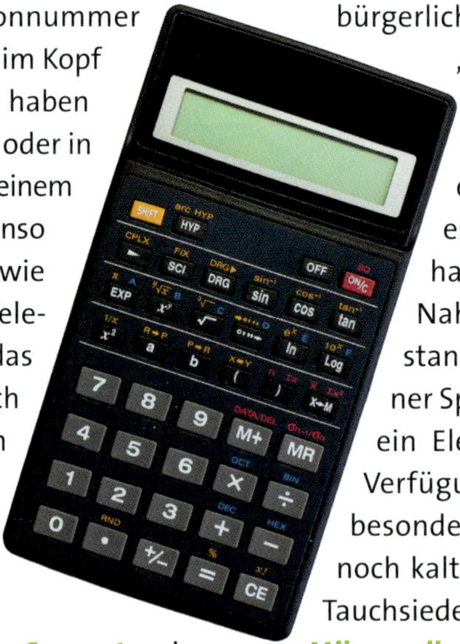

Niemand besaß einen **Computer**, jedenfalls kein Privatmann, und die große Zukunft dieser Apparatur kündigte sich allenfalls im **Taschenrechner** an. Wohin hätte man das Gerät auch standesgemäß stellen sollen, gab es doch noch keine Computermöbel aus dem **Möbelhaus mit dem Elch** – dessen erste Filiale in Deutschland eröffnete 1974 in Eching bei München. Das **Internet** verband zwar schon 1969 die Computer einzelner Technikfreaks, seine Bedeutung als Kommunikationsraum vieler Menschen lag aber noch in ferner Zukunft.

Wenn jemand Hunger hatte, so bestand nicht die geringste Chance, ein **Fast-Food-Restaurant** zu erreichen: **McDonald's**- und **Kentucky-Fried-Chicken**-Filialen gab es nur in den USA. Stattdessen hatte der hungrige Mensch die Auswahl zwischen Mutters Küche und einer mehr oder weniger gutbürgerlichen Speisegaststätte Typ „Zum fettigen Löffel", die eines auf gar keinen Fall war: fast. Wenn er sich entschloss, zu Hause zu essen, und er das Glück hatte, bereits zubereitete Nahrung vorzufinden, so stand ihm zur Erwärmung seiner Speisen im günstigsten Fall ein Elektro- oder Gasherd zur Verfügung – und wenn es nicht besonders gut lief, fand er einen noch kalten Kohleherd oder einen Tauchsieder vor. Von einem eigenen **Mikrowellen-Gerät** konnte er gerade einmal träumen, diese gab es zwar bereits Ende der 60er-Jahre in Flugzeugen und reichen amerikanischen Haushalten, doch waren sie lange für den Normalbürger unbezahlbar. Allerdings gab es in diesen Tagen auch noch in größerer Anzahl Frauen, die für die ganze Familie kochten – und auch kochen konnten. Kein Missverständnis, nichts gegen die Gleichstellung der Frau, aber mit alten Rollenbildern gingen auch Qualitäten verloren, die man(n) gerne weiter genossen hätte.

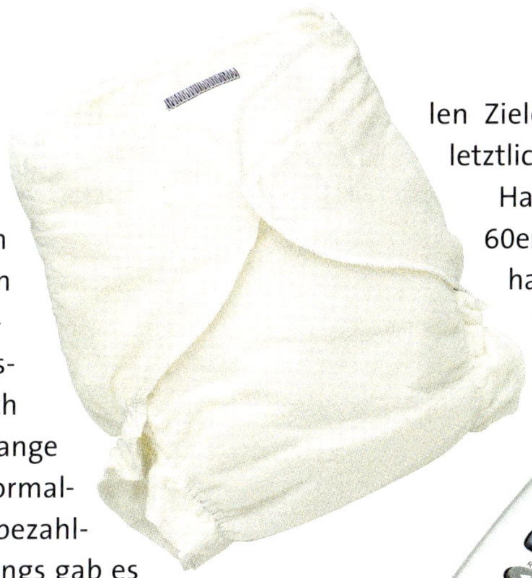

Gewiss hätten die Mütter jener Tage mit Begeisterung auf die damals übliche, duftintensive Entsorgungsform kindlicher Hinterlassenschaften verzichtet: Nur allzu gern hätten sie ihre Stoffwindeln entsorgt und **Pampers** verwendet, die es aber erst ab Mitte der 70er-Jahre zu kaufen gab.

Die Ziele seiner Ausflüge und Reisen musste der Mensch der 60er-Jahre noch mithilfe einer Karte und unter massivem Einsatz seines räumlichen Vorstellungsvermögens zu erreichen versuchen. Ja, räumliches Vorstellungsvermögen, das gab es damals noch. **Navigationsgeräte** nutzte man zwar für Seeschiffe und die Luftflotte, aber auch diese professionellen Zielerreichungshilfen verwendeten letztlich Kompass und Karte.

Hatte unser Mensch der früheren 60er-Jahre das Bedürfnis nach Unterhaltung, so wandte er sich – in der folgenden Reihenfolge – an seine Mitmenschen, sein Bücherregal, sein Radiogerät oder an das eine – oder später an das andere – Fernsehprogramm, das existierte. Jedenfalls konnte er nicht auf 78 und mehr **Fernsehprogramme**, seinen Computer, das Internet, eine seiner **Spielkonsolen**, seinen **Tablet-PC** oder seinen **MP3-Player** zurückgreifen.

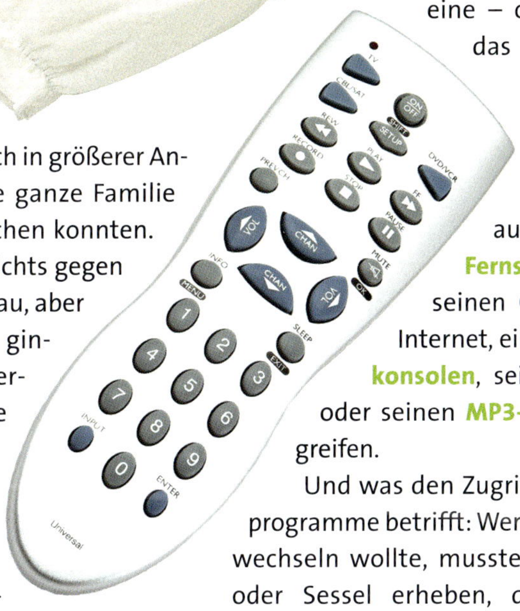

Und was den Zugriff auf Fernsehprogramme betrifft: Wer das Programm wechseln wollte, musste sich von Sofa oder Sessel erheben, drei oder vier Schritte bis zum Fernseher machen und – heute unvorstellbar, besonders für die heftig zappende Jugend – von Hand den Sender umschalten (!), denn es gab noch keine drahtlose **Fernbedienung**.

Die Symbole eines Jahrzehnts

Die Frage, welcher Gegenstand als *das* Symbol der 60er-Jahre gelten könnte, kann sicherlich lange Diskussionen verursachen. Hier die Spitzenkandidaten, entscheiden Sie selbst:

Das **Palästinensertuch**, in seinem arabischen Herkunftsgebiet Kufiya, Ghutra oder Hatta genannt, wurde und wird dort vorwiegend von Männern zum Schutz gegen die intensive Sonne getragen. Zum Palästinensertuch wurde es durch den Nahostkonflikt in Palästina. Die Kämpfer der PLO (Palestine Liberation Organization) mit Jassir Arafat (ab 1969 Vorsitzender der PLO) waren häufig damit zu sehen. In Deutschland wurde es in der außerparlamentarischen Opposition und in der Jugend- und Subkultur zum Zeichen der Solidarität mit der PLO und einer linken, antiimperialistischen Gesinnung, aber auch zum Freiheitssymbol an sich: Auch die relativ unpolitischen Hippies schmückten sich mit dem schwarz-weißen Tuch. Später verlor es weitgehend seine Bedeutung und wurde zum modischen Accessoire.

Der **Parka** ist ein Kleidungsstück der Inuit, sein Name bedeutet dort so viel wie Hitze, und dieser übergroße Anorak wurde in der Hauptsache vom Militär getragen. Seinen Erfolg in den späten 60er-Jahren dürfte der Parka vor allem seiner provokativen Formlosigkeit und seiner Antibürgerlichkeit verdanken. In einer Zeit der Sonntagsanzüge und Blumenkleidchen provozierte nichts mehr als ein abgetragener Parka in verwaschenem Olivgrün.

Der **Joint** war das Lustobjekt des Drogenkonsums. Die Überzigarette mit dem berauschenden Inhalt wurde anfangs von Eingeweihten (fast schon Schamanen) aus mehreren gewöhnlichen Zigarettenblättchen gedreht und mit Tabak und Gras oder Haschischbröckchen gefüllt. Nachdem der Joint (Beschreibung: „groß wie ein Ofenrohr") angezündet war, wurde er in einem Ritual zwischen allen meist im Kreis sitzenden Beteiligten herumgereicht, und jeder nahm einen Zug, dessen Wirkung er sofort anschließend mit einer Geste oder Bemerkung („Wow, der Stoff törnt echt gut!") dokumentierte. Mit dem Aufkommen großer Zigarettenblättchen wurde die Sache alltäglicher,

Parkas – meist in Olivgrün – wurden in den 60er-Jahren zu einem Trendartikel der jungen Leute.

Lange Haare bei Männern – hier die Lords – stellten die modische Aufgeschlossenheit der älteren Generation meist auf eine harte Bewährungsprobe.

Der **Minirock** schockierte: Er endete in einem erotischen Grenzgebiet, das bisher als ausgesprochen privat gegolten, dafür aber männliche Fantasien beflügelt hatte – in der Zone etwa 10 bis 20 cm über dem weiblichen Knie, was damals als äußerst skandalös empfunden wurde. Scherzhafte Kritiker der neuen Mode nannten den Minirock auch einen etwas zu breiten Gürtel. Das kurze Kleidungsstück wurde als Sinnbild der 60er-Jahre in den Köpfen der Menschen abgespeichert.

Die sogenannten **Schlaghosen**, mit weit ausgestellten Beinen und am besten noch mit einem eingenähten Stück bunten Stoffs in die Mittelnaht, waren ausgezeichnete Hilfsmittel der modischen Provokation auf männlicher Seite. Manche Hose war unten so weit ausgestellt, dass nur noch die Schuhspitze hervorschaute.

andere Konsumformen (Shilum, Wasserpfeife) verdrängten den Joint.

Die **langen Haare** der Männer waren eigentlich nichts Neues. Schon in vorherigen Jahrhunderten trugen Männer lange Haare. In den Anfängen der 60er-Jahre gab es zunächst die züchtige Pilzkopf-Frisur, dann wurde der Haarschopf aber immer wilder. So endete in der Mitte des Jahrzehnts eine Phase der schneisenartigen Scheitel links und rechts, der Frisuren im Margarinelook mit Frisiercreme der Marke **Brisk** hergestellt, und es verschwand der züchtig ausrasierte Nacken. Bald wuchsen nicht nur das Haupthaar, sondern auch Koteletten und Bärte in neuer Pracht.

Der Minirock, hier präsentiert in der Kings Road in London, wurde zum Sinnbild der 60er-Jahre.

Personen – die Gesichter eines Jahrzehnts

Treffen zwischen J. F. Kennedy und Willy Brandt am 13.3.1961

Politiker und Intellektuelle

Menschen und ihre Gedanken prägen die Zeit und umgekehrt formen die Zeit und ihre Gedanken die Menschen. Dieser nicht ganz einfache Satz gilt, was die aktive Seite angeht, in besonderem Maß für die 60er-Jahre. Viele Persönlichkeiten und Geistesgrößen, die während dieser Jahre im Stillen oder in der Öffentlichkeit agierten, haben neue Lebensentwürfe entwickelt, ihre Mitmenschen und deren Meinungen beeinflusst, politische Positionen besetzt und Organisationen und Parteien konstituiert. Ohne sie wäre die Welt heute nicht so, wie sie ist, und das ist sowohl bejahend und positiv als auch kritisch gemeint.

Angela Davis 1973 bei den 10. Weltfestspielen in Ostberlin

Che Guevara im März 1960

Che Guevara war einer der zentralen Anführer der kubanischen Revolution und in dieser Funktion war er für die einen ein Berufs-Revoluzzer, hundertfacher Killer und Verbrecher, für die anderen ein Revolutionsführer, Befreier und Erretter. Wie kaum eine andere Person war Che Guevara radikales Vorbild und Popstar zugleich – sein Porträt fand sich in der Zelle von Andreas Baader und auf Plakaten in Millionen von Studentenzimmern als Ausdruck linker Gesinnung. Später verkam Ches Bild zur bloßen Dekoration wie auf der Brust von Johnny Depp oder als Motiv auf T-Shirts. Heute findet es sich sogar als Tattoo auf den muskulösen Oberarmen von Männern, die weder seinen Namen buchstabieren noch irgendetwas über sein kämpferisches Leben in Mittel- und Südamerika sagen können.

Angela Davis: Sie war wohl manchmal eher wegen ihrer Afrofrisur als aufgrund ihrer politischen Arbeit in und auf den Köpfen der Menschen präsent. Die amerikanische Bürgerrechtlerin und spätere Kämpferin für die Rechte von Gefangenen

Konrad Adenauer regierte das Land als erster Bundeskanzler von 1949 bis 1963.

hatte in Frankfurt Philosophie und Soziologie studiert, u. a. bei Theodor W. Adorno und Max Horkheimer, beides Vertreter der sogenannten Frankfurter Schule. 1967 kehrte sie in die USA zurück. Dort trat sie der kommunistischen Partei bei und gehörte wegen ihrer politischen Ansichten zeitweise zu den zehn meistgesuchten Personen der USA.

Jean Paul Sartre: Der große französische Intellektuelle und Vordenker des Existenzialismus in den 40er- und 50er-Jahren beeinflusste mit seiner 1960 erschienenen Schrift Critique de la raison dialectique (Kritik der dialektischen Vernunft) das Denken in diesem Jahrzehnt, kämpfte bei den Mai-Unruhen 1968 in Paris an der Seite der Studenten und bezog später in den Protestbewegungen extreme linke Positionen. Seine Lebensgefährtin Simone de Beauvoir, geistig ebenfalls im Existenzialismus verwurzelt, verfasste mit ihrem bereits 1949 erschienenen Buch Das andere Geschlecht einen Meilenstein der feministischen Literatur.

Konrad Adenauer: Der konservative Politiker, ehemalige Oberbürgermeister von Köln und Mitbegründer der CDU, war von 1949 bis 1963 der erste Bundeskanzler der Bundesrepublik Deutschland und für die fortschrittlichen Kräfte des Jahrzehnts Personifizierung der verknöcherten Adenauer-Ära, u. a. wegen seiner klaren Westorientierung und seines antikommunistischen Kurses gegen die Sowjetunion. Politisch setzte er sich für die soziale Marktwirtschaft ein und brachte als Unterzeichner der Römischen Verträge, die u. a. die EWG (Europäische Wirtschafts-Gemeinschaft) konstituierten, die europäische Einigung auf den Weg.

Dwight D. Eisenhower: Der ehemalige Oberbefehlshaber der alliierten Streitkräfte in Europa während des Zweiten Weltkrieges war bis 1961 der 34. Präsident der Vereinigten Staaten von Amerika. Er wirkte entscheidend an der Gründung der NASA (National Aeronautics and Space Administration) mit, der Organisation, die auf amerikanischer Seite den Wettlauf ins All betrieb, den Mondflug organisierte und u. a. die Planeten-Sonden der Mariner-Reihe zu Venus und Mars schickte. Man könnte ihn als einen der Vorkämpfer des technischen Fortschritts bezeichnen.

John F. Kennedy: Der 35. amerikanische Präsident besuchte am 23.6.1963 die Bundesrepublik und Westberlin. Er wurde zur Symbolfigur der alliierten Garantie für die Freiheit Westberlins, als er seine Rede vor dem Schöneberger Rathaus mit den Worten „Ich bin ein Berliner!“ beendete. Wenige Monate später, am 22.11.1963, wurde er in Dallas, Texas, von einem Attentäter ermordet. Die Umstände der Tat wurden nie ganz geklärt. Die ganze Welt nahm Anteil, das Mitleid der Menschen galt seiner Frau und seinen Kindern, die im Fokus der Medien blieben. Fünf Jahre später heiratete **Jacqueline „Jackie“ Kennedy** den 23 Jahre älteren griechischen Großreeder und Milliardär Aristoteles Onassis.

Fidel Castro: Der kubanische Revolutionär und spätere Regierungschef und Diktator (Máximo Líder) wirkte während der kubanischen Revolution 1959 entscheidend an der Beendigung der Herrschaft des Diktators Batista mit. Dieser Erfolg und der kommunistische Staat Kuba machten ihn daher in den 60er-Jahren zum Heroen einer gelungenen Revolution. Wegen der geographischen Nähe der von Castro regierten Insel Kuba zu den USA kam es 1961 zur Invasion in der Schweinebucht, ein gescheiterter Versuch von Exil-Kubanern, den Kommunismus auf Kuba zu beenden. 1962 folgte die Kuba-Krise, welche die Welt im Kalten Krieg zwischen den USA und der Sowjetunion an den Rand eines Atomkrieges brachte.

Nikita Chruschtschow: Er bekleidete von 1953 bis 1964 das Amt des Parteichefs der KPdSU und war von 1958 bis 1964 außerdem Regierungschef – der mächtigste Mann in der Sowjetunion. Dabei war mit seiner Person das Ende des Personenkults und der Stalin-Ära verbunden, er vertrat das Dogma von der friedli-

Jacqueline und John F. Kennedy während ihrer Ankunft in Dallas am 22.11.1963, dem Tag der tödlichen Schüsse auf den amerikanischen Präsidenten

chen Koexistenz der Systeme und setzte sich zum Ziel seiner Politik, den Kapitalismus auf wirtschaftlicher Ebene zu besiegen. Er brachte etliche Reformen auf den Weg und kann als früher Vorläufer Michail Gorbatschows angesehen werden. Nach seinem Sturz 1964 folgte ihm Leonid Breschnew im Amt. Er beendete im August 1968 gewaltsam den Prager Frühling durch Truppen des Warschauer Paktes.

Lyndon B. Johnson: Der Demokrat und Texaner Johnson regierte von 1963 bis 1969 als der 36. Präsident der Vereinigten Staaten sein Vaterland; zunächst war er Vizepräsident, übernahm aber nach der Ermordung von John F. Kennedy dessen Aufgaben, wie es die Verfassung vorsah. 1964 wurde er mit einer großen Mehrheit selbst ins Amt gewählt. Er galt als diskussionsfreudig, sozial engagiert und unermüdlich in der Verfolgung seiner Vorhaben.

Richard Nixon: Der 37. Präsident der Vereinigten Staaten (1969–1974) war Republikaner und kann den zweifelhaften Ruhm für sich in Anspruch nehmen, als einziges Oberhaupt der USA von seinem Amt zurückgetreten zu sein. Er stolperte über die Watergate-Affäre, eine komplexe Verwicklung um Abhöraktionen, Korruption und die missbräuchliche Nutzung von Regierungsvollmachten. Nixon war unbeliebt wegen seines hierarchischen und zentralistischen Regierungsstils.

Heinrich Lübke blieb vielen Bürgern nicht zuletzt wegen seiner eigenwilligen Formulierungen bei öffentlichen Reden in Erinnerung.

Heinrich Lübke: Als Bundespräsident von 1959 bis 1969 wurde er weniger durch seine Leistungen als Repräsentant der Bundesrepublik bekannt als durch seine peinlichen Ausrutscher bei öffentlichen Reden. Zur englischen Königin soll er während eines Empfangs im Schloss Brühl den überlieferten Satz „Equal goes it loose!" geäußert haben, und während einer Reise nach Madagaskar begrüßte er die Frau des Präsidenten mit „Sehr geehrte Frau Tananarive!" – wobei Tananarive die Hauptstadt Madagaskars ist. Auch besuchte er die japanische Stadt Osaka, vertauschte aber versehentlich die Buchstaben und nannte sie Okasa, der Name eines in den 60er-Jahren bekannten Potenzmittels. Zu einem mauretanischen Gesandten soll er leutselig gesagt haben: „Ich wünsche Ihnen eine gute Entwicklung da unten." Bald mischten sich tatsächliche Patzer und ihm angedichtete Entgleisungen, so dass ihm auch folgender Satz zugeschrieben wurde, den er auf einer Afrikareise 1962 geäußert haben soll: „Meine Damen und Herren, liebe Neger!" – den er aber vermutlich nie ausgesprochen hat.

Ludwig Erhard: Der Minister für Wirtschaft (1949–1963) unter Konrad Adenauer und spätere zweite Bundeskanzler (1963–1966) der Bundesrepublik gilt als einer der Väter der sozialen Marktwirtschaft und des Wirtschaftswunders, sicher u. a. auch wegen seines wohlgenährten Äußeren.

Kurt Georg Kiesinger war Bundeskanzler von 1966 bis 1969 und mitverantwortlich für die Notstandsgesetze. Er rückte durch seine nationalsozialistische Vergangenheit in den Fokus der Öffentlichkeit. Am 7. 11.1968 ohrfeigte ihn deshalb eine junge Journalistin namens Beate Klarsfeld vor laufenden Kameras. Die linke Szene feierte sie als Heldin, die Justiz bestrafte sie mit Gefängnis.

Willy Brandt: Der langjährige SPD-Vorsitzende, Regierende Bürgermeister von Berlin, SPD-Chef und Außenminister löste 1969 als vierter Bundeskanzler Kurt Georg Kiesinger ab und leitete mit seiner neuen Ostpolitik eine Phase der Entspannung mit den osteuropäischen Staaten ein. 1974 trat Willy Brandt als Bundeskanzler zurück, nachdem ein enger Mitarbeiter als DDR-Spion enttarnt wurde.

Franz Josef Strauß: Das bayerische Urgestein war von 1961 bis zu seinem Tod 1988 Vorsitzender der CSU, einer damals tiefschwarzen Partei, der an ihren ideologischen Rändern auch braune Verfärbung unterstellt wurde. Neben Axel Springer galt er als einer der sinnbildlichen Führer der Reaktion; er war vehementer Gegner der Ostpolitik von Willy Brandt, der die Ostverträge mit der UdSSR und Polen (1970) unterzeichnete, und lehnte den Grundlagenvertrag (1972) ab, da er Brandt unterstellte, damit würde er vor russischen Herrschaftsansprüchen zurückweichen. Legendär waren auch seine Reden und Aussprüche, in denen schon einmal Worte wie „Saustall" einen Platz fanden und die alles andere als politisch korrekt waren, wie etwa diese Äußerung vom 1.1.1971: „Ich will lieber ein kalter Krieger sein als ein warmer Bruder."

Ludwig Erhard mit seinem bekannten Werk Wohlstand für alle in den Händen

Modische Symbolfigur der 60er-Jahre: Twiggy

Modeikonen

In diesem Jahrzehnt wurden die Weichen für die Mode neu gestellt. Die kreative Explosion, auch in anderen künstlerischen Bereichen wirksam, machte vor der Gestaltung von Kleidung nicht halt. Plötzlich kreierte Jugend Mode, Ideen aus europäischen Großstädten quasi von der Straße eroberten Läden und Boutiquen und den Alltag. Die professionelle Modewelt reagierte: Aus Haute Couture, der großen Mode für wenige Auserwählte, wurde Prêt-à-porter, die tragbare Mode des Alltags. Nie zuvor waren die Möglichkeiten so groß, nie die Auswahl an Kleidung so farbig und vielfältig. Und modische Tabus fielen reihenweise: Mini- und Maxirock, Monokini, Lack, schrille Farben und Formen auch für Männer, Transparentlook …

Twiggy: Sie hieß eigentlich Lesley Hornby, arbeitete als Model (später als Schauspielerin und Sängerin) und wurde unter dem Namen Twiggy zur modischen Symbolfigur eines Jahrzehnts. Wegen ihrer spindeldürren Figur (twiggy = Stöckchen) wird sie vielfach als die Mutter der Magersucht gesehen.

Mary Quant: Ihr wird von vielen die Ehre zugesprochen, den Minirock erfunden zu haben, was ihr aber die Designerkollegen John Bates (Großbritannien) und André Courrèges (Frankreich) streitig machten. Mary Quant will den Mini angeblich nach dem gleichnamigen Auto benannt haben. Weitere Trends setzende Kreationen der Mary Quant: farbige Strumpfhosen, PVC als Material für Regenmäntel und Stiefel, der sogenannte Wet Look. Für ihre Schöpfungen wurde sie von Königin Elisabeth II. mit dem Order of the British Empire geehrt.

Veruschka Gräfin von Lehndorff: Die schöne und hochgewachsene Adlige Vera Gottliebe Anna Gräfin von Lehndorff wurde in den 60er-Jahren anlässlich eines Aufenthalts in Florenz als Model entdeckt und vermarktete sich als erstes deutsches Supermodel Veruschka. Als Schauspielerin wirkte sie neben David Hemmings und Vanessa Redgrave in Michelangelo Antonionis Kultfilm Blow Up (1966) mit. Des Weiteren arbeitete sie als Fotografin und Malerin. Über ihre ganze Karriere engagierte sie sich als Friedensaktivistin und setzte sich gegen Unterdrückung und Tierquälerei ein.

Jean Shrimpton: Sie gilt neben Twiggy als Gesicht der wilden 60er-Jahre und als erstes Supermodel. Ihr Porträt war auf Titelbildern der führenden Zeitschriften Vogue, Harper's Bazaar, Vanity Fair, Glamour und Elle präsent. Die Popularität des Minirocks hängt mit ihrem Einsatz als Model zusammen.

Jean Shrimpton war eines der weltweit ersten Supermodels.

Bedeutende Wissenschaftler

In den vorangegangenen Jahrzehnten hatten große Gelehrte und geniale Vordenker die Wissenschaft vorangebracht. Beginnend in der Mitte des 20. Jahrhunderts wurde diese Art des Forschens immer häufiger durch fächer- und disziplinenübergreifende und sich in den Kompetenzen ergänzende Teamarbeit ersetzt. Zudem war vieles bereits entdeckt und erforscht – die Fortschritte wurden scheinbar kleiner, die Forschungsgegenstände finanziell immer aufwendiger und komplexer, ein Problem auch heutiger Wissenschaft. Dennoch lassen sich mit den folgenden Forschern bedeutende Erfindungen und Entdeckungen in Verbindung bringen.

James Watson und **Francis Crick**: Die beiden Forscher entschlüsselten die Molekularstruktur der Desoxyribonucleinsäure (DNA), eines Grundbausteins allen Lebens, und erstellten ein räumliches Modell des DNA-Moleküls. Ihre Arbeiten in den 50er-Jahren wurden 1962 mit dem Nobelpreis für Medizin belohnt.

Walter Bruch: Er entwickelte in den frühen 60er-Jahren das PAL-Farbfernsehsystem, für das er 1962 ein Patent und das Große Verdienstkreuz mit Stern der Bundesrepublik Deutschland erhielt.

Allan Rex Sandage: Der amerikanische Astronom arbeitete in den großen Observatorien auf dem Mount Wilson und dem Monte Palomar und entdeckte 1960 erstmals einen Quasar im sichtbaren Spektrum des Lichtes, ein quasi-stellar object (quasistellares Objekt), das zuvor nur Radioastronomen als Quelle von Radiostrahlung geortet hatten.

Arno Penzias und **Robert Woodrow Wilson** stießen 1964 bei ihren Experimenten mehr oder weniger zufällig auf das Phänomen der Mikrowellen-Hintergrundstrahlung, die Astronomen und Astrophysikern Erkenntnisse über die Frühzeit des Universums ermöglicht. Die beiden Forscher wurden dafür 1978 mit dem Nobelpreis für Physik ausgezeichnet.

Wernher von Braun: Der deutsche Raketeningenieur hatte unter Hitler entscheidend an der Entwicklung der V2 („Vergeltungswaffe 2") mitgewirkt. Nach dem Ende des Zweiten Weltkriegs distanzierte er sich vom Nationalsozialismus und wurde in den USA zu einem der Väter der Raumfahrt. Als Leiter des Marshall Space Flight Centers (MSFC) wirkte er entscheidend an den Planetenmissionen und an der amerikanischen Mondlandung mit.

Wernher von Braun

Der amerikanische Physiker **Emmett Leith** und sein aus Lettland stammender Kollege **Juris Upatnieks** waren Pioniere der Holografie und damit der 3-D-Fotografie. Sie stellten 1964 zum ersten Mal holografische Abbildungen vor – eine Spielzeugeisenbahn mit Vögeln. Ohne ihre bahnbrechenden Arbeiten wären heutige 3-D-Spielfilme vermutlich nicht möglich.

Die Radioastronomin **Jocelyn Bell Burnell** entdeckte 1967 zusammen mit **Antony Hewish** und **Martin Ryle** als Erste schnell rotierende Neutronensterne, sogenannte Pulsare. Hewish und Ryle erhielten für diese Leistung 1974 den Nobelpreis für Physik; Bell Burnell wurde bei der Vergabe nicht berücksichtigt, was zu heftigen Kontroversen in der Öffentlichkeit und der Wissenschaftsgemeinde führte. Königin Elisabeth II. verlieh ihr den Titel Dame Commander of the Order of the British Empire und erhob sie damit in den Adelsstand.

Aufklärer der Zeit

Sich für sexuelle Freiheit einzusetzen, bedeutete unter Umständen, sich mit Staat und Kirche zu überwerfen. Filme und Bücher wurden zensiert, Kuppelei und Homosexualität waren mit harten Strafen bedroht. In diesem Klima der Verunsicherung wagten es dennoch einige, für eine freie Sexualität einzutreten.

Oswalt Kolle: Für Millionen Deutsche war er der Pfadfinder im Dschungel der Sexualität – sein Einfluss auf die Vorstellungen der Gesellschaft der 60er- und 70er-Jahre war entsprechend groß. Seine Bücher und Aufklärungsfilme veränderten die verklemmten Moralvorstellungen. Sein erster Film, Das Wunder der Liebe, wurde erst nach langwierigen Auseinandersetzungen mit der Freiwilligen Selbstkontrolle der Filmwirtschaft (FSK) für deutsche Kinos freigegeben. In den Verhandlungen zwischen Kolle und der Zensurinstitution soll der folgende Satz gefallen sein: „Herr Kolle, Sie wollen wohl die ganze Welt auf den Kopf stellen, jetzt soll sogar die Frau oben liegen!" Bis zuletzt kämpfte Oswalt Kolle für Liberalität und gegen verlogene Dogmen.

Beate Uhse: Sie vereinigte fortschrittliche und aufklärerische Gedanken mit ausgeprägtem Geschäftssinn. Bevor sie als Unternehmerin in Sachen Sex erfolgreich wurde, arbeitete sie als Pilotin, ein für die damalige Zeit nicht eben typischer Frauenberuf. Ihr Handel mit Informationsschriften zum Thema Ehe und Erotik begann mit einer Broschüre über die Verhütungsmethode nach Knaus-Ogino, die sie bis 1947 gleich 32.000 Mal verkaufte; sie verschaffte ihr das Startkapital für unternehmerische Expansion. Kondome und „Bücher zur Ehehygiene" gehörten zum Warensortiment ihrer 1951 gegründeten Firma Versandhaus Beate Uhse, das mit vier Angestellten begann und sich rasant vergrößerte. 1962 eröffnete sie ihr erstes „Fachgeschäft für Ehehygiene". Sie stieß aber auch auf erbitterte Gegnerschaft: Der sittenstrenge Volkswartbund und empörte Bürger bekämpften ihr Geschäft bis 1992 mit über 2.000 Strafanzeigen. Auch der Börsenverein des Deutschen Buchhandels verweigerte ihr und ihren Druckwerken die Mitgliedschaft „wegen sittlicher Bedenken", im Flensburger

Oswalt Kolle

Tennisclub war sie als Mitglied unerwünscht, ihre treuen Kunden aber verlor sie nicht.

Joe Dallesandro: Zum Sexsymbol besonderer Art wurde Joe Dallesandro durch seine Rolle in Andy Warhols Untergrundfilm Flesh, in dem er einen Stricher spielt und vollständig nackt zu sehen ist. Das Lexikon des internationalen Films nannte Flesh „ein radikales und bewusst provozierendes filmisches Pamphlet gegen sexuelle Tabus jeder Art“.

Mediengrößen

Sie wuchsen mit den neuen medialen Möglichkeiten der Zeit. In den Jahrzehnten zuvor transportierte das Radio nur die Stimme eines Menschen. Durch das sich schnell ausbreitende Medium Fernsehen wurden die Stimme und das Aussehen einer Person in Zusammenhang gebracht. Die häufige Präsenz auf dem Bildschirm sicherte in den 60er-Jahren wie auch heute noch die Bekanntheit einer Person beim Publikum. Aber auch Zeitungs- und Zeitschriften-Verleger waren öffentliche Figuren, die polarisierten und in aller Munde waren. Die beiden wichtigsten waren Jakob Augstein und Axel Springer.

Karl-Heinz Köpcke: Er war unglaubliche 28 Jahre lang Tagesschau-Sprecher – von 1959 bis 1987 – und trug den Spitznamen **„Mr Tagesschau“**. Er war stets korrekt gekleidet und brüskierte sein Publikum nur ein einziges Mal: als er 1974 nach seinem Sommerurlaub mit einem Schnurrbart vor der Kamera auftauchte. Die Nation protestierte, der Bart musste ab.

Claudia Doren: Sie war Mitarbeiterin des WDR und mehr als 30 Jahre lang in der ARD als Ansagerin tätig. Besonderes Kennzeichen neben ihrem zurückhaltenden Lächeln: Perücke – sie war im Fernsehen fast nie mit eigenem Haar zu sehen.

Die **„Lottofee“**, so der volkstümliche Name für die Moderatorin bei der regelmäßigen Ziehung der Lottozahlen, war wohl die mediale Figur, mit der die Zuschauer die größten Hoffnungen verbanden, nämlich die auf sechs Richtige. Die erste Lottofee hieß **Karin Dinslage** und praktizierte von 1965 bis 1971. Ab 1967 wech-

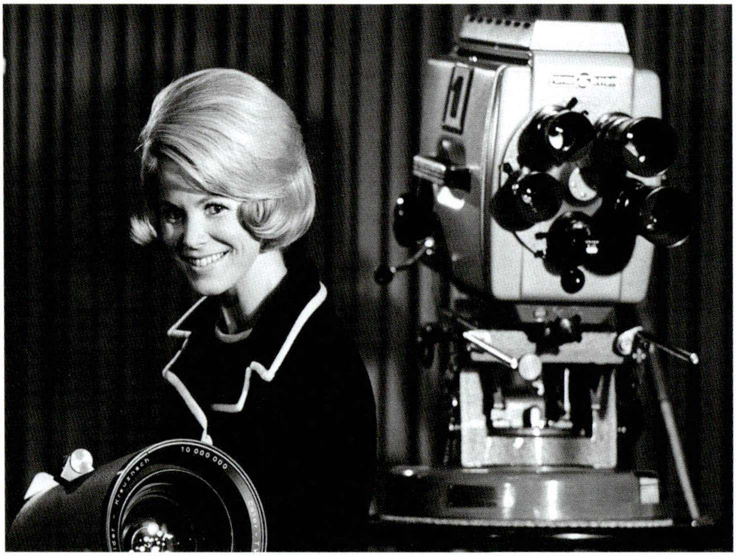

Die Lottofee Karin Tietze-Ludwig

Böse in Person; seine BILD-Zeitung, das Medium konservativer Kräfte und der Rückständigkeit, verhinderte in den Augen der studentischen Protestbewegung in Verbindung mit anderen Sprachrohren der Reaktion gesellschaftliche Veränderungen. Zahlreiche Demonstrationen richteten sich gegen ihn und seinen Konzern. Der Anti-Springer-Slogan lautete: „Haut dem Springer auf die Finger!"

Rudolf Augstein: Ab 1947 verlegte er als Mitherausgeber mit dem Spiegel eines der wichtigsten Nachrichtenmagazine der Nachkriegszeit. Als Opfer der Spiegel-Affäre erfuhr er viel Aufmerksamkeit und Unterstützung aus der Bevölkerung. Er galt als Gegengewicht zu Axel Springer.

Rudolf Augstein wird wegen des Vorwurfs des Landesverrats am 8.1.1963 von zwei Polizeibeamten aus dem Bundesgerichtshofs in Karlsruhe geführt.

Der Verleger Axel Cäsar Springer (r.) im Gespräch mit Bundespräsident Heinrich Lübke auf dem Berliner Presseball am 23.1.1965.

selte sie sich mit ihrer Nachfolgerin **Karin Tietze-Ludwig** ab. Diese blieb gleich mehrere Jahrzehnte – bis 1998 – im Amt.

Professor Bernhard Grzimek: Der Direktor des Frankfurter Zoos brachte den Deutschen die Tierwelt durch seine Fernsehsendung Ein Platz für Tiere und seinen Spielfilm Serengeti darf nicht sterben wie kein Zweiter nahe, motivierte aber auch Kinder zu eigenen, für die Tiere nicht immer schön endenden Forschungsexpeditionen ...

Axel Springer: Sein Medium war nicht das Fernsehen, sondern das billige Druckpapier seines Massenblatts. Für die fortschrittlichen Kräfte jener Zeit war er das

Eine Zeit im Wandel

Politische Ereignisse

Die 60er-Jahre waren eine Zeit des gesellschaftlichen Aufbruchs und der politischen Revolte und verliefen alles andere als still. Das alles geschah vor dem Hintergrund der großen politischen Blöcke, die sich feindlich gegenüberstanden, dem Wiedererstarken der deutschen Wirtschaft und dem Eingreifen der USA in das Weltgeschehen.

Kalter Krieg: Nachdem Hitler-Deutschland von den Alliierten niedergekämpft worden war, kam es zu einem internationalen Streit um die Einflusssphären in Europa. Es bildeten sich der **Ostblock** unter der Führung der UdSSR und das an Großbritannien und den USA orientierte westliche Bündnis, die **NATO** (North Atlantic Treaty Organization). Es kam zu einer massiven Aufrüstung in beiden Blöcken, speziell auch der atomaren Waffen. Auf diese Weise entstand ein Bedrohungsszenario, in dem sich das **Gleichgewicht des Schreckens** herausbildete: In den kommenden Jahrzehnten standen sich auf beiden Seiten bis zu 25.000 (USA) bzw. 45.000 (UdSSR) Atomwaffen gegenüber – der **atomare Overkill**.

Wirtschaftswunder: Es war ein wirtschaftlicher Aufstieg ohne Beispiel: Das nach dem Zweiten Weltkrieg im Aufbau befindliche Land hungerte nach Waren aller Art, und ihre Herstellung gab Millionen Menschen Arbeit. Anfang der 60er-Jahre produzierten und verkauften deutsche Unternehmen große Stückzahlen an Autos, Fernsehgeräten, Radios, Armbanduhren, Waschmaschinen, Fotoapparaten und 100 Millionen Paar Schuhe.

VW-Aktie: Unter dem Motto **Eigentum für alle** wurde 1960 das Volkswagenwerk privatisiert wie bereits 1959 die Preussag. Über 1,5 Millionen Kleinaktionäre erwarben 60 % der Anteile an Deutschlands bedeutendstem Automobilkonzern. Weitere Anteile gingen an die Bundesrepublik und das Land Niedersachsen. Die Aktionäre erfreuten und erfreuen sich bis heute großer Kurssteigerungen. Später folgte eine weitere Volksaktie, die **VEBA-Aktie**, welche der Staat 1965 an die Börse brachte.

Zündung der Zar-Bombe: Die Militärs der UdSSR zündeten am 30.10.1961 die

Feierstunde im Volkswagenwerk Wolfsburg anlässlich der Fertigstellung des fünfmillionsten VWs am 4.12.1961

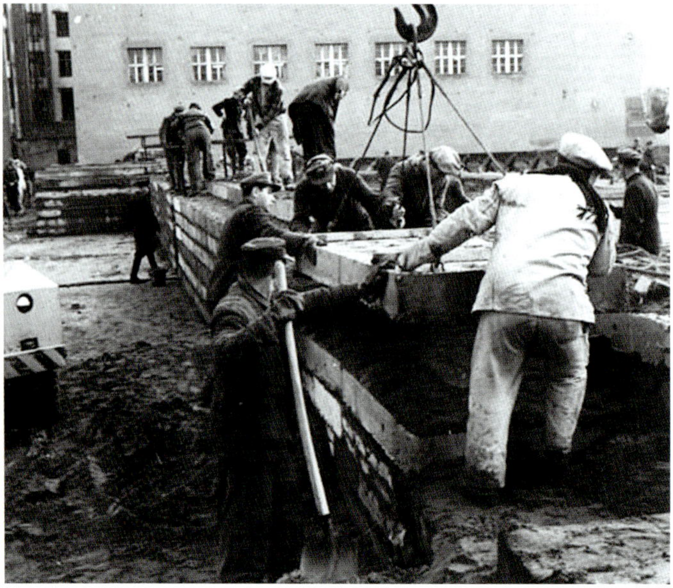

Im August 1961 begann das DDR-Regime mit dem Bau des „antifaschistischen Schutzwalls".

machte die Teilung Deutschlands vollständig –, eine der seltenen Großleistungen des sozialistischen Deutschlands und zugleich ihre fragwürdigste.

Spiegel-Affäre: Auf einen Artikel von Conrad Ahlers im Nachrichtenmagazin Der Spiegel am 10.10.1962 über die mangelnde Abwehrbereitschaft der Bundeswehr („Bedingt abwehrbereit!") reagierte die konservative Staatsmacht mit einer Anzeige wegen Landesverrats. Als angebliche Täter wurden der Autor, der Spiegel-Herausgeber und Chefredakteur Rudolf Augstein und mehrere Redakteure festgenommen und in Untersuchungshaft gebracht. Das führte zu einem Aufschrei der Empörung im ganzen Land. Mit der Zeit stellte sich heraus, dass der damalige Verteidigungsminister **Franz Josef Strauß** in der Aktion gegen das Magazin im Hintergrund die Fäden gezogen hatte. In einem Gerichtsverfahren vor dem Bundesgerichtshof erwiesen sich die Anschuldigungen als haltlos, die Beschuldigten wurden freigelassen – ein entscheidender Sieg für die Pressefreiheit in der Bundesrepublik Deutschland.

Wasserstoffbombe AN602, genannt die Zar-Bombe. Ihre Sprengkraft entsprach 60 Millionen Tonnen TNT, und sie war damit die größte, je gezündete Wasserstoffbombe der Welt. Eine solche Bombe hätte eine Großstadt wie Paris oder Hamburg vollständig auslöschen können.

Mauerbau: Am 13.8.1961 ab 2 Uhr nachts errichtete das DDR-Regime den **antifaschistischen Schutzwall** – die Mauer in Berlin. Der Grund dafür war die massenhafte Flucht von DDR-Bürgern in den Westen. Die Aussicht auf Wohlstand und persönliche Freiheit brachte allein 1960 etwa 200.000 Menschen dazu, ihre bisherige Heimat im Osten zu verlassen. Da eine Flucht über die bereits massiv befestigte innerdeutsche Grenze seit Jahren so gut wie unmöglich war, blieb Berlin als Nadelöhr für den Weg in den Westen. Den versperrte nun eine 155 km lange Mauer – sie wurde in wenigen Tagen errichtet und

Kuba-Krise: Bestand die Gefahr eines Atomkrieges latent während des Kalten Krieges immer, so war sie nie realer als während der Kuba-Krise im Oktober 1962. Den Versuch der UdSSR, Mittelstreckenraketen auf der von **Fidel Castro** regierten Insel Kuba zu stationieren, beantworteten die Vereinigten Staaten von Amerika mit einer Seeblockade. Die Konfrontation der beiden Supermächte eskalierte in wenigen Tagen, der Ausbruch eines Atomkrieges rückte in greifbare Nähe. Dass es nicht so weit kam, ist nur der Weitsicht einiger Militärs auf beiden Seiten und der Diplomatie zu verdanken. **Nikita Chruschtschow** und **John F. Kennedy** vereinbarten einen wechselseitigen Raketenabzug in Kuba bzw. in der Türkei und Italien.

Nikita Chruschtschow auf der Rückreise vom VI. Parteitag der SED im Januar 1963

Nikita Chruschtschow hat sich durch ein kurioses Ereignis im Buch der Geschichte verewigt: Vor der UN-Vollversammlung soll er am 12.10.1960 versucht haben, eine Debatte über amerikanische Spionageflüge zu initiieren. Als ihm dies nicht gelang, bekam er einen Wutanfall und hämmerte mit einem Schuh auf das Rednerpult.

Verurteilung Adolf Eichmanns: Der SS-Obersturmbannführer war eine der Schlüsselfiguren des Völkermords an den Juden in Europa, und als er im April 1961 in Jerusalem vor Gericht gestellt wurde, fand der Prozess große Aufmerksamkeit in den Medien. Am 15.12.1961 wurde Eichmann zum Tode verurteilt und am 31.5.1962 durch den Strang gerichtet. Das Urteil gegen ihn kann als Sinnbild der Aufarbeitung der nationalsozialistischen Vergangenheit in den 60er-Jahren gelten.

Kulturrevolution in China (1966): Die von **Mao Tsetung** angeordnete Revolution von oben sollte rückschrittliche Tendenzen – die Vier Alten genannt – also alte Denkweisen, alte Kulturen, alte Gewohnheiten und alte Sitten – in China bekämpfen, mündete aber in den Terror der **Roten Garden** gegen jedermann und alles, was in Verbindung mit der alten Gesellschaft gebracht werden konnte. Zahlreiche „Kapitalisten", Großgrundbesitzer und alte Vertreter der Partei wurden Opfer der Revolutionäre, alles, was zur Kultur der Bourgeoisie gezählt werden konnte, wie Bücher, Musikinstrumente, Schallplatten oder alte Möbelstücke, wurde vernichtet. Straßen und Städte erhielten neue, zum Teil kuriose Namen im Sinne der Revolution: Hongkong sollte künftig „Vertreibt-die-Imperialisten-Stadt" heißen. Alte Gebäude wie Tempel und Paläste, Kunstgegenstände wie Gemälde, Statuen oder

Wandmalereien wurden zerstört. Die Kulturrevolution, die ursprünglich nur ein halbes Jahr dauern sollte, endete erst Mitte der 70er-Jahre.

Der Sechstagekrieg: In dieser kurzen kriegerischen Auseinandersetzung zwischen Israel und den arabischen Staaten Ägypten, Jordanien und Syrien – sie dauerte nur vom 5. bis 10.6.1967 – änderte sich die gesamte Konstellation der Staaten im Nahen Osten. Als Reaktion auf einen Truppenaufmarsch der ägyptischen Armee mit mehr als 1.000 Panzern und 100.000 Mann und die Sperrung der Straße von Tiran für israelische Schiffe führte Israel einen Präventivschlag gegen ägyptische Luftwaffenbasen, um dem befürchteten Angriff zuvorzukommen, und vernichtete über 300 ägyptische Kampfflugzeuge und Bomber am Boden. Am Ende des Krieges kontrollierten die vom israelischen Verteidigungsminister Mosche Dajan geführten Truppen den Gazastreifen, die Sinai-Halbinsel, die Golanhöhen, das Westjordanland und Ostjerusalem. Die durch den Sechstagekrieg verursachten Veränderungen wirken bis auf den heutigen Tag nach.

Prager Frühling: Die Bemühungen der kommunistischen Partei um einen Reformkurs in der Tschechoslowakei unter **Alexander Dubček** im Jahr 1968 hatten den Einmarsch von Truppen des Warschauer Pakts in der Tschechoslowakei zur Folge und wurden gewaltsam niedergeschlagen. Aus Protest verbrannte sich der Student **Jan Palach** am 16.1.1969 auf dem Wenzelsplatz.

Vietnamkrieg: Beginnend als Befreiungskrieg zwischen der kommunistischen Bewegung der **Vietminh** unter **Ho Chi Minh** und der Kolonialmacht Frankreich eskalierte die Situation mit dem direkten Eingreifen der Amerikaner, die damit die Ausweitung der kommunistischen Einflussgebiete einschränkten. Die USA setzten von 1964 bis 1970 Truppen ein, die gegen die von der UdSSR und China unterstützten **Vietcong** kämpften. Es kam zu großflächigen Bombardierungen mit **B-52-Bombern**, zu Dschungelkämpfen mit Hubschrauber-Unterstützung der Bodentruppen, zum Einsatz von **Napalm** und **Agent Orange**, einem Entlaubungsmittel, und zu Kriegsverbrechen wie dem **Massaker von My Lai** am 16.3.1968, bei dem 500 Zivilisten von amerikanischen Soldaten getötet wurden. Das militärische Engagement der US-Armee in Vietnam führte zu weltweiten Protesten.

Operation Georgia 1966: Marines sprengen Tunnel der Guerillas

Wahlplakat der CSU im Jahr 1969

Das Jahr 1968 bescherte der Bundesrepublik Deutschland die **Mehrwertsteuer**. Sie sollte u. a. die von Wirtschaftsminister **Karl Schiller** zur Ankurbelung der Konjunktur begonnene verstärkte Staatsverschuldung abbauen helfen. Statt der bisher üblichen 4,5 % Umsatzsteuer mussten künftig 10 % Mehrwertsteuer gezahlt werden – eine aus heutiger Sicht traumhafte Steuerquote.

Der **Wahlkampf 1969** brachte eine grundlegende Veränderung: Zum ersten Mal wurden die Geschicke Deutschlands von einer SPD-Regierung gelenkt. **Willy Brandt** wurde mit dem Wahlslogan „Wir schaffen das moderne Deutschland" zum ersten sozialdemokratischen Bundeskanzler. An seiner Seite sollte der SPD-Politiker **Egon Bahr** die Entspannungspolitik voranbringen und auf eine **Wiedervereinigung Deutschlands** hinarbeiten, die 1969 noch in den Sternen stand. Die FDP leistete in diesem Wahlkampf Besonderes: Sie mutierte zur „Pünktchenpartei" und schrieb sich in den kommenden Jahren **F.D.P.**

Attentate und Anschläge

Es war ein Jahrzehnt der Attentate und Anschläge. Es gab zwar auch in den vorangegangenen Dekaden politische Morde, aber nicht in dieser Häufung. Außerdem wurde die Berichterstattung eine andere – erstmals wurde über jedes der unten aufgeführten Ereignisse in allen Medien geschrieben und gesprochen. Der Beginn der Sensationsberichterstattung im Fernsehen sorgte dafür, dass grauenvolle Szenen des Schreckens immer und immer wieder gezeigt wurden.

John F. Kennedy: Der äußerst beliebte amerikanische Präsident fiel in Dallas am 22.11.1963 vor laufenden Fernsehkameras einem Anschlag zum Opfer. Als Tatverdächtiger wurde **Lee Harvey Oswald** verhaftet, der zwei Tage später von dem Nachtclubbesitzer **Jack Ruby** im Keller des Polizeigebäudes durch Schüsse getötet wurde. Die genauen Hintergründe des Kennedy-Attentats und des Mordes an seinem mutmaßlichen Attentäter konnten nie geklärt werden, es gibt zahlreiche Verschwörungstheorien.

Mohammad Reza Pahlavi, Schah von Persien, sollte am 10.4.1965 durch einen Angehörigen der kaiserlichen Leibwache erschossen werden. Der Anschlag auf den

Schah misslang. Der mit einer Maschinenpistole bewaffnete Attentäter tötete allerdings zwei Leibwächter und wurde anschließend selbst erschossen. Als Auftraggeber des Anschlags wurden Verschwörer im Militär verurteilt.

Malcolm X: Der Führer einer militanten Black Community wurde am 21.2.1965 bei einem Vortrag in Harlem erschossen. Insgesamt wurde er von 21 Schüssen getroffen. Die genauen Hintergründe seiner Ermordung sind bis heute unklar.

Malcolm X wurde 1965 Opfer eines Attentats.

Martin Luther King: Am 4.4.1968 wurde Martin Luther King in Memphis, Tennessee, ermordet. Er war ein bedeutender Vorkämpfer für die Gleichberechtigung Farbiger. Nach seiner Ermordung kam es in über einhundert Städten der Vereinigten Staaten zu schweren Unruhen.

Ernesto Che Guevara: Der Marxist und Guerillaführer wurde am 9.10.1967 von bolivianischen Militärs ohne Gerichtsurteil erschossen.

Rudi Dutschke: Bei einem Attentat am 11.4.1968 wurde der Berliner Studentenführer Rudi Dutschke schwer verletzt. Der Hilfsarbeiter Josef Bachmann schoss vor dem SDS-Büro in Berlin dreimal auf Dutschke, traf ihn zweimal in den Kopf und einmal in die linke Schulter. Dutschke überlebte nach mehrstündiger Operation die schweren Gehirnverletzungen, starb aber 1979 an den Spätfolgen des Attentats.

Theodor W. Adorno: Der Frankfurter Philosophieprofessor wurde am 22.4.1969 Opfer eines besonderen Attentats: Während einer seiner Vorlesungen umringten drei Studentinnen sein Pult und zeigten ihm ihre nackten Brüste. Der Professor reagierte völlig hilflos und konsterniert und musste von seinen Assistenten weggeführt werden.

Hubert Humphrey, amerikanischer Vizepräsident, sollte 1967 in Berlin Opfer eines Attentats durch Mitglieder der **Kommune 1** und weitere politisch aktive Studenten werden. Nach anfänglichen radikaleren Planungen überlegte man, Humphrey beim sogenannten **Pudding-Attentat** mit Pudding, Farbstoff und Mehl zu bewerfen. Ein V-Mann des Verfassungsschutzes verhinderte das Komplott, mehrere Kommunarden wurden verhaftet. Die Presse und besonders die BILD-Zeitung bauschten die nicht realisierte Protestaktion zu einem gefährlichen Attentat auf Leib und Leben des Politikers auf.

Weitere Ereignisse, die die Welt bewegten

Auch die folgenden Ereignisse sind Meilensteine ihrer Zeit, wenn sich auch nicht jedes einzelne als Schlagzeile auf der Titelseite wiederfand und nicht unbedingt auf den ersten Blick in seiner Bedeutung zu erkennen ist:

Erdumrundung: Der russische Kosmonaut **Juri Gagarin** umrundete am 12.4.1961 erstmals die Erde in einer Umlaufbahn durch das Weltall. Sein Raumschiff Wostok 1 benötigte dazu 106 Minuten.

Brasilia: Die neue brasilianische Hauptstadt wurde in nur vier Jahren mitten im Dschungel aus dem Boden gestampft. Am 21.4.1960 weihte sie der brasilianische Präsident Kubitschek ein. Ihre Lage sollte für eine bessere Verteilung der Bevölkerung im Lande sorgen. Seit 1987 gehört Brasilia zum Weltkulturerbe. Die Gebäude der Stadt entwarf der brasilianische Architekt **Oscar Niemeyer.**

Zweites Vatikanisches Konzil: Es fand vom 11.10.1962 bis zum 8.12.1965 unter Papst Johannes XXIII. und Papst Paul VI. statt und sollte für Erneuerung in der Kirche und Religionsfreiheit sorgen.

Schah-Besuch: Als der Schah von Persien, Mohammad Reza Pahlavi, vom 27.5. bis 4.6.1967 die Bundesrepublik und Westberlin besuchte, fand diese Reise in einer aufgeheizten Atmosphäre statt – Exil-Iraner protestierten gegen den autoritären Herrscher. Scharfe Sicherheitsvorkehrungen und massiv anwesende Polizeikräfte konnten Demonstrationen nicht verhindern, in Westberlin eskalierte die Situation zu einer Straßenschlacht mit der Polizei. Dabei wurde der Student **Benno Ohnesorg** von dem Polizeiobermeister Karl-Heinz Kurras erschossen, eine Bluttat, die zur Radikalisierung der Studentenbewegung führte und sogar für die spätere Gründung der **Roten Armee Fraktion (RAF)** verantwortlich gemacht wurde.

Der Besuch des Schahs von Persien 1967 löste eine Protestwelle aus.

Sturmflut in Hamburg: 1962 verwüstete eine Sturmflut die etwa 100 km von der Küste entfernte Stadt Hamburg. Ein schwerer Orkan hatte große Wassermassen in die Elbmündung gedrückt, Deiche brachen und ungefähr ein Sechstel der Stadt stand unter Wasser. 318 Menschen

Die große Sturmflut von Hamburg

kamen ums Leben, tausende von Gebäuden wurden zerstört.

Der große Postraub: Ungefähr 2,5 Millionen englische Pfund, das entsprach etwa 28 Millionen D-Mark, raubte eine dreiste Bande am 8.8.1963 in Großbritannien aus einem Postzug. Die Gangster stoppten den Zug auf einer Brücke, luden die Postsäcke auf Lkws um und flohen. Nach ihrer Ergreifung unter zum Teil abenteuerlichen Umständen wurden sie zu Haftstrafen bis zu 30 Jahren verurteilt. Das Medieninteresse machte die Tat und die Täter in ganz Europa bekannt. Bereits 1965 wurde der Raubzug in Deutschland verfilmt. Die Hauptrolle in Die Gentlemen bitten zur Kasse spielte **Horst Tappert**, in den 60er-Jahren meist noch in Bösewicht-Rollen unterwegs, ab 1974 als **Derrick**-Kult-Kommissar im deutschen Fernsehen.

Das Wunder von Lengede: Nachdem sie zwei Wochen unter Tage verschüttet waren, wurden am 7.11.1963 im niedersächsischen Lengede elf Bergleute mithilfe der sogenannten Dahlbusch-Bombe aus 60 m Tiefe gerettet.

Das Wembley-Tor fiel bei der Fußball-WM 1966 in England im Endspiel zwischen England und Deutschland und war eines der umstrittensten und gleichzeitig berühmtesten Tore der Fußballgeschichte. Der von Geoff Hurst getretene Ball sprang von der Querlatte auf oder hinter die Torlinie – das ist bis heute nicht geklärt –, und der Schiedsrichter gab das Tor: 3:2 für England. Ganz Deutschland diskutierte aufgebracht, ob es nun ein Tor gewesen war oder nicht, zumal der gegebene Treffer für den Spielverlauf Folgen hatte: Deutschland öffnete die Verteidigungslinien und fing sich ein weiteres Tor ein.

Erste Herzverpflanzung: Am 3.12.1967 verpflanzte der südafrikanische Chirurg **Christiaan Barnard** erstmals ein menschliches Herz. Der Patient starb 18 Tage nach der Operation.

Anwerbeabkommen mit der Türkei: Am 30.10.1961 wurde in Bad Godesberg das Anwerbeabkommen mit der Türkei unterzeichnet. Der Grund für die staatlich

Neu ankommende türkische Bergarbeiter im Juni 1961 auf dem Flughafen Düsseldorf

organisierte Zuwanderung aus Südeuropa: Das prosperierende Deutschland hatte nicht genügend Arbeitskräfte. So kam die Politik auf die Idee, Menschen aus dem Ausland anzuwerben und für einige Zeit in Deutschland zu beschäftigen. Danach sollten und wollten sie zunächst auch zurück in die Heimat.

Alles begann 1955 mit einem Anwerbeabkommen mit Italien. Weitere Wellen der Zuwanderung rollten Jahr um Jahr ins Land. Es folgten Menschen aus Griechenland und Spanien (1960), später aus Marokko (1963), Portugal (1964), Tunesien (1965) und dem damaligen Jugoslawien (1968). Schon am 11.9.1964 kam der millionste Gastarbeiter – Armando Rodrigues – und wurde mit einem Moped als Geschenk und dem Marsch „Auf in den Kampf, Torero!“ aus der Oper Carmen begrüßt – allerdings war er kein Spanier, sondern Portugiese. So willkommen sie als Arbeitskräfte waren, so skeptisch standen ihnen die Bundesbürger gegenüber. Vorurteile gewannen Raum: Die Italiener und Jugoslawen galten als Messerstecher, über die Türken und ihre Lebensgewohnheiten machte man sich mit diskriminierenden Bezeichnungen wie „Türkenschleuder“ (Ford Granada) oder „Türkenkoffer“ (Plastiktüte) lustig, alle Spanier hielt man für heißblütige Machos.

Contergan: Mediziner fanden im November 1961 heraus, dass es zu Missbildungen bei Neugeborenen gekommen war, weil ihre Mütter während der Schwangerschaft das Schlafmittel Contergan eingenommen hatten. Etwa 10.000 contergangeschädigte Kinder wurden geboren, davon etwa die Hälfte in Deutschland.

Mondlandung: Zum ersten Mal überhaupt betrat eines Menschen Fuß einen extraterrestrischen Himmelskörper: Am 21.7.1969 landete **Neil Armstrong** als erster Mensch auf dem Mond und sagte den historischen Satz: „Das ist ein kleiner Schritt für einen Menschen, aber ein großer Sprung für die Menschheit!“ Die Apollo-11-Mission und ihr Erfolg untermauerten auch den Führungsanspruch der USA in der Raumfahrt.

Astronaut Aldrin auf der Leiter der Mondfähre

Der Fall Charles Manson/Sharon Tate: Opfer der Mordtaten der gewaltverherrlichenden Sekte und Hippie-Kommune The Manson Family wurden in der Nacht vom 8. auf den 9.8.1969 die hochschwangere Schauspielerin Sharon Tate und vier ihrer Freunde in dem Haus in Los Angeles, das sie mit ihrem Ehemann Roman Polański gemietet hatte. Sektenführer Charles Manson hatte vier seiner Anhänger als Mörder ausgesandt.

Eine Generation im Aufbruch

Internationale Vietnam-Konferenz vom 17.2.1968 an der TU in Berlin, organisiert vom SDS

„We want the world and we want it – NOW!“ Die Textzeile aus dem Doors-Song When the Music's over thematisiert eines der intensivsten Gefühle der Zeit. Autoritäre Strukturen wurden in Frage gestellt, die Jugend wollte den Wandel, und dieser gesellschaftliche Umbruch fand sich in den neuen Protestbewegungen wieder. Hinzu kam die Überzeugung, dass Veränderung auf allen Ebenen möglich sein würde. Die folgenden politischen und sozialen Bewegungen und neuen Lebenswirklichkeiten waren Teil eines Jahrzehnts im Aufbruch oder nahmen in den 60er-Jahren ihren Anfang:

Protestbewegungen

Die amerikanische Bürgerrechtsbewegung (Civil Rights Movement): Unter der Führung von Martin Luther King kämpften Afroamerikaner um ihre Gleichberechtigung in der amerikanischen Gesellschaft, in der es in den 50er- und 60er-Jahren noch massive Rassendiskriminierung gab.

Friedensbewegung: Ihre Wurzeln liegen in den vorangegangenen Jahrzehnten; ihre zentralen Anliegen in den Jahren 1960 bis 1970 waren neben dem Protest gegen den Krieg allgemein die Beendigung des Vietnamkrieges, die Stärkung der Position der Kriegsdienstverweigerer und das Ende des atomaren Wettrüstens.

Außerparlamentarische Opposition APO (1966–1969): Weil sich Bürger nicht mehr durch die herkömmliche Politik der Regierung und der Opposition vertreten fühlten, bildeten sich oppositionelle Gruppen außerhalb des Parlaments. Zentrale Organisation der bundesrepublikanischen APO war der **SDS** (Sozialistischer

Teilnehmer einer Demonstration der Außerparlamentarischen Opposition am 4.9.1969 in Berlin

Rainer Langhans, Dieter Kunzelmann, Volker Gebbert und Ursula Körber – Mitglieder der Kommune I – nach ihrer Festnahme im Berliner Rathaus Schöneberg zur Abwehr einer „unmittelbar bevorstehenden polizeilichen Gefahr"

Deutscher Studentenbund), der auch die Proteste gegen die Notstandsgesetzgebung anführte. Weitere Themen der Opposition waren die Universitätspolitik und grundsätzliche Veränderungen der Gesellschaftsordnung in Richtung Sozialismus. Wichtige und prominente Vertreter der APO waren Mitglieder der **Kommune 1** (**Fritz Teufel**, **Dieter Kunzelmann** und **Rainer Langhans**) sowie der heutige Europa-Abgeordnete **Daniel Cohn-Bendit** und der spätere Außenminister **Joschka Fischer**. Ihren philosophischen Hintergrund suchte und fand die APO in den Schriften von Karl Marx und Friedrich Engels, aber auch bei Intellektuellen und Philosophen wie etwa **Ernst Bloch**, **Theodor W. Adorno**, **Herbert Marcuse** und **Jean-Paul Sartre**.

Aus der APO und speziell dem SDS gingen zahlreiche Abweichler hervor, die sogenannten **K-Gruppen** – **Partei Deutschlands/Marxisten-Leninisten** (KPD/ML), **KPD/AO**, **Kommunistischer Bund Westdeutschland** (KBW), **Kommunistischer Bund** (KB), **Kommunistischer Arbeiterbund Deutschlands** (KABD), **Arbeiterbund für den Wiederaufbau der KPD** (AB). Die im späteren Zerfallsprozess der APO entstandenen linken Splittergruppen waren untereinander heftig zerstrittene Kleinparteien mit sozialistischem und kommunistischem Selbstverständnis. Sie unterschieden sich in der Deutung der reinen sozialistischen Wahrheit und hatten in ihren Hochzeiten bis zu 15.000 Anhänger.

Die **ökologische Bewegung** oder **Umweltbewegung**: Sie war zunächst ein buntes Sammelsurium verschiedener Organisationen und Interessengruppen, mündete aber schließlich u. a. in die Gründung der Partei der Grünen 1980.

Linke Gruppen

Sie orientierten sich an den Theorien von Karl Marx und Friedrich Engels über den Klassenkampf und glaubten an die Revolution und den baldigen Sieg des Proletariats. Auf Demonstrationen waren Slogans wie **„Lasst Kaffee und Sahne, nehmt die rote Fahne!"** zu hören. Einige machten neben dem **Kapital** auch ein kleines rotes Buch, die **Mao-Bibel**, zur Grundlage ihres Handelns. Andere wiederum protestierten gegen **„Pillen-Paul"**, den **Papst Pius VI.**, welcher in der **Enzyklika Humanae Vitae** die Ablehnung der katholischen Kirche gegenüber künstlichen Methoden der Empfängnisverhütung manifestierte.

Schließlich wurden die **Notstandsgesetze**, welche die bürgerlichen Freiheiten im Falle besonderer Ereignisse wie Naturkatastrophen und schweren Unglücksfällen einschränken, zum Anlass für Demonstrationen. Die linke Opposition befürchtete eine Beschneidung der verfassungsmäßigen Grundrechte. Mit einem **Sternmarsch** in die damalige Bundeshauptstadt Bonn demonstrierten am 11.5.1968 Zehntausende weitgehend friedlich gegen die Notstandsgesetze. Ungewöhnlich: Der linke **Sozialistische Deutsche Studentenbund (SDS)** und der **Liberale Studentenbund Deutschlands (LSD)** waren sich in der Ablehnung der Notstandsgesetze einig.

Trotz aller Proteste wurde das Gesetzespaket vor der Sommerpause des Parlaments verabschiedet. Die **APO** oder **Außerparlamentarische Opposition** blieb in dieser Zielsetzung – Verhinderung der Notstandsgesetze – erfolglos.

Hier eine Sammlung der wichtigsten Slogans zu verschiedenen Themen jener Tage, wie sie während Demonstrationen skandiert oder auch auf Transparenten herumgetragen wurden:

- „Anarchie ist machbar, Herr Nachbar!"
- „Bürger, lüfte deinen Arsch, reih dich ein in unsern Marsch!"
- „Gegen Aktionäre helfen nur Gewehre!"
- „High sein, frei sein – Terror muss dabei sein!"
- „Hoch die internationale Solidarität!"
- „Ho-ho-ho-chi-minh!"
- „Keine Mark und keinen Mann für den Krieg in Vietnam!"
- „Macht kaputt, was euch kaputtmacht!"
- „Make love not war!"
- „Schlagt die Germanistik tot, macht die blaue Blume rot!"
- „Schmeißt auf Bürokraten Eierhandgranaten!"
- „Wer hat uns verraten? Sozialdemokraten!"
- „Wer zweimal mit derselben pennt, gehört schon zum Establishment!"
- „Willst du Krieg im Frieden führen, musst den Notstand du probieren!"
- „Wir reden nicht über die Pille, wir nehmen sie!"

Buttons – Gesinnung auf dem Knopf

Buttons sind eine Erfindung der 60er-Jahre und wurden dazu benutzt, die politische Gesinnung des Trägers zu kommunizieren. Dementsprechend waren das **Peace-Zeichen**, der Slogan **„Atomkraft, nein danke"** oder der Spruch **„Enteignet Springer"** in dieser Zeit häufig auf Buttons am Jackenaufschlag oder **selbst gestrickten Pullover** zu finden.

Gegen den Muff unter den Talaren – Studentenunruhen

„Unter den Talaren der Muff von tausend Jahren“: Mit diesem und ähnlichen Slogans rebellierten die Studenten in vielen Ländern Europas in den späten 60er-Jahren gegen konservative Hierarchien an den Universitäten und später zunehmend auch gegen überkommene Traditionen und verkrustete Strukturen der Gesellschaft. Mit Demonstrationen sowie neuen Formen des Protestes – Sit-in, Teach-in, Die-in, Sleep-in – und passivem Widerstand (bereits von Mahatma Gandhi in Indien erprobt) errangen sie öffentliche Aufmerksamkeit. Mit der Zeit differenzierten sich die Proteste inhaltlich: Die **ökologische Bewegung** und **linke Gruppierungen** nahmen in dieser Zeit ihren Anfang.

Streikbrechende Studenten lieferten sich am 15.5.1968 eine Auseinandersetzung mit den Streikposten des SDS und VDS, die gegen die Notstandsgesetze mit einem Generalstreik an den Universitäten protestierten.

Kommunen und Wohngemeinschaften

Alles gehört allen und jede(r) treibt es mit jedem – wirre Vorstellungen vom Alltag in einer **Kommune** oder **Wohngemeinschaft** kreisten durch die Köpfe der Bürger. Sich kreuz und quer liebende Menschen, die Auflösung von Paarbindung und Familie und damit verbunden des gesellschaftlichen Ordnungsgefüges mündeten in Angst vor Anarchie und Chaos. Wohngemeinschaften wurden vielfach abgelehnt oder mit einer Mischung aus Argwohn, Neugier und Neid bespitzelt. Realistisch betrachtet waren sie, wie auch heute, häufig eine preiswerte Form des gemeinsamen Wohnens, z. B. während des Studiums. In einigen Fällen allerdings schwangen auch die Vorstellung neuer sozialer Beziehungen als Ersatz für die verloren gegangene Großfamilie und weiter gehende, politisch linke Motivationen mit. Die Abschaffung des Privateigentums, beginnend mit der gemeinschaftlichen Kasse einer Wohngemeinschaft, war der bürgerlichen Gesellschaft eine Horrorvorstellung.

Doch die Frage: Es muss doch noch etwas geben außer der Familie ... ging vielen jungen Menschen in den 60er-Jahren durch den Kopf, und viele experimentierten mit neuen sozialen Formen. Vorbild war die in den Medien vielfach präsente **Kommune 1**, die zeitweise in leer stehenden Wohnungen der Schriftsteller **Hans Magnus Enzensberger** und **Uwe Johnson** lebte und mit fantasievollen Provokationen und Horrorgeschichten über Drogenexzesse von sich reden machte. Zur Kommune 1 zählten u. a. **Dieter Kunzelmann**, **Rainer Langhans** sowie **Fritz Teufel** und später auch das Fotomodell **Uschi Obermaier**, die bürgerliche Sexualfantasien beflügelte.

Bis zur Kommune, deren besonderes Kennzeichen gemeinsames materielles Wirtschaften und das Fehlen von Privateigentum sein sollte, reichte es bei den meisten Menschen allerdings nicht, man begnügte sich mit der **Wohngemeinschaft**. Diese war, je nach Kompatibilität der Mitglieder, mehr oder weniger erfolgreich, scheiterte aber auch häufig an banalen Fragen wie dem Putzplan und sich häufenden Küchenabfällen.

Dennoch: Bei der WG zu Hause ging es alles andere als kleinbürgerlich zu. Man versuchte, den neuen Lebensentwurf zu praktizieren, musizierte gemeinsam mit Bongo und Gitarre, veranstaltete regelrechte Sessions, feierte **Feten** und Feste mit selbst gemachter Musik. Getrunken wurden meist Rotwein und Bier, vielfach wurde **Gras** geraucht.

Auf Äußerlichkeiten legte man weniger Wert, improvisierte Möbel („Apfelsinenkisten") oder Einrichtungsgegenstände vom Sperrmüll genügten zur Einrichtung der WG-Wohnung. Wenn Geld zur Verfügung stand, wurden nicht etwa Schrankwände, sondern z. B. Möbel wie der kultige **Sitzsack** gekauft, ein mit Styroporkugeln gefüllter Behälter aus Leder, Stoff oder Plastikfolie, der eine Selbstpräsentation in cool-entspannter Liegehaltung garantierte. Haustiere waren beliebt, und der **antiautoritär erzogene Hund** machte viel Freude.

Die Wohngemeinschaft wurde als neue Lebensform entdeckt.

Das Thema **freie Liebe** wurde immer dann kritisch im Zusammenleben, wenn ein Mitglied der WG vergessen geglaubte persönliche Grenzlinien bemerkte, plötzlich Paarbindungen in Frage gestellt wurden oder jemand sein doch ganz privates Eigentum verteidigen musste. Sehr viele Wohngemeinschaften endeten aber nicht in solchen Konflikten, sondern schlicht dadurch, dass ihre Mitglieder ihr Studium beendet hatten und Anstellungen in anderen Städten fanden. Manche WG fand neue Mitglieder, andere lösten sich vollständig auf. Übrig blieben aber in den meisten Fällen langjährige intensive Freundschaften.

Besondere Erfahrungen gewährte der Besuch bei einer der ersten **Landkommunen**. Nahrungsmittel wie z. B. **milchsaures Gemüse** oder **Sojabrätlinge**, von denen man bisher nicht geglaubt hatte, dass sie Lebensmittel seien, konnte man ohne größeren Schaden verzehren und erfuhr hinterher noch, dass es sich um Produkte aus rein ökologischem Anbau handelte.

Kräuter aus eigenem Anbau: Zu den erfreulichen Neuerungen der Zeit gehörte die Erkenntnis, dass Gewürze nicht trockene Pulver aus Papiertüten oder Plastikdöschen sein müssen. Mit Thymian, Basilikum und Oregano in ihrer natürlichen Form – heute in jedem Supermarkt frisch erhältlich – nahm mancher in jenen Tagen erstmals persönlichen Kontakt auf. Mancher Kräutergarten bot nicht nur Gewürze für das gemeinsame Abendessen, sondern auch duftende **Home-Grown-Kräuter**, die man rauchen konnte.

Pilze, das Fleisch aus dem Wald: Das alte Wissen der Großmutter über Nahrungsmittel aus der Natur stand bei ökologisch orientierten WGs hoch im Kurs. Pilze gehörten dazu. Allerdings konnte es zu ebenso überraschenden wie unerwünschten Erlebnissen kommen, wenn z. B. der mykologisch nicht eben erfahrene Naturapostel Pilze sammelte und seine Gäste durch den Verzehr unbeabsichtigt in ärztliche Behandlung brachte oder unwissentlich zu Versuchspersonen für Zauberpilze oder **Magic Mushrooms** machte.

Besonders beliebt und auch weitaus ungefährlicher war als landwirtschaftlicher und ökologischer Kompetenzbeweis das **selbst gebackene Brot**, das jedoch hin und wieder selbst gebrannten Lehmziegeln zum Verwechseln ähnlich sah und auch so schmeckte.

Nicht nur die moderne Stadtwohnung, auch das rustikale Bauernhaus traten als ästhetische Möglichkeit des Wohnens ins Bewusstsein. Oft sammelte man als Gast erste Erfahrungen mit dem ländlichen Wohnen. Ein Bauernhaus mit offenen Türen und Fenstern im Sommerwind, der Duft von Kamin und alten Holzbalken, zum Abschluss eines Tages auf dem Lande eine Nacht in einem Bauernbett mit blau-weißer Bettwäsche, das hinterließ einen bleibenden Eindruck, der für alle Sinne geschmacksprägend wirken konnte und später zum Kauf rustikaler Möbel für die Stadtwohnung führte.

Die **Tomatenpflanze vor dem Fenster** bekämpfte auf dem Hof der Landkommunarden die örtlichen Mücken streng ökologisch, was die lästigen Plagegeister aber leider nicht sonderlich beeindruckte.

Experimente mit der Nacktheit waren in jenen Tagen beliebt. Zur Belohnung für die erlittenen Beeinträchtigungen beim Besuch auf dem Bauernhof fand sich vermutlich irgendwo in der Nähe ein See oder Fluss zum **Nacktbaden** und eine Wiese zum **Sonnen ohne Kleider**. Die Einheimischen reagierten oft geschockt bis aggressiv.

Doch die Kleinfamilie lebte ...

Anders als es sich aus heutiger Sicht manchmal darstellt, war die Kommune oder Wohngemeinschaft keineswegs die beliebteste und von den meisten Menschen angestrebte Form des sozialen Zusammenlebens.

Der Durchschnittsbürger jener Tage lebte in der Kleinfamilie wie schon die Eltern und Großeltern und nannte seine Kinder nicht Fidel (nach dem kubanischen Revolutionsführer Fidel Castro) oder Clara (nach der deutschen Frauenrechtlerin Clara Zetkin), sondern Thomas und Sabine. Diese beiden Vornamen führten in den 60er-Jahren die Hitparade der beliebtesten Vornamen an, und allenfalls Stefan, Susanne und Claudia liefen ihnen gelegentlich den Rang ab.

Trotz aller WGs und Kommunen – die Kleinfamilie blieb in den 60er-Jahren die gängigste Wohnform.

Makrobiotiker, Vegetarier und Co.

Nach der Fresswelle der 50er-Jahre stieg – wie das Bewusstsein überhaupt – das Ernährungswissen über alle Maßen.

Du bist, was du isst! Während **Vegetarier** zuvor noch als merkwürdige Sektierer galten, wuchs ihre Zahl jetzt beeindruckend. Nicht nur das richtige Essen war Thema: Man machte sich auch intensive Gedanken über die gesunde Lebensweise. Ergebnis: Man verabscheute **Junkfood**, industriell unter Verwendung von Düngemitteln und Pestiziden hergestellte Nahrungsmittel.

Zucker macht dick und tot! Am meisten profitierte und profitiert die Süßstoffindustrie bis heute von der aufkommenden Aversion gegen Industriezucker. Er war in weiten Kreisen verpönt und wurde nicht nur für schlechte Zähne, sondern für fast jede Krankheit verantwortlich gemacht. Wenn überhaupt, aß man braunen Zucker, Rohrzucker oder Honig. Süßstoff als Ersatz wurde von ökologischen Kreisen abgelehnt, von Menschen, die schlank sein wollten, hingegen zunehmend konsumiert.

Vegane Bremsklötze: Unerfahren, wie man in der vegetarischen und in der Küche überhaupt war, fielen die ersten veganen oder lactovegetabilen Speisen alles andere als schmackhaft aus bzw. die Geschmacksnerven rebellierten gegen vegetarische Bremsklötze und makrobiotische Absonderlichkeiten. Neben heimlichen Fressattacken im stillen Kämmerlein konnten ausgewiesene Vegetarier oder **Makrobiotiker** auch schon mal schwach werden, wenn bei der befreundeten Landkommune eine Bratpfanne voller Kartoffeln mit fettem Speck und Rührei auf dem Ofen stand.

Make love not war! – Hippies

In der Mitte der 60er-Jahre entstand in Kalifornien mit dem Zentrum San Francisco eine neue Jugendbewegung, die Hippies. Sie stellte die ihrer Meinung nach sinnentleerten Ideale des American Way of Life in Frage und forderte eine von gesellschaftlichen Zwängen und Tabus befreite Lebensführung. Sie wurden auch **Blumenkinder** genannt, **Love & Peace** war ihr Programm, sie dufteten nach **Amber**, **Moschus** oder **Patchouli**, trugen fantasievolle Kleidung mit Indianerschmuck oder dekoriert mit alten Glasperlen, färbten ihr Haar

Die Entfesselung von Tradition und Zwängen zeichnete das Lebenskonzept der Hippies aus.

mit **Henna**, bemalten Gesicht und Körper, trugen Stirnbänder und **Batik-T-Shirts** und aromatisierten ihre Wohnräume mit **Räucherstäbchen**. Sie bevorzugten Drogen wie Marihuana und Haschisch. Viele zog es auf der Suche nach einem irdischen Nirwana nach Tibet, Nepal oder Afghanistan. Hier wuchs das Kraut der Erleuchtung am Straßenrand.

Was die Wertschätzung dieser Gruppe durch die Durchschnittsbevölkerung anging, so war deren Urteil vernichtend. Der normale Bundesbürger sah nur in Lumpen oder Fantasiekostüme gekleidete Jugendliche, die im Stadtpark herumlungerten und die Frechheit besaßen, sich dort einfach auf dem Boden niederzulassen. Man neigte dazu, sie mit Landstreichern gleichzusetzen, und griff zum Stereotyp **Gammler**, was so viel wie asozialer Penner bedeutete. Besagter Gammler titulierte zum Dank den durchschnittlichen Bundesbürger als **Spießer**, ein anderer Ausdruck für autoritätsgläubiger, dummer und kritikloser Untertan.

Gurus und Mantras – esoterische Strömungen

Mit der Hippiebewegung wuchs auch das Interesse an Esoterik und asiatischen Religionen. Mitverantwortlich dafür war **Maharishi Mahesh Yogi**, ein indischer **Guru** und Gelehrter, der es 1968 verstand, Prominente der Rockmusik wie die Beatles, die Beach Boys und Donovan Leitch, aber auch Schauspieler wie Clint Eastwood und Mia Farrow um sich zu scharen. Meditationskurse in Indien wurden der letzte Schrei, man erlernte **transzendentale Meditation** und das **yogische Fliegen**, eine umstrittene Meditationstechnik, die Anlass für Kritik und Häme gab.

Anhänger feiern „Rajneesh" Chandra Mohan Jain, besser bekannt unter dem Namen Osho und Bhagwan.

Nach dem Gesetz von Angebot und Nachfrage zog es bald zahlreiche esoterische Lehrer aus Asien nach Europa, und mancher Bauernhof wurde von nichtsahnenden Landwirten nicht an eine Landkommune, sondern an eine Sekte samt eigenem Guru vermietet.

„Rajneesh" Chandra Mohan Jain, der sich später **Bhagwan** oder **Osho** nennen ließ, reiste in den 60er-Jahren durch Indien und hielt vor allem für seine Landsleute Vorträge auf Hindi, in denen er Stellung gegen Gandhi und den Sozialismus bezog; er glaubte, nur der Kapitalismus, eine Geburtenkontrolle und die Wissenschaft könnten die Armut in Indien beseitigen. Westliche Anhänger fand er erst in den 70er-Jahren.

Ho Chi Minh: Eine Art politischer Guru war der nordvietnamesische Führer Ho Chi Minh. Demonstranten skandierten in den 60er-Jahren mit Inbrunst seinen Namen, wobei vermutlich die wenigsten wussten, um wen es sich tatsächlich handelte und wofür sein Name stand. Ho Chi Minh befreite Vietnam auf dem Wege des Guerillakampfes von kolonialer Herrschaft. Deshalb sahen ihn Studenten in den westlichen Industriegesellschaften als revolutionäres Vorbild.

Viele Rocker, wenige Mods

Als Ausläufer der Rock-'n'-Roll-Rebellion der 50er-Jahre lassen sich die **Rocker** ansehen, die in den frühen 60er-Jahren in schwarzer, mit Nieten verzierter **Lederjacke** friedliche Bürger erschreckten. Sie fuhren meist, anders als ihre Vorbilder in amerikanischen Filmen, keine schweren Motorräder, sondern bestenfalls **Mopeds** oder sogenannte **Mokicks** – Zweiräder, die mit einem Kickstarter angelassen wurden. Dies hatte seine Ursache in der Herkunft der Jugendlichen, die oft aus proletarischen Familien stammten und sich teure Fahrzeuge nicht leisten konnten. Favoriten waren 50-cm³-Leichtkrafträder von **Kreidler** und **Zündapp**, die mit dem damaligen Führerschein Klasse 4 (immerhin um die 100 km/h schnell) oder Klasse 5 gefahren werden durften. Häufig wurden die Fahrzeuge modifiziert und individualisiert: **höhere Lenkergabeln**, Stangen als Rückenlehnen und ein **Fuchsschwanz** am Lenker mussten sein.

Als ihre „Feinde" galten in den Denkgebäuden der Zeit die **Mods** (abgeleitet

Vermeintliche Anhänger einer Rockerbande werden von Polizisten zu einem kurz zuvor demolierten Lokal vernommen.

von modernists), in Deutschland manchmal **Jazzer** genannt. Sie verleugneten ihre oft auch proletarische Herkunft, trugen maßgeschneiderte Kleidung oder solche, die danach aussah, und achteten auf Markenkleidung. Besonders beliebt waren Wildlederjacken. Um sich abzugrenzen, fuhren die Mods keine Motorräder, sondern Motorroller. Für Schutz gegen Fahrtwind und Witterung sorgte ein Parka über der edlen Garderobe. Besonders in den Seebädern Südenglands kam es immer wieder zu Prügeleien zwischen Mods und Rockern, in Deutschland waren Ausschreitungen seltener, weil es nur wenige Mods gab.

Auch in deutlicher Abgrenzung zu den verfeindeten Rockern entstand in England in den 60er-Jahren die Bewegung der Mods.

Eine besondere Erscheinungsform im Umkreis des Ruhrgebiets und ebenfalls ein weiteres Relikt der 50er-Jahre waren die sogenannten **James-Dean-Clubs**, Jugendbanden, die noch im Look der späten 50er-Jahre mit Lederjacke und Haartolle auftraten und nach eigenem Bekunden Fans des charismatischen Schauspielers James Dean waren, dessen Leben und Filme sie bewunderten. Als besonderes Kennzeichen trugen sie oft eine silberne und goldene Gewehrkugel an einer Halskette.

Amerikas Rocker, die **Hell's Angels**, fassten erst Ende der 60er-Jahre in Europa Fuß. Eine Rockergruppe aus Norddeutschland mit dem Namen Bloody Devils gründete die erste Gebietsvertretung der Hell's Angels in Deutschland – allerdings erst 1973.

Als Sex noch Unzucht hieß

Die ersten Jahre des Jahrzehnts waren alles andere als sexuell befreit. Alles, was mit Sex zu tun hatte, wurde in der Familie oder auch in der Schule schamhaft unter den Teppich gekehrt. Noch 1963 hatte die Darstellung eines Geschlechtsverkehrs in dem schwedischen Film **Das Schweigen** von Ingmar Bergmann einen Skandal zur Folge.

Im Rahmen einer kirchlichen Aufklärungsaktion über den neuen Ingmar-Bergmann-Film Das Schweigen verteilten Kirchenvertreter am 20.3.1964 vor einem Stuttgarter Kino Flugblätter.

Gegen eine freie Sexualität sprachen in den Augen der Moralapostel viele Fakten. **Abtreibung** war eine Straftat, die laut § 218 StGB mit Gefängnis oder sogar Zuchthaus geahndet wurde. Schwangere Mädchen wurden der Schule verwiesen, sehr junge Eltern quasi zwangsverheiratet, um nach außen den Schein der Moral zu wahren. Wer nicht heiratete, galt als unmoralisch und hatte in den Augen strenger Bürgerlichkeit sein Leben verpfuscht ...

Aber nicht nur die „Täter", ob männlich oder weiblich, waren in Gefahr: Der **Kuppeleiparagraph**, § 180 StGB, bezichtigte Personen, die Räumlichkeiten oder sonstige Gelegenheit für sexuelle Betätigung zur Verfügung stellten, einer Mittäterschaft und somit des Verbrechens der Kuppelei. Familienangehörige, Freunde und sogar der Vermieter einer Wohnung konnten belangt werden. Wer erwischt wurde, wanderte bis zu fünf Jahre ins Zuchthaus.

Auch mit dem studentischen Sexualleben sah es schlecht aus: **Damen- oder Herrenbesuch** war den Untermietern in möblierten Zimmern oder Pensionen nach 22 Uhr ausdrücklich verboten. Auch mit beginnender Liberalisierung waren unverheiratet zusammenlebende Paare immer im Fokus moralischen Zweifels. Sie lebten in Sünde.

Eine wirklich sinnvolle Sexualaufklärung fand in der Schule lange Zeit nicht statt. Wer etwas über Sex wissen wollte, bekam Bücher über das **Liebesleben von Bienen und Blütenpflanzen** in die Hand gedrückt und musste sich brauchbare Informationen aus dunklen Quellen beschaffen. **Schmutzige Bilder** wurden wie Drogen unter der Hand gehandelt.

Die Aufklärung über Geschlechtskrankheiten wurde zur Unterdrückung sexueller Wünsche genutzt: Über die Übertragbarkeit und die Folgen von Tripper und Syphilis kursierten wilde Gerüchte.

Ebenso wurden Horrorszenarien über die Folgen von Masturbation – die furchtbare **Hirnerweichung** – ernsthaft oder auch scheinbar lustig verbreitet: **„Onanie stärkt das Hemd und schwächt die Knie.“**

Sexuelle Befreiung

Gegen ein freies Sexualleben wurden immer wieder die Möglichkeit einer ungewollten Schwangerschaft und ihre sozialen Folgen ins Feld geführt. Es war nicht so einfach wie heute, Verhütungsmittel zu kaufen – was, wenn man dabei vom Nachbarn gesehen wurde? Es war ein Spießrutenlauf für unverheiratete Paare.

1961 kam der Umbruch, wenn auch nur in kleinen Schritten: Die sogenannte **Antibabypille** kam auf den Markt. Das in den USA entwickelte Medikament zur „Behebung weiblicher Menstruationsstörungen“ erhielten damals ausschließlich verheiratete Frauen.

Besonders aktiv in der Ablehnung der Pille – auch bei der hier beschriebenen restriktiven Anwendung – war von Anfang an die katholische Kirche, die bis heute die Kontrazeptiva und sogar den Gebrauch von Kondomen ablehnt.

Der Wertewandel in großen Teilen der Gesellschaft entstand etwa in der Mitte des Jahrzehnts. Der Autor **Oswalt Kolle** und eine Unternehmerin namens **Beate Uhse** leisteten Pionierarbeit. Der eigentliche Motor dürfte aber die Aussicht auf Sex ohne Folgen gewesen sein, welchen die Pille ermöglichte. Die **Sex-Welle** (ein Ausdruck, der sich in der Mitte des Jahrzehnts prägte) rollte an.

Sogenannte **Aufklärungsfilme** in den späten 60er-Jahren wie **Helga – Vom Werden des menschlichen Lebens** (1967) und das Erscheinen des **Sexualkunde-Atlas** (1969) taten ein Übriges. Verantwortlich dafür war die Bundesfamilienministerin der Großen Koalition, Käthe Strobel. Es folgten kommerzielle Filme, die weniger die Aufklärung als das Geldverdienen mit Sex zur Zielsetzung hatten. Beate Uhse nutzte die Gunst der Stunde, um eine Kette von **Sex-Shops** aufzubauen.

Beate Uhse 1969 vor einem Versandhaus in Frankfurt. Das Unternehmen wurde gegründet als Versandhaus für Ehe- und Sexualliteratur und hygienische Artikel.

Blick in ein Beate-Uhse-Geschäft in Frankfurt am Main 1966

Die Antibabypille

Wie das Brathähnchen als Symbol einer neuen Zeit nach den Hungerjahren des Zweiten Weltkrieges und der Nachkriegszeit gelten kann, so können **Antibabypille** und **Kondom** (jetzt auch überall im Automaten, in der Drogerie und im Supermarkt erhältlich) als Symbol der sexuellen Befreiung gelten. Das Reden über Sex zog auch in die Schulen ein: Endlich gab es – zumindest in einigen Bildungseinrichtungen – einen Aufklärungsunterricht, der diesen Namen tatsächlich verdient hatte.

Der Pille folgte der **Pillenknick:** Waren die Geburten in Deutschland pro Jahr bis 1964 überdurchschnittlich angestiegen, man sprach sogar von einem **Babyboom**, so brach die Geburtenrate danach drastisch ein. Die plötzliche Verfügbarkeit von Kontrazeptiva hatte nicht nur eine befreite Sexualität zur Folge.

Das große Geschäft mit der „Liebe"

Wie viele Strömungen der 60er-Jahre mündete die neue sexuelle Freiheit auch im Kommerz. Die Erkenntnis „Sex sells" war zwar nicht neu, aber die neuen Möglichkeiten des Themas Sexualität brachten nicht nur den Filmproduktionen, sondern auch den Zeitschriften und Illustrierten wie **Quick** und **Neue Revue** erhebliche Umsatzsteigerungen. Sexskandale auf dem Titelblatt steigerten die Verkaufszahlen.

Aber noch gab es eine aggressive Gegenbewegung. Die Idee der Unzucht hatte weiterhin Bestand, und was vom Gesetzgeber als Pornografie bezeichnet wurde, durfte nicht mehr über dem Ladentisch verkauft werden. Doch als 1968 das Landgericht München den in der Bordellszene spielenden Roman **Fanny Hill** von John Cleland aus dem Jahre 1749 (!)

gemäß § 184 Verbreitung pornografischer Schriften auf den Index setzte, entschied der Bundesgerichtshof 1969 im sogenannten **Fanny-Hill-Urteil** anders – ein Urteil, das zur Liberalisierung in Bezug auf erotische und pornografische Schriften überhaupt führte.

Jetset goes sexy

Andere erotische Vergnügungen, als sie das gewöhnliche Eheleben bot, waren noch schwer zu erlangen in den frühen Tagen des Jahrzehnts. Je weiter die Sixties voranschritten, desto lockerer wurden die Sitten. Auf der männlichen Seite entwickelte sich – für diejenigen, die es sich leisten konnten – sogar ein neues Rollenmodell: **der Playboy**. Dieser besondere Typ Mann tauchte erstmals in den 50er-Jahren auf. Sein bevorzugtes Revier in den 60er-Jahren war die Riviera, er genoss das süße Leben, wie es der Schauspieler Marcello Mastroianni in Fellinis Film La Dolce Vita aus dem Jahr 1960 exemplarisch vorlebte. Er tat nichts weiter, als seinen Reichtum in jeder erdenklichen Weise auszukosten und seine über alle Maßen verfeinerte Lebensart auf der Strandpromenade und auf Partys zu demonstrieren. Selbstverständlich gehörten wilde erotische Ausschweifungen dazu.

Playboys gehörten zum **Jetset**, der neuen 60er-Jahre-Schickeria, die sich die damals hohen Flugpreise leisten konnte und an Orten wie Acapulco, auf den Bahamas oder den Bermudas, in Cannes und Saint-Tropez, im Winter in ihren Chalets in St. Moritz oder Gstaad anzutreffen war. Man feierte Partys, Kostümfeste, spielte Roulette in den Casinos, raste im Porsche, Ferrari oder Maserati durch die

Gunter Sachs (2. v. r.) mit Ehefrau Brigitte Bardot (3. v. l.) 1968 bei einer Party in St. Moritz

Gegend oder demonstrierte mit einem Rolls-Royce seinen Wohlstand. Zum Jetset gehörten Menschen wie Alain Delon, Twiggy, Brigitte Bardot, Gina Lollobrigida, Jean-Paul Belmondo, Helmut Berger, Aristoteles Onassis, Romy Schneider, Rainier und Gracia von Monaco, Kaiserin Soraya, die Krupps, die Bismarcks und die Rothschilds.

Gunter Sachs war die bekannteste deutsche Ausprägung eines Playboys, dieser an sich ziemlich überflüssigen Sorte Mensch. Sein Geld hatte er von seinem Vater Willy Sachs, dem der Fichtel-&-Sachs-Konzern Millionen brachte. Sohn Gunter betätigte sich als Bobfahrer, Fotograf, Dokumentarfilmer und sammelte Kunst und Frauen. Zwischen 1966 und 1969 war er mit Brigitte Bardot verheiratet. Immerhin wandte er einen Teil seines Vermögens für karitative Zwecke auf.

Homosexualität

Nicht von der neuen Freiheit profitieren konnten lange Zeit homosexuelle Männer. Der **§ 175 StGB** stellte nach wie vor Homosexualität unter Strafe. Er wurde erst im Mai 1994 annulliert. Auch in den USA kämpften Homosexuelle gegen Repressionen aller Art und restriktive Strafgesetze. Zwar wagten es erste Aktivisten wie der amerikanische Bürgerrechtler **Harvey Milk**, sich offen zur Homosexualität zu bekennen. 1969 kam es sogar zu Unruhen von Homosexuellen gegen die Polizeiwillkür in New York: Ausgehend von der Bar Stonewall Inn in der New Yorker Christopher Street im Stadtviertel Greenwich Village rebellierten beim sogenannten Stonewall-Aufstand Homosexuelle und lieferten sich tagelange Straßenschlachten mit der Polizei. Dieses historische Ereignis führte zum ersten

Harvey Milk während einer Parade durch San Francisco im Juni 1978

Christopher-Street-Day 1970. Allerdings ließ diese offene Art der Solidarisierung in Europa noch lange Zeit auf sich warten. In Deutschland fanden die ersten CSD-Umzüge 1979 statt. Der Schritt in die Öffentlichkeit war für den durchschnittlichen homosexuellen Bürger in den 60er-Jahren mit allzu großen Gefahren und massiver gesellschaftlicher Ausgrenzung verbunden.

Drogen – ein Jahrzehnt im Rausch

War die Einnahme von Drogen bis in die 60er-Jahre hinein allenthalben einer elitären Künstler- und Boheme-Szene vorbehalten gewesen, die beispielsweise im Berlin der 20er-Jahre mit Kokain experimentierte, wurde jugendlicher Drogenkonsum in den 60er-Jahren Teil einer subversiven Gegenkultur, um Distanz zur herrschenden Normalität zu demonstrieren. Neben der Musik und dem äußeren Erscheinungsbild wurden Drogen zu einem weiteren wichtigen Baustein einer Jugendkultur.

Haschisch, Marihuana und psychedelische Drogen

Der Wunsch nach Bewusstseinserweiterung entwickelte sich in Teilen der Jugend zu einem der wichtigsten Themen des Jahrzehnts, der Gebrauch von Drogen war weit verbreitet. Sie wurden als legitime, wenn auch nicht legale Genussmittel gesehen, und Drogenkonsum sollte wie auch Kleidung und Verhaltensweisen den eigenen Protest gegen die alte und überkommene Gesellschaft dokumentieren. Dieses Konsumverhalten stand im Gegensatz zu dem rituellen Drogengebrauch bei manchen Naturvölkern, der aber dennoch immer wieder zur Rechtfertigung des eigenen Konsums herangezogen wurde.

Sex, Drugs and Rock 'n' Roll oder auch **No Dope No Hope** – so lauteten aus den 60er-Jahren überlieferte Schlagworte der Zeit: Es ging um Erfahrungssuche und später auch um die Flucht in fragwürdige pharmazeutische Paradiese. Waren Jugendliche auf der Suche nach einem Rausch bis dahin auf Bier und Schnaps angewiesen, so entwickelten sich die 60er-Jahre zu einem wahren Pionierjahrzehnt für neue Rauschmittel.

Benutzt wurden vor allem Cannabis-Produkte wie **Marihuana** und **Haschisch** – man war **stoned** oder **angetörnt**, das heißt, man hatte auf irgendeinem Weg THC-haltige Substanzen zu sich genommen. Cannabisdrogen wirken beruhigend, steigern die Intensität von Sin-

neseindrücken, was z. B. wegen des intensivierten Geschmackssinnes zu Heißhunger führen kann, können aber auch stimulierend wirken und leichte Halluzinationen hervorrufen.

Aber auch halluzinogene Drogen komplettierten die pharmazeutische Drogen-Grundausstattung der 60er-Jahre. Künstler und Schriftsteller hatten schon in den 50er-Jahren mit den psychedelischen Drogen **Meskalin** und **LSD** experimentiert, darunter **Aldous Huxley**, der den Begriff psychedelisch prägte. Auch **Jack Kerouac** und **Allen Ginsberg** probierten diese Substanzen.

Anfang der 60er-Jahre initiierte **Timothy Leary** an der Harvard-Universität Forschungsprojekte mit LSD, das damals noch eine legale Substanz war, geriet in den Bann der Drogenerfahrungen und veranstaltete statt wissenschaftlicher Seminare LSD-Partys. Ein Universitätsprofessor mutierte so zum Guru der Ekstase. Seine Studenten gründeten später eine Hippie-Kommune namens Merry Pranksters, fuhren in einem bunt bemalten **Magic Bus** durch die USA und verbreiteten die Lehre vom legalen Drogenkonsum. 1966 wurde LSD in den USA verboten.

Dr. Timothy Leary (r.) nach seiner Festnahme an der kanadischen Grenze im Februar 1967

Seine Wirkung deckte sich mit den Zielvorstellungen seiner Nutzer von einer besseren und fantasievollen Welt. LSD verursacht intensive Farbwahrnehmungen, veränderte Realitätswahrnehmung, sehr intensive Halluzinationen, Ich-Auflösung und Verlust der alltäglichen Sinnzusammenhänge. Es ist keine relativ ungefährliche Droge wie Haschisch, sondern kann wegen seiner starken Wirkungen auf die Psyche bleibende Schäden verursachen. Bei ungünstigen Konstellationen kam es häufig zu einem **Horrortrip**, einem negativen Rauscherlebnis z. B. mit Höllenvisionen und völligem Realitätsverlust.

Die Musikszene konsumierte Cannabis und andere Drogen, und Gruppen wie die Rolling Stones und die Beatles thematisierten Drogenerlebnisse in ihren Texten. Der Beatles-Titel **Lucy In The Sky With Diamonds** mit den Buchstaben LSD sollte nach Aussagen von John Lennon auf einer Kinderzeichnung seines Sohnes beruhen, was aber wahrscheinlich eine Schutzbehauptung war, da John Lennon wie auch andere Mitglieder der Gruppe mit Drogen

Janis Joplin war nicht die Einzige aus der Musikszene, die ihrem Drogenkonsum erlag: Sie starb im Oktober 1970 an einer Überdosis Heroin.

experimentierten. In der Musikszene bekannten sich auch **Janis Joplin**, **Jimi Hendrix** und **Jim Morrison**, der Sänger der Doors, zu ihren Drogenerfahrungen – alle drei wurden in den kommenden Jahren viel zu frühe Drogenopfer.

Drogenhandel war lukrativ, der Preis für Haschisch vervielfachte sich. Mit den weichen Drogen kamen harte Drogen nach Deutschland, vor allem **Heroin** und **Kokain** – eine Folge des kriminellen Umfeldes, die Zahl der Drogentoten stieg.

Wilde Experimente

Wer sich nicht so recht an die illegalen Drogen herantraute (die Herren vom **Rauschgiftdezernat** wurden hinter jeder Straßenecke vermutet und konnten auch schon mal einen Tipp von einem Informanten aus der Drogenszene bekommen haben), wurde Opfer von unbestätigten Gerüchten und wilden Spekulationen aus gewöhnlich schlecht informierten Kreisen. Man rauchte das Weiße aus **Bananenschalen**, schluckte **Muskatnüsse** in bisher nicht bekannter Menge und riskierte üble Magenkrämpfe bei zweifelhaftem Rauscherlebnis, aß Unmengen **Petersilie** oder lutschte **Hustenbonbons aus der Türkei**, die deutlich mehr Codein enthielten, als für den Husten und den Patienten gut sein konnte.

Auch etliche legale Medikamente aus deutschen Apotheken wie etwa das **Aufputschmittel AN1** zeigten, meist im Zusammenhang mit Alkohol, derartigen Schmalspur-Drogenkonsumenten ihr ganzes Potenzial an Wirkungen und Nebenwirkungen.

Des Deutschen liebstes Spielzeug
BMW 2000 CS

Mit dem aufkommenden Wohlstand wurde die motorisierte Fortbewegung quasi alltäglich. Immer mehr Menschen konnten sich Autos oder motorisierte Zweiräder und damit Freiheit, Mobilität und ein wenig Luxus leisten. Natürlich grenzten sich die neuen fahrbaren Untersätze in Form und Technik von der Vergangenheit ab; man fuhr modern. Das Tempo stieg, die Sicherheit auf deutschen Straßen hingegen war im öffentlichen Bewusstsein noch nicht angekommen.

BMW Isetta

Der **Sicherheitsgurt** war zwar längst erfunden und für viele Automobilmarken lieferbar, doch war er wie auch der Airbag in deutschen Automobilen eine Rarität und wurde oft auch einfach nicht angelegt, weil die Anschnallpflicht noch nicht bestand. Serienmäßige Sicherheitssysteme wie ABS und ESP lagen in ferner Zukunft, aber die Motoren wurden stärker, und es wurde deutlich schneller gefahren. Die Zahl der Unfälle stieg dramatisch, die Zahl der Verkehrstoten pro Jahr lag schon in den 50er-Jahren bei 11.000 und erreichte 1970 mit über 19.000 einen traurigen Rekord.

Unterwegs auf zwei Rädern – Mopeds, Roller, Motorräder

Motorräder waren bereits gegen Ende der 50er-Jahre ins Hintertreffen geraten; sie galten als Arme-Leute-Fahrzeug. Wer kein Geld für ein Auto hatte, fuhr ein **Kleinkraftrad**, nämlich ein Moped oder einen Motorroller, die preiswerter und handlicher waren. Erst gegen Ende des Jahrzehnts und in den 70er-Jahren erlebte das Motorrad als Fahrzeug von Freizeit-Desperados, u.a. auch wegen des Films **Easy Rider**, eine neue Renaissance. Sie entfaltete sich in kleinen Dimensionen, nicht nur beim Hubraum ...

Mokicks und Mopeds

Das Geräusch eines Zweitaktmotors hat sicher noch im Ohr, wer die Hochzeiten der Zweiräder in den 60er-Jahren erlebt hat ...

Die **NSU Quickly** war eigentlich ein Kind der 50er-Jahre, ein richtiges Moped mit Tretpedalen wie ein Fahrrad (kein Mokick mit Kickstarter); hergestellt wurde sie bis 1963, war aber noch lange fester Bestandteil des Straßenverkehrs, vor allem bei Leuten mit kleinem Geldbeutel, z. B. Studenten.

980.000-mal verkauft – die NSU Quickly

Kreidler Florett und **Kreidler Florett RS**: Es gab zahlreiche Modellvarianten der Kreidler. Das Flaggschiff war die Kreidler **Florett RS** mit zuletzt 6,25 PS. Sie erreichte Geschwindigkeiten bis 100 km/h. Auf ihrem Tank prangte immer ein kleiner Aufkleber, der auf den Geschwindigkeits-Weltrekord in der 50-cm³-Klasse hinwies, aufgestellt von einer Kreidler mit einer offiziellen Spitzengeschwindigkeit von 210,634 km/h.

Modisch gekleidet auf der Lambretta LD 125 Mark IV

Auch **Zündapp**, deutscher Zweiradbauer aus Nürnberg, bediente den schnell wachsenden Markt der Mopeds, Mokicks und Kleinkrafträder mit einer Vielzahl von Modellen. Das Flaggschiff war die **Zündapp KS 50 Super Sport**. Sie galt als eines der schnellsten Kleinkrafträder und erreichte, von ihren Besitzern aufgemotzt und mit liegendem Fahrer, auch die traumhafte 100 km/h-Grenze.

Hercules: Die im Besitz der Firma Fichtel & Sachs befindliche Marke bot Mopeds, Roller und Kleinkrafträder an, darunter die **Hercules MK 50** in verschiedenen Varianten.

Roller alias Föhn oder Staubsauger

Motorradfahrer nahmen diese Art von Zweirad nie besonders ernst und bedachten sie mit diskriminierenden Scherznamen. Aber das Zweirad mit dem dicken Hinterteil war ab 1960 nicht mehr aufzuhalten.

Vespa: Die Roller aus Italien waren beliebt, es begann 1960 mit der 85 km/h schnellen **Vespa 150**. 1964 kam die erste kleine Vespa mit 50 cm³ auf den Markt, und die eleganten und wohlgerundeten italienischen Zweiräder blieben über das ganze Jahrzehnt im Straßenbild präsent. 1968 erreichte Vespa mit der 15 PS starken **Vespa 125 Primavera** und Kardanantrieb einen technischen Höhepunkt.

NSU Prima Autoroller: Wie der Name schon sagt, sollte dieser Roller mit bequemen Einzelsitzen und weicher Federung das Auto ersetzen, was ihm aber, wie wir wissen, nicht gelang. Auch die **NSU Lambretta** konnte gegen vier Räder nicht siegen, war aber ein sehr beliebtes Fahrzeug des Jahrzehnts. Beide Roller waren in ausgereiften Varianten verfügbar, sie wurden bereits in den Jahrzehnten zuvor gebaut.

Unsere Oma fährt im Hühnerstall Motorrad ...

Nicht nur in der Volksweise kommt das Motorrad als Verkehrsmittel nicht sonderlich gut weg, obwohl die Modelle der 60er-Jahre richtig auftrumpfen konnten ...

Die von 1960 bis 1966 gebaute Einzylinder-Maschine **BMW R 27** war ein sehr weit verbreitetes Motorrad im klassischen Schwarz mit weißem Liniendekor. Ebenfalls viel gefahren wurden stärkere Modelle wie die **BMW R50**, die **BMW R 60** und schließlich die 50 PS starke **BMW R 75/5** von 1969. BMW-Motorräder litten Ende der 60er-Jahre unter einem gewissen Manko an Leistung im Vergleich zur aufkommenden japanischen Konkurrenz.

Keine Frage: Die **BMW R69S** war zu ihrer Zeit (von 1960 bis 1969 wurden 11.317 Stück gebaut) mit 42 PS und 175 km/h Spitzengeschwindigkeit das schnellste deutsche Großserienmotorrad. Ihre Zuverlässigkeit und ihre perfekte Verarbeitung beeindruckten. Allerdings waren ihr japanische Motorräder in der Leistung deutlich überlegen.

BMW R60

Der Kraftfahrzeugmeister **Friedel Münch** baute ein für die damalige Zeit gewaltiges Big Bike – die stärkste, schnellste und teuerste Serienmaschine der Welt, wie ihr Konstrukteur für sich reklamierte. Angetrieben wurde die **Münch Mammut** vom Motor eines Automobils, des NSU Prinz. Ein wirtschaftlicher Erfolg wurde das Mammut-Motorrad nie, aber es beflügelte männliche Fantasien.

Die ersten Japaner

Die **Honda CB 750 Four** etwa setzte bereits 1968 mit ihrem 67 PS starken Reihenvierzylindermotor neue Standards. Zwar trug ein Modell wie die 60 PS starke Dreizylinder-Zweittakt-Maschine **Kawasaki 500 H1** den wenig schmeichelhaften Beinamen **„Witwenmacher“**, was seine Ursache in den – im Vergleich zu den schweren BMWs – hervorragenden Fahrleistungen hatte. Doch hatten Motorräder wie die **Honda CB 450** bereits weitaus ausgefeiltere Motorentechnik als die deutsche Konkurrenz. Klein und sympa-

Honda CB 750 Four

thisch und durchaus alltagstauglich zeigte sich die **Honda Dax**, ein Kleinmotorrad von 1969.

Dem Japan-Boom konnten deutsche Hersteller wenig entgegensetzen. Ein 50er-Jahre-Motorrad wie die 17 PS starke **NSU Max** oder die um ein PS stärkere, dafür aber schwerere **NSU Supermax**, in den 60er-Jahren noch vielfach in Gebrauch, waren im Vergleich Opas lahme Motorräder, auch was die Höchstgeschwindigkeit von 126 km/h betraf. Späteren Kultstatus erwarben die Motorräder der Firma **Horex** aus den 50er-Jahren, die auch nach 1960 viel gefahren wurden.

18 PS stark – die NSU Supermax

Mofa oder Fahrrad mit Hilfsmotor?

Das Zeitalter der Mofas (= Motorfahrräder) dämmerte herauf: Die **Saxonette** der Firma Rabeneick war neben dem französischen Modell **Velosolex** auf den Straßen unterwegs. Das Zweirad aus Frankreich wurde von einer Reibrolle auf dem Vorderrad angetrieben und war einfach konstruiert, sparsam und haltbar. Es verbrauchte nur etwa 1,5 l Gemisch auf 100 km und war somit das ideale Gefährt für Studenten. Außerdem hatte es einen konsequenten Stil: Bis 1968 gab es das Fahrrad mit Hilfsmotor nur in Schwarz.

Ebenfalls ein französisches Produkt war das **Mobylette**-Mofa der Firma Motobécane, das in den 70er-Jahren seinen Verbreitungshöhepunkt erreichte. Das in der Form an ein Damenfahrrad erinnernde Fahrzeug wurde im Gegensatz zum Velosolex auch in den kräftigen Farbtönen Hellgrün, Orange, Gelb und Blau angeboten. Auch eine 45 km/h schnelle Moped-Version war zu haben.

Weitere Hersteller lieferten Mofas wie etwa die deutschen Firmen Hercules, Miele, Sachs, Rixe, Victoria, Kreidler und Zündapp. Aus Italien kamen Mofas der Marken Aprilia, Garelli und Gilera.

Das Fahrrad wird modern

Doch es ging auch ganz ohne Motor: Das Fahrrad war für viele Menschen das wichtigste Fortbewegungsmittel. Eine Erfindung der 60er-Jahre revolutionierte das Radfahren: die **Torpedo Dreigangschaltung** der Firma Fichtel & Sachs. Sie machte das Fahrrad zu einem bequemen und schnellen Verkehrsmittel, erlaubte das leichtere Treten am Berg und die Umsetzung der vollen Kraft des Fahrers in Geschwindigkeit. Doch diese Neuerung hatte ihren Preis: Etwa 150 DM musste man für ein Rad mit Torpedo-Dreigangschaltung zahlen, bei den damaligen Löhnen viel Geld. Dennoch wurden diese Räder millionenfach verkauft.

Immer automobiler

Zu den wirkungsvollsten technischen Neuerungen in diesem Jahrzehnt, das Automobil betreffend, gehörte der Sicherheitsgurt. Er war zwar noch nicht allgemein üblich und wurde auch nur von wenigen Firmen wie Mercedes und Porsche und den beiden schwedischen Herstellern Saab und Volvo in viele ihrer Fahrzeuge eingebaut, dennoch war er eine gute Erfindung, die vielen Menschen das Leben rettete. Eine allgemeine Anschnallpflicht für die Passagiere auf den Vordersitzen kam in Deutschland erst 1976. Die sonstigen Errungenschaften des europäischen Automobilbaus waren zum einen die aus dem Amerikanischen übernommenen **Heckflossen** bei manchen Modellen, zum anderen die **Stromlinienform**.

Die größte negative Veränderung auf deutschen Straßen war Mitte der 60er-Jahre: **der Stau** ...

Der Kleinwagen

Beginnen wir, dem Lauf der kollektiven Motorisierung entsprechend, bei den Kleinwagen: Das **Goggomobil** war die zu Blech gewordene Annäherung des Bundesbürgers der Wirtschaftswunderjahre an die Automobilität. Er kam vom Motorrad und konnte sich endlich ein Auto leisten – aber nur ein ganz kleines. Immerhin konnte es vier Personen transportieren, und alle vier saßen im Trockenen. Von einem Zweitaktmotor angetrieben, war

Ausgestattet mit einem Zweitaktmotor – das Goggomobil

es sicher noch kein technisches Wunder. Den Hahn zur Aktivierung des Reservetanks z. B. hatte der geniale Konstrukteur auf der Hutablage hinter der Rückbank angebracht. Das Goggomobil gab es übrigens auch als Coupé.

Der niedliche Kleinwagen **Fiat 500** wurde auch Nuova („der Neue") genannt, um ihn vom Modell der 50er-Jahre abzu-

Bis 1975 wurde der Fiat Nuova 500 gebaut.

grenzen, das Topolino hieß. Sein Motor leistete 18 PS. Der Antrieb seines größeren Bruders, des Fiat 600, erreichte je nach Modell deutlich über 20 Pferdestärken.

BMW Isetta: Der sympathische Kleinwagen von BMW trug wegen seines ungewöhnlichen Einstiegs den fantasievollen Beinamen Advents-Auto („Macht hoch die Tür!"). Der Hersteller zog den Namen Motocoupé vor.

Die neue große Vielfalt

Mit den Jahren wurden das verfügbare Einkommen und parallel dazu auch das Angebot an unterschiedlichen Automobilen größer. Die Hersteller begannen, Autos nach Zielgruppe zu entwickeln: Die neuen Modelle waren klein und sparsam oder boten mehr Platz für Familie und WG oder waren geeignet, Wohlstand auch nach außen zu dokumentieren. Neben den bisher vor allem verbreiteten Limousinen fanden auch Sportwagen, Cabrios, Kombis und Kleinbusse zunehmend Käufer.

Mit rund 3600 DM für die Standardausstattung gehörte der Citroën 2CV zu den günstigen Einsteigerfahrzeugen.

Die neue Marke **Audi** kam im VW-Konzern 1965 mit den ersten Modellen auf den Markt; die Zahlen hinter dem Namen gaben die Leistung des Motors an; nur beim Audi 60 (55 PS) wurde etwas nach oben aufgerundet. Nach und nach gelangten der Audi 72, 80, Super 90 und 100 in die Schauräume der Händler und danach ins Straßenbild. Der Super 90 wurde mit seiner Sicherheit und hohen Geschwindigkeiten beworben, sprintete in 12,5 s von null auf 100 und kostete 8390 DM.

Die ersten Modelle des **Citroën 2CV** wurden zwar bereits ab 1948 gebaut, zum gefragten Einsteigerauto wurde das Fahrzeug aber in den 60er-Jahren. Ein Grund dafür war der niedrige Anschaffungspreis, der 1960 mit einer Standardausstattung bei ca. 3600 DM lag. Zum Kultobjekt wurde das französische Auto der Avantgarde u. a. wegen seines unkonventionellen Aussehens, seines unglaublich schwammigen Fahrwerks und der kuriosen Krückstockschaltung. Bei den ersten Modellen mussten die Scheibenwischer noch per Hand betätigt werden. Wer einen 2CV fuhr, war vermutlich jung und konnte außerdem für sich in Anspruch nehmen, **groovy** zu sein.

Austin Mini: Die ersten Minis kamen am 18.8.1959 in den Handel, über die 60er-Jahre prägten die verschiedenen Mini-Modelle die Vorstellung der Menschen von einem sympathischen kleinen Automobil; so erhielt der Mini Rollen in dem Peter-Sellers-Film A Shot In The Dark von 1964 und im Jahre 1967 in dem

Beatles-Film Magical Mystery Tour. Doch zum Verkaufsrenner und Fahrzeug des Massenmarktes wurden die Autos aus Großbritannien (und Italien, dort baute die Firma Innocenti in Lizenz) nie.

Der sportlich abgestimmte **Mini Cooper** konnte etliche Erfolge bei Rennen feiern und ging als Rallyesieger in die kollektiven Automobilträume ein. Als liebenswerter David konnte er die weitaus stärker motorisierten Goliaths der großen Hersteller schlagen.

BMW 1500: Dieses Auto sollte die Firma BMW Anfang der 60er-Jahre aus der Krise bringen. Die Werbung stellte den Wagen als die „neue Klasse“ vor. Das kräftig motorisierte Fahrzeug kam auf der IAA im September 1961 gut an und begründete damit den Erfolg der Firma, der bis heute anhält.

Ford Taunus 17M: Neu an diesem Fahrzeug war vor allem die Stromlinienform, die als sehr modern galt. Die Werbung argumentierte mit der Größe des Wagens. „Sogar der Fünfte fühlt sich wohl“ lautete der Slogan. Im Volksmund hieß das Auto nur **„die Badewanne“**.

Ford Capri I: Das 1968er-Sportcoupé von Ford, eine Art europäischer Ford Mustang, fand viele Liebhaber unter jungen Autofahrern und wurde anders als der Sportwagen GT von Opel langfristig weitergebaut und weiterentwickelt. Das recht einfache Fahrwerk mit Blattfedern stand lange Zeit im Gegensatz zur Motorleistung, die mit jedem weiteren Modell angehoben wurde.

Der in den 50er-Jahren entwickelte **Mercedes 180** war der erste Wagen mit

Morris Mini

Ford Capri (oben) und Ford Taunus 17M (unten)

Mercedes 180 (oben) und Mercedes 190 SL (unten)

selbsttragender Karosserie. Die Limousine wurde bis 1962 gebaut, der davon abgeleitete Sportwagen **Mercedes 190 SL**, heute ein gesuchter Oldtimer, bis 1963.

NSU RO 80: Der von der Karosserie her ungewöhnliche und innovativ gestaltete Wagen hatte einen ebenso fortschrittlichen wie unkonventionellen Motor, der sich durch zwei Eigenschaften auszeichnete: Es handelte sich um einen Wankelmotor, der immerhin 115 PS leistete, aber unter massiven Dichtungsproblemen litt und bei dem es häufiger zu Defekten kam, weil der Drehkolben auf abschüssiger Straße nicht genügend geschmiert wurde, wenn der Fahrer kein Gas gab. RO-80-Fahrer grüßten sich deshalb mit emporgestreckten Fingern – einer für jeden ausgetauschten Motor. Ein Victory-Zeichen zeigte also bereits, dass der Fahrer kein Anfänger war.

Der **VW T1 „Bulli“** wurde, entsprechend bemalt, als **„Hippiebus“** genutzt, aber auch gewöhnliche Bürger hielten ihn für schick und elegant, obwohl er sich anfangs mit einem 50-PS-Motor über Steigungen quälte.

VW T2 „Samba“: Dieses Sondermodell des VW-Busses mit vielen Fenstern und einem zusätzlichen Faltdach ist mittlerweile ein gesuchter Oldtimer und Klassiker – ein Traumwagen eines Jahrzehnts, in dem es noch keine nennenswerten Alternativen zu diesem Auto gab.

Karmann Ghia: Diesem schönen und eleganten VW-Abkömmling in der rundlichen Sportwagenkarosserie wurde aus irgendwelchen Gründen der unschöne Spitzname **„Nuttenporsche“** gegeben, vermutlich weil ihn Damen der Halbwelt mit Vorliebe fuhren, denn er war deutlich preiswerter als ein Porsche.

NSU Prinz: Der kleine und leichte NSU Prinz 4 wurde zwischen 1961 und 1973 hergestellt und war eine Weiterentwicklung ähnlicher Nachkriegsmodelle. Er bot immerhin fünf Sitzplätze und war 120 km/h schnell. Die ab 1965 gebauten Modelle **NSU TT** und **NSU TTS** stellten einen erschwinglichen Männertraum dar, boten mit 85 PS viel Leistung bei relativ geringem Gewicht und wurden besonders

VW Karmann Ghia

gern auf Rennstrecken und bei den Rallyes jener Tage eingesetzt.

Der **Opel Kadett** wurde als Konkurrenzmodell zum VW Käfer konstruiert. Er hatte neben seiner modernen Motorisierung

VW Käfer

einen entscheidenden Vorteil gegenüber dem VW mit Heckmotor: einen Kofferraum. Schon der ab 1962 gebaute Kadett A war ein Erfolg: Er wurde fast 650.000 Mal verkauft. Sein Nachfolger ab 1965, der Kadett B, lief, alle Modellvarianten und die Luxusversion Olympia A mitgerechnet, über 2,7 Millionen Mal vom Band.

Opel Rekord: Die beliebte Familienkutsche der oberen Mittelklasse wurde in den 60er-Jahren in verschiedenen Versionen (Rekord P2, Rekord A, B, C) angeboten und zeichnete sich weniger durch hohe Fahrleistungen als durch viel Platz für die Mitfahrer und Bequemlichkeit aus.

VW Käfer: Auch dieses Auto ist kein Produkt der 60er-Jahre, erreichte aber in

Opel Kadett

dieser Zeit erstaunlich hohe Zulassungszahlen – die Motorisierungswelle wählte den Käfer zu einem ihrer liebsten Kinder.

VW 1500/1600: Die erste Stufenheck-Limousine von VW (Typ 3), auch in einer Fließheck- und Kombiversion angeboten, kostete bei ihrer Einführung 6300 DM und wurde mehrere Millionen Mal verkauft. Wie der Käfer hatte der 1961 vorgestellte Wagen noch einen vorderen Kofferraum, der flach gebaute Vierzylinder-Boxer befand sich im Heck des Wagens. Er war bis 1973 im Handel.

Chic, schnell, teuer – Traumwagen

Gegen die Anschaffung eines solchen Automobils sprach vieles, vor allem die Vernunft, die häufig nach einer Probefahrt

Alpine Renault

siegte, denn der finanzielle Spielraum für ein zweites Fahrzeug in der Familie war oft nicht vorhanden, und manche der hier aufgelisteten Automobile waren ohnehin

VW Porsche 914

so astronomisch teuer, dass der Normalbürger nur davon träumen konnte.

Alpine-Renault A 110: Leicht und schnell wie ein Porsche war er einer der männlichen Sportwagenträume der 60er-Jahre, und das zum Preis eines Mittelklassewagens. Komfort: null, Fahrleistung: je nach Motorisierung überdurchschnittlich bis beachtlich.

Renault Floride/Caravelle: Dieses von 1958 bis 1968 gebaute Coupé stellte das weiblich-elegante Pendant zum Alpine A 110 dar und war in der offenen Form ein gefragtes Cabrio auf dem Markt. Es wirkte leicht und geschmackvoll und hatte trotz seines relativ günstigen Preises einen Hauch von Savoir-vivre.

Renault Caravelle

VW-Porsche 914: Der gemeinhin als **„Volksporsche“** bezeichnete Wagen lief 1969 erstmals vom Band. Es war das erste Mittelmotorfahrzeug, das in Serie gebaut wurde. Er sollte den bis 1970 gebauten **VW Karmann Ghia** ablösen, der ebenso wenig wie der Porsche 914 ein echtes Fahrzeug für die Massen war – eher ein Prestigeobjekt für die Halbwelt oder Zweitwagen für die wohlhabende Dame. Der Porsche 914 wurde u. a. wegen Verarbeitungsmängeln und seines unklaren Images zwischen VW und Porsche kein Verkaufserfolg.

Aston Martin DB5: Der von Geheimagent 007 James Bond in den Filmen Goldfinger (1964) und Feuerball (1965) gefahrene Wagen hatte Stil, war im Autoquartett eine der stärksten Karten, und jeder Junge kannte seine Leistungsdaten – 3995 cm³, 286 PS, 238 km/h. Er war ebenso schön wie unerschwinglich, denn er kostete 1963 4175 englische Pfund, wobei ein englisches Pfund damals noch etwa 11 DM wert war.

Opel Diplomat: Das Charisma des Achtzylinder-Autos reicht bis in das 21. Jahrhundert, denn in der Fernsehserie Der letzte Bulle fährt der Titelheld genau diesen Opel. Der Hersteller bot ihn mit einem 4,6-l-Motor an, später sogar eine Variante mit 5,4 l Hubraum, die unglaublich viel Benzin schluckte. Alltäglicher, wirtschaftlicher und deshalb häufiger im Straßenverkehr unterwegs war der **Opel Admiral** mit einem Sechszylinder-Motor.

Opel GT 1900: Der eigentlich für Opa-mit-Hut-Autos bekannte Opel-Konzern brachte Ende der 60er-Jahre mit dem Opel GT einen erschwinglichen Sportwagen auf den Markt, der auf der Technik der Standardbaureihe basierte. Mit dem 1,9-l-Motor erreichte der Opel GT 190 km/h bei einem Verbrauch von 12,5 l Super auf 100 km. Ein ebenfalls angebotenes Modell mit 1,1-l-Motor wurde mangels Kundeninteresses eingestellt, da es ständig von Mittelklassewagen überholt wurde. Grund zur Heiterkeit wurde später auch Opels Werbeslogan: „Nur Fliegen ist schöner". Binnen Wochen wurde er umgedichtet zu „Nur Fliegen sind schöner" ...

Opel GT

Ganze 369 PS stark – der Jaguar E-Type

Jaguar E-Type: Mit 369 PS im Autoquartett prominent vertreten, geisterte das wunderschöne Fahrzeug durch Jungen- und Männerträume des Jahrzehnts. Außer seiner Motorleistung galt insbesondere das von Malcolm Sayer entwickelte Design als aufregend. Sogar eine Zwölfzylinder-Version wurde gebaut.

Porsche 911: 1964 trat der Porsche 911 auf den Plan, eine Sportwagen-Ikone, deren Ahnenreihe sich bis heute fortsetzt. Er löste den **Porsche 356** ab, der bis 1965 das aktuelle Modell war. Da der 911er relativ viel Geld kostete, wurde 1965 mit dem **Porsche 912** eine preiswertere, technisch abgespeckte Variante angeboten.

Alfa Romeo Spider und **Gulia**: Die schönen italienischen Alternativen für sportlich ambitionierte Fahrer erreichten zwar nicht dieselben Fahrleistungen wie z. B. ein Porsche und waren teurer als ein vergleichbarer BMW, besaßen aber Stil, Eleganz und einen unvergleichlichen Duft im Innenraum. Die Marke hatte eine kleine, aber feine Fangemeinde.

Amerikanische Autos wie der **Ford Mustang**, in den USA ein großer Erfolg, hatten wegen ihrer technischen Eigenheiten und ihres unsinnig hohen Verbrauchs nie eine wirkliche Chance in Europa. Träumen konnte man dennoch von ihnen. Die zum Teil mit V-8-Maschinen ausgestatteten Modelle produzierten ein unvergleichliches Motorengeräusch. Deutschlands Halbwelt bewegte sich in Mustangs oder ähnlichen Modellen.

Citroën DS: La Déesse, **„die Göttin"**, wurde über 20 Jahre von 1955 bis 1975 produziert. Sie war dank ihrer vielfach verstellbaren hydropneumatischen Federung technisch ganz vorn und wies den Fahrer durch die ebenso ungewöhnliche wie strömungstechnisch günstige Karosserie als Verfechter des Fortschritts und Mitglied der intellektuellen Avantgarde aus – glaubten zumindest die DS-Fahrer.

Mercedes 300 SL: Das Kürzel SL bedeutete Sport Leicht, und der Wagen wurde in den Jahren 1954 bis 1957 als Coupé mit Flügeltüren und in den Jahren 1957 bis 1963 als Roadster angeboten. Seine Fahrleistungen waren für die Zeit überragend, er wurde auch im Rennsport eingesetzt.

Der erste Japaner

Ausgerechnet ein Cabrio bzw. Coupé war das erste japanische Automobil auf dem deutschen Markt. Der mit 800 cm³ relativ kleine Motor des **Honda S 800** brachte erstaunlich viel Leistung, was den Wagen aber – trotz guter Kritiken in der Motorpresse – nicht zu einem Erfolg machte. In Deutschland wurden nur 1200 Exemplare verkauft.

Honda S 800

Sozialistischer Straßenverkehr

Während Westdeutschlands Männer relativ große Limousinen fuhren oder sogar den Kauf eines Sportwagens in Erwägung zogen und auch einen hätten kaufen können, träumten ihre DDR-Brüder von drüben davon, überhaupt ein Auto zu besitzen, und wäre es nur ein **Trabant**. An den bis zu jahrzehntelangen Lieferzeiten än-

Trabant 600 Kombi

derte auch das Erscheinen eines neuen Modells aus heimisch-sozialistischer Produktion, des Wartburg 353 im Jahre 1966, nicht wirklich etwas.

Während sich die westliche Hälfte Deutschlands zumeist im VW-Käfer oder im Opel Kadett fortbewegte, wartete der Ostdeutsche auf den Trabant P 600, das heißt er fuhr ihn zunächst nicht, sondern sah erst einmal etliche Jahre der Lieferung entgegen. Auto-Fans aus dem Westen belustigte er schon durch seine technischen Daten: Zwei-Zylinder-Zweitaktmotor, 599 cm^3, 23 PS (!), ab 1966 auch mit verchromten Stoßstangen lieferbar ...

Ausgestorbene Automarken

DAF 30 „Daffodil": Die lustigen Kleinwagen mit dem eigentümlichen Fahrgeräusch durch die Variomatic mit Riemenscheiben und Keilriemen waren bei den deutschen Autofahrern und -fahrerinnen beliebt, die die Sache mit dem Schalten nie so richtig begriffen hatten.

Die französische Firma Simca baute neben Alltagsfahrzeugen wie dem Simca 1000 in den 60er-Jahren auch den daraus abgeleiteten Simca Rallye 1 und den Simca Rallye 2 für den Sporteinsatz.

Die Pkws der Marke Borgward aus Bremen galten als edel, teuer und gut. Der Borgward Isabella war ein Wagen der oberen Mittelklasse in den 50er-Jahren, das Borgward Isabella Coupé wurde bis 1962 gebaut und verkauft. 1963 ging die Firma in die Insolvenz.

Neben den herkömmlichen Automobilen versuchten Techniker in den 60er-Jahren auch die in der Science-Fiction-Literatur angedachten Zukunftsmodelle des Automobils zu realisieren. Flugautos, Standard in vielen Technikutopien, konnten jedoch, abgesehen von exotischen Experimenten, nie alltagstauglich realisiert werden. Erfolgreicher war der Entwickler des Amphicar: Das von dem deutschen Konstrukteur Hans Trippel entwickelte Fahrzeug war ein viersitziges Cabrio, das schwimmen konnte. Neben der üblichen

Borgward Isabella Coupé

Fahrzeugtechnik verfügte es über zwei Bootspropeller am Heck sowie über alle für den Betrieb auf dem Wasser notwendigen Zusatzeinrichtungen wie Positionleuchten, Signalhorn und Lenzpumpe zum Entfernen von in die Karosserie eingedrungenem Wasser. Wegen seines hohen Preises und des zeitintensiven Wartungsaufwandes – nach jeder Schwimmaktion musste der Wagen aufwendig abgeschmiert werden – wurden zwischen 1960 und 1963 nur etwa 3800 Amphicars gebaut. Zu allem Überfluss brauchte der Fahrer für den Betrieb auf dem Wasser auch noch einen Bootsführerschein. Ein Großteil der Produktion, etwa 3000 Fahrzeuge, wurde in die USA geliefert.

Alltagsleben

Der Alltag in den 60er-Jahren war in den frühen Jahren eine Fortführung der Zustände der 50er-Jahre, obwohl Wandel und Aufbruch in allen Lebensbereichen spürbar waren. Es war ein Nebeneinander von Altem und Neuem. Dennoch gab es deutlich andere Realitäten und Abläufe als in der heutigen technischen Welt. Das betrifft sowohl das soziale Leben als auch die technischen Gegebenheiten der Zeit. In bestimmten Lebensbereichen herrschten Zustände, die sich vor allem Kinder und Jugendliche heute gar nicht mehr vorstellen können.

Telefonieren

Ein Telefonanschluss war keine Selbstverständlichkeit: 1963 konnten nur 19 % aller Bundesbürger von zu Hause aus telefonieren. Zu Beginn des Jahrzehnts war ein schwarzes, seriös aussehendes Bakelit-Telefon der Standard, der **Tischfernsprecher W48** der Bundespost. Dieses Gerät tat seit 1948 Dienst und wurde ab 1963 nach und nach von einem neuen Modell mit dem Namen **Tischfernsprecher FeTAp 61** abgelöst, das die Nation in verschiedenen Varianten bis in die 80er-Jahre begleiten sollte. Das Gerät hatte eine Wählscheibe und einen Hörer an einem Spiralkabel. Über das ganze Jahrzehnt wurde es nur in Hellgrau mit beigefarbener Wählscheibe angeboten und bekam den Spitznamen **„Graue Maus“**. Erst 1970 fragte sich die Bundespost, ob es ihre Kunden vielleicht bunter wollten, und in der Folge kamen dann 1972 Telefone in den Farben Ockergelb, Lachsrot, Hellrotorange und Farngrün ins Angebot.

Badetag

Gebadet wurde in der Durchschnittsfamilien einmal in der Woche, in Arbeiterfamilie war es nicht ungewöhnlich, dass das Badewasser von den Familienmitgliedern mehrfach genutzt wurde – für die Jugendlichen heutzutage, für die Duschen und Baden immer möglich ist, wahrscheinlich eine Horrorvorstellung. Warmes Wasser kam noch nicht aus dem Hahn, vielfach mussten vor dem Bad **Badeöfen** umständlich befeuert werden.

Der Sonntag als Großereignis

Nach der gründlichen Reinigung am Samstag konnte der Sonntag kommen. Und der sah meist folgendermaßen aus: Nach dem Kirchgang im Sonntagskleidchen samt Täschchen für die Frau, Anzug und **Nyl-**

Eine Familie macht Mitte der 60er-Jahre mit ihrem Volkswagen 1200 Berlina einen Ausflug an einen See.

test-Hemd für den Mann verschwand der Vater zum Frühschoppen in die nahe gelegene Kneipe, während die Mutter den Schweinebraten oder die Rouladen in brauner Sauce mit Kartoffeln oder wahlweise Knödeln mit Leipziger Allerlei zubereitete. Nach der obligatorischen Mittagsruhe gab es Kaffee mit selbst gebackenem Kuchen. Glück hatten die Kinder, die, während die Erwachsenen sich am Kaffeetisch unterhielten, Serien wie die **Kleinen Strolche**, **Bonanza** oder **Flipper** schauen durften. Für viele fand der Sonntag dann seinen zeremoniellen Höhepunkt im Sonntagsspaziergang. Kinder und Jugendliche liebten den Sonntag nicht sehr, da die Sonntagskleidung nicht schmutzig gemacht werden durfte, sie eine Anwesenheitspflicht bei quälend langen Verwandtenbesuchen hatten und auf ihre Freunde verzichten mussten.

Die Mittagspause

Wer arbeitet, muss auch essen und trinken. Werkskantinen waren noch nicht sehr verbreitet, Bergleute und Fabrikarbeiter nahmen für ihre Mahlzeiten den **Henkelmann** (Vorratsbehälter auch für warme Speisen mit Haltegriff, daher der Name) mit. Wer nicht zu Hause essen konnte, begnügte sich mit Butterbroten und einer **Teeflasche**. Brote, die der Vater von der Arbeit mit zurück nach Hause brachte, wurden **Hasenbrote** genannt – und von den Kindern mit Begeisterung verzehrt. Für Zweifler: Es gab viele Kinder in den 60er-Jahren, die noch hungrig waren oder zumindest großen Appetit hatten, denn ihnen fehlten die finanziellen Mittel, sich nach Belieben mit Schokoriegeln und Süßgetränken aus dem Kiosk an der Ecke einzudecken.

Lieferung frei Haus

Milch konnte man lose beim **Milchmann** an einem Wagen kaufen, der regelmäßig durch die Straßen der Stadt fuhr, oder in einem Milchgeschäft, das nur Milch und Milchprodukte anbot. Man musste nur eine **Milchkanne** aus Aluminium oder emailliertem Metall mitnehmen und konnte sie füllen lassen.

Das Zeitalter der Baumärkte bricht an

Die große Zeit der Heimwerker mit **Bohrmaschine** und **Stichsäge** dämmerte herauf. Zwar gab es noch nicht flächendeckend Baumärkte – das meiste wurde noch in den Eisenwaren- und Haushaltsgeschäften gekauft –, aber ihre Popularität wuchs rasant. Nach dem Motto: „Jeder kann alles!“ begannen Männer mit neuen Formen handwerklicher Freizeitgestaltung und legten wahre Werkzeuglager an. Neue kürzere Arbeitszeiten – z. B. die 40-Stunden-Woche seit 1965 in der Druckindustrie und seit 1967 in der Metallindustrie – machten es den Männern möglich, ihr Können an einem arbeitsfreien Samstag im häuslichen Umfeld zu zeigen. Aber noch hatte nicht jeder jedes erdenkliche Werkzeug, und häufig musste man sich das fehlende Gerät vom Nachbarn ausleihen, was durch die sich daraus ergebenden Fachgespräche das soziale Zusammenleben förderte.

Recycling

Zuständig für die Wiederverwertung von Altmetallen und anderen Werkstoffen waren noch keine Großkonzerne, sondern zahllose ambulante **Schrottsammler** und **Altwarenhändler**, im Ruhrgebiet **Klüngelkerle** genannt. Diese fuhren mit Pferdewagen oder Kleinlastern (beliebt war ein DKW-Dreirad) durch die Straßen, spielten auf Blechflöten traurige Melodien, um auf sich aufmerksam zu machen, und zahlten geringe Beträge für Altmetall und andere verwertbare Gegenstände. Besonders Kinder nutzten die Gelegenheit, ihr Taschengeld aufzubessern, und schleppten für ein paar Groschen den Händlern manchen verwertbaren Gegenstand an, den sie irgendwo gefunden hatten.

Kunden in Höfen (bei Erlangen) stehen vor der geöffneten Luke eines fahrbaren Supermarktes und warten auf ihre Bedienung. Aufnahme vom August 1969

Vergnügen pur

Wer ganz und gar nichts mit sich anzufangen wusste, alle großen Kreuzworträtsel in allen Illustrierten gelöst hatte (damals eine beliebte Freizeitbeschäftigung), der konnte sich einen **Wackelstorch** aus Glasplastik kaufen, einen Vogel, der immer wieder seinen Schnabel in ein Gefäß mit Flüssigkeit tauchte. Familien verbrachten ganze Wochenenden damit, darüber nachzudenken, wie dieses Perpetuum mobile funktionieren könnte. Mittlerweile ist der Wackelvogel wegen umweltschädlicher Inhaltsstoffe verboten.

Eine andere ebenso sinnlose wie unterhaltsame Beschäftigung waren **Geduldsspiele**: ineinander verschlungene Gebilde aus gebogenem Draht, bei denen zwei oder drei verknotete Metalldrähte voneinander gelöst werden mussten. So ein Fummelspiel beschäftigte die Menschen dieser Zeit oft über Stunden.

Ebenfalls zum Fummeln fuhr mancher ins **Autokino**, sah sich dabei auf einer riesigen Leinwand belanglose Filme an und lauschte dem Ton aus in die Seitenfenster eingehängten Lautsprechern mit grauenvollem Klang.

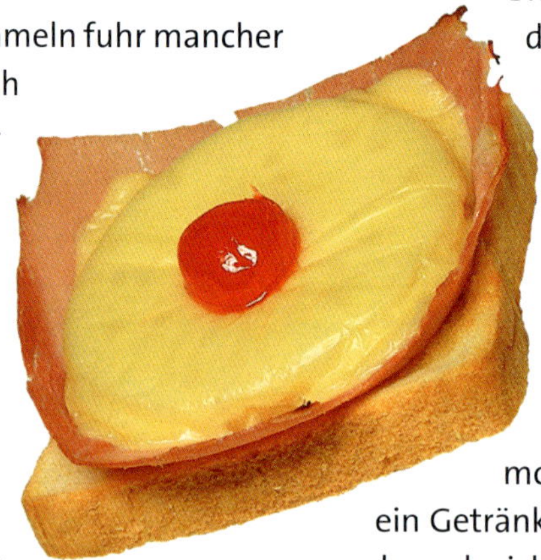

Wen es nicht zu Hause hielt, der machte sich auf den Weg in die weite Welt. Als eine besondere Variante der Schnäppchenjagd kamen in den späten 60er-Jahren die **Butterfahrten** per Schiff oder Bus auf. Butter und andere Waren konnte man in den Nachbarländern Dänemark und in den Niederlanden günstiger kaufen als in Deutschland – es galt nur, die jeweiligen Zollgrenzen zu queren. Auch Tabak, Spirituosen und Parfüm waren anderswo billiger. Ein Volkssport war daher auch der **Zigarettenschmuggel**.

Wer im Lande bleiben wollte, spielte möglicherweise **Minigolf** – die auf Kleingarten-Niveau geschrumpfte Version des damals noch ausschließlich der High Society vorbehaltenen Spiels Golf.

Fete mit Käseigel – wie die Sixties feierten

Selbstverständlich stieg die **Fete** im eigenen vom heimwerkenden Hausherrn ausgebauten **Partykeller**. Zu den angebotenen Getränken gehörten immer Bier, häufig auch Rotwein, z. B. der prickelnde **Lambrusco**, aber auch deutsche Weine wie etwa **Keller-Geister**, dem damaligen Zeitgeschmack entsprechend eher lieblich als trocken. Oft war auch eine selbst hergestellte **Bowle** im Angebot. Für die Kinder gab es Limonaden oder auch **TRi TOP**, ein Getränkesirup in verschiedenen Geschmacksrichtungen, der mit Leitungswasser verdünnt wurde. Zum Knabbern standen **Salzstangen**, **Pittjes** und **Fischli** bereit. Am Buffet waren zu finden: **Käseigel** und/oder **Mettigel**, **Frikadellen** oder **Koteletts** oder **Schnitzel** mit **scharfem**

Die Bowle war obligatorischer Bestandteil einer jeden Gartenparty in den 60er-Jahren.

Senf, **gefüllte Tomaten** (oft als Fliegenpilz dekoriert), **Kartoffelsalat**, **Mixed Pickles**, **Roastbeefröllchen**, **Russische Eier**.

In feineren Häusern wurden **kleine Pasteten mit Ragout fin** und **Toast Hawaii** angeboten, zum Nachtisch gab es **Rote Grütze** oder **grünen Wackelpudding**, beides mit **Vanillesoße**.

Zigarette gefällig?

Auf Partys in dieser Zeit wurde geraucht, und die Zigarette zum Bier war ein Muss. Man rauchte so viel, als gäbe es kein Morgen mehr, ohne groß über die Folgen nachzudenken. Die Zigarettenmarken der Zeit waren **Stuyvesant**, **Marlboro**, **Pall Mall**, **Ernte 23**, **Atika**, **Reval** oder **HB**, aber auch heute nicht mehr bekannte Zigarettenmarken wie **Muratti Ambassador**, **Nil**, **Astor** oder **Overstolz**.

Neben dem Rauchgenuss sorgte das **HB-Männchen** für Freude, das die vielfältigen Frustrationen des Alltags nach anfänglichem Wutausbruch mit heftigem Zigarettenkonsum bekämpfte. Standard-Slogan von 1957 bis 1984: **„Halt, mein Freund! Wer wird denn gleich in die Luft gehen? Greife lieber zur HB!“** Das HB-Männchen hieß übrigens mit Vornamen Bruno.

Eine ganz besondere Verirrung der Zeit waren die **Menthol-Zigaretten** z. B. der Marke **Reyno**, welche eine Folge des Rauchens, den Raucherhusten, gleich während des Konsums bekämpfen sollten.

Wer sich aus der Studenten- und Hippie-Szene fertige Zigaretten leisten konnte und wollte, bevorzugte die kräftige

Zeitschriftenwerbung für die damals beliebte Marke Astor in einer Zeitschrift aus dem Jahr 1960

Marke Roth-Händle oder die französischen Gauloises, die es in verschiedenen Stärkevarianten gab.

Natürlich selbst gedreht!

Wer wenig Geld hatte und dennoch rauchen wollte, drehte selbst. Oft waren es aber nicht finanzielle Gründe, die zum Selberdrehen führten; in bestimmten Kreisen war es einfach ein Muss.
Hilfsmittel wie kleine Drehmaschinen waren verpönt, man fertigte seine Zigaretten mit bloßen Händen. Zigarettenpapier und Drehtabak gehörten zur Grundausstattung, man rauchte dunkle Tabaksorten, meist der Marken Schwarzer Krauser oder Van Nelle aus Holland. Für Joints wurden allerdings leichtere, „blonde" Tabaksorten bevorzugt, weil schwarzer Tabak beim tiefen Inhalieren Hustenanfälle ausgelöst hätte.

Der Mann von Welt raucht

Männer rauchten vielfach Pfeife, es entwickelte sich ein regelrechter Trend. Pfeifenraucher galten als „ruhig", „gepflegt", „häuslich" und „gemütlich" (Der Spiegel, 52/1969). Der Markt für Pfeifentabak wurde heftig beworben, u.a. mit Werbespots im Kino. Die Marke Stanwell ließ Trickfilme von Loriot für sich arbeiten. Slogan: „Drei Dinge braucht der Mann: Feuer, Pfeife, Stanwell." Sie sind noch heute lustig anzusehen. Andere weit verbreitete Marken waren: Dunhill, Lincoln Cavendish und Pöschl Exklusiv. Viele Pfeifenraucher wählten aber auch ausgesprochen exklusive und teure Importtabake, weil Pfeife rauchen als Beweis von Lebensart galt. Opas Rauchgenuss in diesen Jahren war die Zigarre. Beliebt und weit verbreitet: die Marken Handelsgold und Tropenzierde.

Ein eigenwilliges Produkt im Segment der Zigarillos und Zigarren lieferten die Firma Villiger – Villiger Kiel, Zigarillos mit eingebautem Plastikmundstück, vor dem es „ernsthafte" Zigarrenraucher gruselte, das aber als „das legendäre Mundstück" beworben wurde. Sogar Elvis Presley soll sie geraucht haben.

Das Kaffeekränzchen

Das nachmittägliche Kaffeekränzchen, fast vollständig aus der Mode gekommen, war in dieser Zeit sehr beliebt. Die Damen tranken Filterkaffee aus der Kaffeekanne mit wunderschönem Tropfschutz (wir benutzten ein besonders apartes Stück mit Schmetterlingsmotiv) und gegebenenfalls Kaffeewärmer, wenn die Gesellschaft noch auf fehlende Gäste warten mussten.

Der **Rodonkuchen**, der völlig aus der Mode gekommen ist, wurde natürlich selbst gebacken. Bei der **Buttercremetorte** achtete noch niemand so richtig auf Kalorien, und die Jugendlichen brüsteten sich mit besonderen Verzehrleistungen.

Kalter Hund oder auch **Kellerkuchen**, ein seltsames Gebäck aus Keksen und viel fetter Kakao-Kokosfett-Masse, wurde in den 20er-Jahren von der Firma Bahlsen zur Umsatzförderung ihrer Kekse entwickelt. Der Name Kellerkuchen hat seinen Ursprung in der Tatsache, dass er ohne Backen und mangels Kühlschrank häufig im Keller gekühlt wurde.

Was stand auf dem Speiseplan?

Eine Revolution fegte 1965 über den deutschen Frühstückstisch: Die Marmelade und das Zuckerrübenkraut bekamen Konkurrenz. Die Firma Ferrero brachte in Deutschland **Nutella** (Werbeslogan: Prima Mutti, gut gekauft!) auf den Markt. Bisher konnten nur die hauchdünnen Schokoladenplätzchen namens **eszet-Schnitten** aufs Brot gelegt werden. Eine äußerst ungewöhnliche Handlung, gemessen an deutschen Frühstücksgewohnheiten. Dazwischenlegen, nein – daraufstreichen, ja. Besonders Kinder liebten den neuen süßen Brotaufstrich.

Die Begeisterung der Deutschen für das **Brathähnchen** begann in den 60er-Jahren und hält – mit einem gewissen Auf und Ab – bis heute an. Die 1955 gegründete Restaurantkette **Wienerwald** des Gastronoms Friedrich Jahn (Werbeslogan: **„Heute bleibt die Küche kalt, wir gehen in den Wienerwald“**) hatte 1965 bereits 174 Filialen in Deutschland und wuchs weiter ...

Nein, die **Pommes frites** wurden nicht erst in den 60er-Jahren erfunden, sondern viele Jahrzehnte zuvor in Belgien. Aber in den Sixties breiteten sich die sogenannten **Pommesbuden** in der ganzen Bundesrepublik aus. Die fettigen Kartoffelstäbchen gab es in Tüten aus Pergamentpapier mit öliger, leicht gelblicher Mayonnaise.

Ein Sonntag ohne Braten? Unvorstellbar! Der **Sonntagsbraten** war ein Muss für viele Familien in den 60er-Jahren. Wenn das Geld nicht für einen richtigen Schweine- oder Rinderbraten reichte, tat es auch ein **Falscher Hase**, ein Gericht der kreativen Mangelküche, das deutschen Familien schon durch die 50er-Jahre geholfen hatte. Nein, das war nicht des Nachbarn Hase, sondern ein Hackbraten. Der bestand meist aus relativ preiswertem Hackfleisch-Gemisch mit eingeweichtem Brötchen oder Paniermehl und manchmal mit einem gekochten Ei in der Mitte. Was aus dem Backofen kam, sah fast wie ein echter Braten aus und ließ sich in ansehnliche Scheiben schneiden.

Der **Eintopf** als preiswertes Mittagsmahl und zur Resteverwertung stand mindestens einmal in der Woche auf dem Speiseplan. Freitags kam aus religiösen

Gründen – häufig sehr zum Ärger mancher Familienmitglieder – Fisch, meist Hering in verschiedenen Zubereitungsformen oder Rotbarsch, auf den Tisch.

Viele Hausfrauen kochten auch nach den Rezepten des ersten Fernsehkochs und Schauspielers **Clemens Wilmenrod**, der von 1953 bis 1964 die Fernsehgemeinde mit Gerichten wie etwa **Arabisches Reiterfleisch**, **Venezianischer Weihnachtsschmaus** (ein paniertes Schnitzel), **Toast Hawaii** oder **mit Mandeln gefüllte Erdbeeren** beglückte. Seine Sendungen waren ein echter Straßenfeger, und die Zutaten seiner Rezepte waren meist am nächsten Tag ausverkauft. Einige seiner Erfindungen wie die **Mandarinen-Quark-Torte** haben bis heute überlebt.

Ähnlich bereichernd für den Speisezettel waren die ersten **Fertiggerichte**: **Tütensuppen** der Marken **Maggi** und **Knorr** galten als modern und wurden verstärkt nachgefragt. Halbfertigprodukte wie das Nudelgericht **Mirácoli**, **Ravioli** in Dosen (seit 1958) und **Fischstäbchen** (seit 1969 mit Käpt'n Iglo) nahmen der Hausfrau einen Teil der Arbeit.

Ebenfalls im Kommen war die **Margarine**. Das preiswerte Fett auf pflanzlicher Basis, im Haushalt vielseitig einsetzbar, verdrängte nach und nach die Butter, die Anfang der 70er-Jahre auch noch durch eine Anti-Cholesterin-Kampagne in Misskredit gebracht wurde. Die angesagten Marken waren **Sanella**, **Rama** und **Botteram**, das Streichfett, dessen Name so verdächtig nach guter Butter klang und für das der Kölner Volksschauspieler Willy Millowitsch („de jode Botteram!") so überzeugend warb.

Auswärts essen

Ins Restaurant ging man zu Beginn der 60er-Jahre noch selten, zumal es nur ein relativ kleines Angebot gab. In den deutschen Gaststätten reichte man Frikadellen zum Bier oder deftige Hausmannskost. Im Wienerwald konnte man Hähnchen essen. Exotische Genüsse boten anfangs nur jugoslawische Restaurants, die sogenannte internationale Küche, die Gerichte wie Cevapcici und Rasnici auf der Speisekarte hatten. Chinesische und italienische Restaurants und Pizzerien gab es erst zu Ende des Jahrzehnts, und sie waren nur in großen Städten zu finden. Außerdem galt das Essengehen vielfach als unnötiger Luxus – schließlich konnte die Ehefrau ja auch zu Hause kochen.

Gartenlokal in Mitteldick im Frankfurter Stadtwald

Was wurde gelesen?

In vielen Haushalten gab es die Bibel, das Bertelsmann Volkslexikon und die Bände aus dem Bertelsmann Lesering. Mehr nicht. Bücher zu haben war zu Beginn des Jahrzehnts für viele ein Luxus.

In der zweiten Hälfte des Jahrzehnts wandelte sich der Blick auf Bücher für viele Menschen. Revolutionäre Inhalte mussten transportiert werden, das Lesen theoretischer Literatur galt in intellektuellen Kreisen als ein Muss, die Forderung nach dem Buch als kostenlosem Kulturgut stand im Raum. Entsprechend war es in der Sichtweise bestimmter linker Ideologien kein Verbrechen, die Bücher, die man brauchte, zu stehlen. Diese Vorgehensweise fand ihren Höhepunkt in dem Buch **Klau mich** von **Fritz Teufel** und **Rainer Langhans**. Der gewöhnliche Leser zog es zwar vor, seine Bücher zu kaufen. Bücherklau galt dennoch als revolutionär. Überhaupt wurde viel gestohlen in diesen Jahren, denn ein weiterer Slogan jener Zeit lautete: **Eigentum ist Diebstahl**. Diese Weisheit galt häufig so lange, bis einer der Revolutionäre selbst betroffen war und ein zufälliger Bekannter nicht nur ein Buch, sondern alles Verwertbare aus der Wohnung geschleppt hatte.

Aldous Huxley schrieb unter dem Titel Die Pforten der Wahrnehmung einen viel gelesenen Essay über die Auswirkungen von Meskalin auf das menschliche Bewusstsein. Die Abenteuer- und Reiseromane von **Joseph Conrad** – des britischen Schriftstellers aus den 20er-Jahren – sind mitverantwortlich für die Selbsterfahrungsreisen vieler Jugendlicher und jun-

Besucher an einem Messestand auf der Internationalen Frankfurter Buchmesse im Oktober 1961

Reisen auf Papier – Bücher

Dies ist eine Auswahl an Autoren und literarischen Werken, die sich in vielen Bücherschränken des Jahrzehnts wiederfanden, wobei nicht zwischen trivialer und anspruchsvoller Literatur unterschieden wird.

ger Erwachsener der 60er-Jahre. **Hermann Hesse** war ein beliebter Autor der Hippie-Generation mit Kultstatus: Der Steppenwolf, Siddharta, Das Glasperlenspiel. **Ephraim Kishon** besetzte das Segment Humor im Buchhandel: Der seekranke Walfisch oder Ein Israeli auf Reisen.

Der 1957 veröffentlichte Roman Unterwegs von J. Kerouac wurde zu einem der Vorbilder für den Kultfilm Easy Rider.

Jack Kerouac brachte mit seinem in den 50er-Jahren verfassten Roman Unterwegs, ein Road-Movie als Text, viele dazu, die Welt **per Anhalter** zu erkunden. **William S. Burroughs** inspirierte viele Künstler späterer Jahre; verfasste die Nova-Trilogie: The Soft Machine (1961), The Ticket That Exploded (1962), Nova Express (1964). **Erich von Dänikens** populäres Sachbuch Erinnerungen an die Zukunft aus dem Jahr 1968 war ebenso ein riesiger Verkaufserfolg wie der nachfolgende Band Zurück zu den Sternen (1969) und verbreitete die Idee der Präastronautik. Diese besagt, außerirdische Intelligenzen hätten in die Entwicklung der Menschheit eingegriffen und sie beeinflusst und gesteuert.

Zur Pflichtlektüre gehörte neben **Günter Grass'** Die Blechtrommel (1959) auch der Roman Die Deutschstunde (1968) von **Siegfried Lenz**, in dem die Verquickung von Schuld und Pflicht im Dritten Reich behandelt wird. **H. G. Konsalik** war ein viel gelesener Autor der Unterhaltungsliteratur, z. B. Liebesnächte in der Taiga (1966).

Weitere nicht so populäre, aber viel beachtete und gelesene Autoren der Zeit waren **Allen Ginsberg**, ein Autor der Beat-Generation, dessen provokantes Gedicht Howl seinen Ruhm bis in die 60er-Jahre trug, **Arno Schmidt** mit Kühe in Halbtrauer (1964) und dem 1500 Seiten starken Mammutwerk Zettels Traum (1970) sowie **Bertolt Brecht**, der als wichtiger linker Dramatiker und Lyriker geschätzt wurde.

Die Publizistin **Betty Friedan** war eine bedeutende Autorin des Feminismus und verfasste mit Der Weiblichkeitswahn einen vehementen Protest gegen ein reaktionäres Wunschbild der idealen Frau, während **Erich Fried** mit seiner politischen Lyrik zu einem ebenso geschätzten wie unbequemen „Störenfried" wurde.

Hans Hellmut Kirsch widmete sich in seiner Romantrilogie 08/15 dem Leben und Leiden der Wehrmachtsoldaten während des Zweiten Weltkrieges, **Hans Magnus Enzensberger** tat sich als Autor von Lyrik, Essays und anderen Prosatexten hervor.

Zu einem der wichtigsten Autoren der Zeit avancierte **Heinrich Böll**, der sich in seinen Romanen mit der Nachkriegsgesellschaft auseinandersetzte. Bücher dieses Jahrzehnts: Ansichten eines Clowns (1963) und Ende einer Dienstfahrt (1966).

Der in Zürich geborene Schriftsteller **Max Frisch** verfasste 1959 seinen Roman Homo faber, der den Konflikt zwischen persönlicher Integrität und sozialer Rolle thematisiert, während der sechs Jahre später erschienene Roman Zwei Ansichten von Uwe Johnson den Bau der Mauer aus der Sicht eines Westdeutschen und einer Ostberlinerin beleuchtet. **Wolfgang Hildesheimer** machte sich als Verfasser von Romanen und absurden Theaterstücken einen Namen.

Neben dem bedeutenden französischen Publizisten und Philosophen **Jean-Paul Sartre** weckten drei amerikanische Schriftsteller das besondere Interesse der Leserschaft: **John Steinbeck**, dessen Werk zum großen Teil bereits aus den vorangegangenen Jahrzehnten stammt, **Tom Wolfe**, der in den 60er-Jahren Reportagen und Essays, später auch Romane verfasste, sowie **Truman Capote**, aus dessen Feder der Kurzroman Frühstück bei Tiffany von 1958 stammt, der als Vorlage für den späteren filmischen Welterfolg diente.

Endlose Weiten und technische Welten – Science-Fiction

Dieses literarische Genre traf einen Nerv der zukunftsgläubigen 60er-Jahre und prägte die Wahrnehmung, das Denken und die Weltsicht besonders junger Männer. Viele der in diesem Jahrzehnt gelesenen Bücher wurden bereits in den 50er-Jahren oder in den Jahrzehnten davor verfasst, ein Beleg für den visionären Weitblick der hier genannten Autoren.

Am 8.9.1961 erschien das erste Heft der **Perry-Rhodan-Reihe**, die mittlerweile mit über 2600 Folgen und weltweit einer Milliarde verkaufter Hefte die erfolgreichste Science-Fiction- und Heftroman-Serie der Welt ist. Die Autoren Karl-Herbert Scheer und Walter Ernsting entwickelten im Auftrag des Verlags die Science-Fiction-Reihe und verfassten auch einige Folgen. Später schrieben zahlreiche Autoren, oft unter Pseudonym, an der Serie mit. Die Perry-Rhodan-Reihe unterscheidet sich insofern von anderen Heftromanen, da es sich nicht um abgeschlossene Einzelgeschichten, sondern um aufeinander aufbauende immer komplexer werdende Fortsetzungsromane handelt. Beliebte Figuren der kontinuierlichen Handlung sind der **Mausbiber Gucky** und der Arkonide **Atlan**. Über den literarischen Wert der Reihe streiten die Experten; die Fans erwarten jede neue Ausgabe mit Begeisterung.

Ein Handout des Pabel-Moewig-Verlags zeigt den Comic-Weltraumhelden Perry Rhodan.

Bedeutende Science-Fiction-Werke

- **Aldous Huxley**: Schöne neue Welt (1932)
- **Arthur C. Clarke**: 2001 – A Space Odyssey (1968)
- **Frank Herbert**: u. a. Dune, deutscher Titel: Der Wüstenplanet (1965)
- **Isaac Asimov**: Die phantastische Reise (1966)
- **J. G. Ballard** war ein vielseitiger Schriftsteller, v. a. jedoch wegen seiner SF-Romane und Kurzgeschichten geschätzt.
- **Kurt Vonnegut**: Sein bekanntestes Werk ist Schlachthof 5 oder Der Kinderkreuzzug.
- **Philip K. Dick**: Träumen Androiden von elektrischen Schafen? (1968) war die Romanvorlage zu Ridley Scotts Bladerunner (1982).
- **Ray Bradbury**: Der illustrierte Mann (1951); Das Böse kommt auf leisen Sohlen (1969)
- **Robert A. Heinlein**: Starship Troopers (1959)
- **Stanislaw Lem**: Die Sterntagebücher des Weltraumfahrers Ijon Tichy (1961); Robotermärchen (1969)

Gezeichnete Helden – Comics

Der schlechte Ruf der Comic-Literatur könnte in den Comics jener Tage begründet liegen, denn die echten Helden der späten 60er-Jahre hatten nicht nur Superkräfte, sondern waren der Zeit entsprechend ziemlich unbürgerliche und amoralische Gesellen. Beginnen wir aber mit den moralisch einwandfreien Helden, zum Teil noch mit Ursprung in den 50er-Jahren: **Tim und Struppi** waren zwar in den 60er-Jahren sehr gefragt, wurden aber von ihrem Zeichner Hergé bereits 1929 geschaffen und waren somit Lektüre früherer Generationen, genau wie die Comics von **Walt Disney** mit den Helden **Donald** und **Daisy Duck**, **Onkel Dagobert**, den Neffen **Tick, Trick** und **Track**, dem trotteligen **Goofy** und vielen anderen Figuren. Ebenfalls beliebt: die **Peanuts** von **Charles M. Schulz** – Charlie Brown, Snoopy, der Vogel Woodstock, Linus, Schroeder und Peppermint Patty. Auch sie waren im eigentlichen Sinne keine Kinder des Jahrzehnts, fanden aber einen großen Teil ihrer Fans in den 60er-Jahren.

Ältere Kinder und Jugendliche lasen Rittergeschichten über **Sigurd** (1953 bis 1968 als Comic) und später über **Falk**. Dschungelhelden wie **Tarzan**, **Akim** und **Tibor** hangelten sich durch die Jungenträume der frühen 60er-Jahre und den gezeichneten Urwald – alles Figuren des deutschen Zeichners **Hansrudi Wäscher**. Sein Science-Fiction-Held **Nick** eroberte den zweidimensionalen Weltraum auf Papier, in dem auch **Perry Rhodan** (Heftromane ab 1961, Comics 1968/1969) und der **Mausbiber Gucky** ihre Abenteuer erlebten. Auch Superhelden wie **Superman** und **Batman**, in den USA schon in den 30er-Jahren entstanden, fanden jetzt Fans in Deutschland und Europa.

Zu den wirklich „braven" Comics zählten **Die Schlümpfe**. Die blauen Figuren des belgischen Zeichners Peyo tauchten erstmals in den Comic-Bänden **Fix & Foxy** im Rolf-Kauka-Verlag auf.

Hucky und seine Freunde waren die Figuren einer englischen Zeichentrickserie, die zwischen 1958 und 1962 produziert wurde, in Deutschland von 1961 bis 1968 in sämtlichen ARD-Regionalprogrammen lief und auch als Comic verlegt wurde. In über 160 Zeichentrickfilmen lieferten sich **Tom und Jerry** unerbittliche Verfolgungsjagden. Die Katz-und-Maus-Geschichten waren auch als Comic erhältlich. **Wastl** hingegen war der Superheld mit dem goldenen Herzen des belgischen Zeichners **Willy Vandersteen**.

1968 ging in Deutschland noch ein neuer, heller Stern am Comic-Himmel auf: das erste Heft einer Reihe von Comics, getextet von **René Goscinny** und von **Albert Uderzo** gezeichnet: **Asterix der Gallier** – moralisch untadelig und absolut familienfreundlich.

Alles andere als im Sinne bürgerlicher Moralvorstellungen einwandfrei war der Lebenswandel der Akteure in den folgenden Zeichengeschichten: Im Gegensatz zu den Saubermann-Kämpfern vergangener Jahre und Jahrzehnte waren die Protagonisten sogenannter Untergrund-Comics echte Anti-Helden, fehlbar und selbstironisch. Ihre Lebenswelten waren chaotisch und die Freundeskreise dieser Helden leicht wahnsinnig oder halbkriminell.

Besonders unbeliebt war bei Eltern das Magazin **MAD**. Es erschien erstmals im September 1967, sein Chefredakteur war **Herbert Feuerstein**, in späteren Jahren durch seine Zusammenarbeit mit Harald Schmidt bekannt. MAD zeichnete sich durch eine gute Portion Irrsinn aus und brachte Arbeiten deutscher Texter und Zeichner, übernahm aber auch viele Beiträge vom amerikanischen MAD mit Figuren wie dem debil grinsenden **Alfred E. Neuman** und die Superhelden-Karikatur **Captain Klutz** des Zeichners **Don Martin**, der als einziger MAD-Mitarbeiter eine gewisse Bekanntheit erreichte.

U-Comix: Das alternative deutsche Comicmagazin wurde 1969 von Raymond Martin gegründet und veröffentlichte amerikanische **Underground-Comix** im **Volksverlag**. Besonders beliebt waren **Gilbert Sheltons** Reihen **The Fabulous Furry Freak Brothers** und **Fat Freddie's Cat** oder seine Persiflage auf Amerikas Superhelden namens **Wunderwarzenschwein**. Viele der Comics für Erwachsene zeigten bereits auf ihren Titelbildern herausragende weibliche Qualitäten, besonders die auch von LSD inspirierten Werke von **Robert Crumb**, z. B. **ZAP Comics**, **Fritz The Cat** und **Mr. Natural**.

Das erste Heft der berühmt-berüchtigten Jugendzeitschrift MAD erschien im September 1967.

Am Kiosk – Zeitungen und Zeitschriften

Der Markt der Zeitungen und Zeitschriften bot damals vieles, was heute noch am Kiosk zu kaufen ist. Zwar gab es noch nicht die Zeitschriften für ganz spezielle und relativ kleine Zielgruppen, doch war das Angebot bereits von einer beachtlichen Breite.

Bravo: Die bereits 1956 erstmals erschienene Jugendillustrierte mit vielen bunten Bildern von Stars war vor allem auch wegen der psychologischen Ratschläge von **Dr. Sommer** sehr beliebt. Der Psychotherapeut und Religionslehrer Dr. Martin Goldstein beantwortete unter diesem Pseudonym die Fragen Jugendlicher zum Thema Sexualität im Klartext und ohne tabuisierendes Vokabular. Ein weiteres Plus der Zeitschrift: ein Mega-Puzzle zum Ausschneiden namens **Starschnitt**. Bravo-Leser erhielten ein lebensgroßes Poster ihrer Stars, wenn sie die Teile dieses Puzzles aus mehreren Ausgaben der Zeitschrift zusammengeklebt hatten.

Elvis Presley (r.) 1963 mit dem damaligen deutschen Korrespondenten Thomas Beyl in einer Drehpause in den Paramount-Studios Hollywood

Folgende Prominente waren in den 60er-Jahren als Starschnitt zu haben:

1960: Elvis Presley, Freddy Quinn
1961: Rex Gildo
1962: Heidi Brühl, Gus Backus
1963: Caterina Valente, Rock Hudson, Robert Fuller
1964: Pierre Brice, Lex Barker
1965: Cliff Richard, Marie Versini
1966: The Beatles, Roy Black
1967: Graham Bonney, Manuela, Pierre Brice & Marie Versini, Diana Rigg
1968: Ricky Shayne, Michael Landon, Ponderosa, Cliff Richard
1969: Barry Gibb, Roy Black & Uschi Glas, Barry Ryan, Robert Fuller
1970: Mark Slade, Uschi Glas, Ricky Shayne, France Gall, Manuela

Die 1962 zum ersten Mal erschienene satirische Zeitschrift **pardon** war lange Zeit so etwas wie das Zentralorgan der Kritik in der BRD. Symbol und Markenzeichen jeder Ausgabe war ein von **Friedrich Karl Waechter** gezeichneter **Teufel mit Melone**. Etliche **Spaßguerilla-Aktionen** der Redaktion wie die fiktive **LSD-Party** prangerten Missstände an. Mit einer Hinwendung zu fragwürdigen esoterischen Themen (Titelblatt Pardon 11/1977: „Kein Witz: Ich kann fliegen!") und der Aufspaltung der Protestbewegung in unterschiedliche Strömungen in den 70er-Jahren verlor pardon an Bedeutung und Auflage wie auch durch das Aufkommen der Stadtzeitungen. Wichtige Mitarbeiter der Zeitschrift waren **Robert Gernhardt** und **Hans Traxler**.

Konkret: Die seit 1957 erscheinende Zeitschrift für Politik und Kultur wurde vom Verfassungsschutz dem undogmatischen Linksextremismus zugeordnet und war neben pardon, zu der sie in Konkurrenz stand, die zweite größere Pressepublikation mit kritischem Anspruch.

Spontan: Ebenfalls um die Gunst der linken Szene warb die Zeitschrift Spontan, die seit 1968 erschien. Dem Untertitel „kritisch, politisch, satirisch" wurde sie mit Beiträgen zur Sexualpolitik und Sexualwissenschaft von Autoren wie etwa **Ernest Bornemann** gerecht. Aber auch **Gerhard Zwerenz** und **Henryk M. Broder** schrieben für Spontan, Karikaturist **Uli Stein** veröffentlichte Zeichnungen; das Blatt dürfte nicht zuletzt wegen der freizügigen Nacktfotos etliche Käufer am Kiosk gefunden haben.

Kursbuch: Die von **Hans Magnus Enzensberger** herausgegebene Kulturzeitschrift war ein wichtiges theoretisches Organ der Außerparlamentarischen Oppositions- und Studentenbewegung und behandelte die Themen des damals aktuellen politischen Diskurses.

Praline: In den 50er-Jahren als Reisezeitschrift gestartet, erreichte sie in den 60er-Jahren als Papas Fachblatt für Sex

Ausgabe der kritisch-satirischen Zeitschrift pardon

und Erotik trotz oder wegen der relativ billigen Aufmachung hohe Auflagenzahlen.

Gondel: Das Pin-up- und Aktmagazin war bereits in den 50er-Jahren am Markt und bediente auch in den 60er-Jahren das Bedürfnis nach Nacktem, zeigte aber keine primären Geschlechtsteile.

Er: Diese **Zeitschrift für den Herrn**, die deutsche Konkurrenz zum Playboy, bereits seit Oktober 1950 am Kiosk, kann für sich reklamieren, in den 60er-Jahren **Brigitte Bardot** nackt gezeigt zu haben.

Quick: Die erste Illustrierte in Deutschland nach dem Zweiten Weltkrieg war neben **stern** und **Bunte** eine der beliebtesten Zeitschriften jener Zeit. In den 60er-Jahren veröffentlichte sie Aufklärungsbücher von **Oswalt Kolle** im Vorabdruck und erreichte Millionenauflagen.

Titelseite twen Juni 1968

Constanze: beliebte Frauenzeitschrift

Hobby: Mit dem Untertitel **Das Magazin der Technik** sagte die Zeitschrift fast alles über ihren Inhalt. Neben Bastelanleitungen und -tipps feierte das Blatt die neuesten Errungenschaften der Technik und verstieg sich in skurrile Fantasien einer voll technisierten Zukunft – noch heute lesenswert und über alle Maßen im Irrtum, was Zukunftsvisionen angeht.

Selbst ist der Mann: das Blatt für den Heimwerker und Hobbybastler

twen: eine inhaltlich kritische und in ihrer Gestaltung stilprägende und richtungweisende Zeitschrift, deren elegantes Layout maßgeblich von **Willy Fleckhaus** und **Heinz Edelmann** gestaltet wurde. Aufwendige Fotostrecken standen neben Textbeiträgen zu kulturellen Themen (Film-, Buch- und Schallplattenkritiken), aber auch zu Lifestyle, Mode, Urlaub, Sexualität und Partnerschaft. **Uschi Obermaier** wurde von twen als Model entdeckt.

Mit der schnellen Ausbreitung von Fernsehgeräten wurde ein weiteres Druckmedium gefragt und erfolgreich: die TV-Programmzeitschrift.

Hörzu: Die erste Programmzeitschrift mit dem Igel **Mecki** als Maskottchen war seit 1946 zu kaufen, zunächst nur mit den Rundfunkprogrammen.

Gong existierte seit 1948 als Rundfunk-Programmzeitschrift; das erste Fernsehprogramm wurde 1953 ins Heft aufgenommen. **Bild+Funk** warb seit 1951 um Käufer, die **Funk Uhr** erschien ab 1967 im Axel-Springer-Verlag. **Hören und Sehen** vereinigte Radio und Fernsehen schon im Titel und erschien erstmals 1953. Im Jahre 1962 fusionierte sie mit der **TV-Fernsehwoche** zur **tv Hören und Sehen**. Eine weitere Zeitschrift mit dem Titel **Fernsehwoche** erschien 1969.

Theater und Kino

War das Theater bisher eine kulturelle Veranstaltung zur Erbauung der intellektuellen Oberschicht, sollte es jetzt auch anderen Bevölkerungsschichten zugänglich gemacht werden. So übernahmen viele Autoren und Bühnen den kritischen Ansatz der Zeit; der Protest und die Provokation wurden zum Standard eines neuen Theaters. Bisher kulturelle Instanz für das Schöne, Wahre und Gute, brachen sich jetzt auf allen Bühnen die politische Kritik und die Provokation als Darstellungsmittel Bahn.

Eine witzige Anekdote am Rande: **Peter Weiss** schrieb das Theaterstück mit dem bisher längsten Titel: **Die Verfolgung und Ermordung Jean Paul Marats, dargestellt durch die Schauspielergruppe des Hospizes zu Charenton unter Anleitung des Herrn de Sade** (1964). Ein weiteres Stück von Peter Weiss trägt den Titel **Die Ermittlung** (1965) und hat den ersten Auschwitz-Prozess zum Thema.

Der Stellvertreter (1963): kritisches Theaterstück von **Rolf Hochhuth** über die Haltung des Vatikans zum Holocaust.

In der Sache J. Robert Oppenheimer (1964): ein dokumentarisches Theaterstück über die amerikanischen Bemühungen zum Bau der Atombombe im Zweiten Weltkrieg und die Überprüfung der Loyalität von Wissenschaftlern in der **McCarthy**-Ära von **Heinar Kipphardt**.

Publikumsbeschimpfung (1966): kritisches Theaterstück von **Peter Handke**, welches das Theater selbst und seine zum Teil überkommenen Formen zum Thema hat

War der **Kinobesuch** zu Anfang des Jahrzehnts noch ein familiäres Großereignis, so schwand das Interesse an den lebenden Bildern auf der großen Leinwand im Laufe der Jahre deutlich. Die ohnehin unter dem immer größeren Interesse an TV-Produktionen leidende Branche suchte nach neuen Wegen. Ähnlich wie im Falle des Theaters erfasste Mitte des Jahrzehnts die Welle der Veränderung auch die Lichtspielhäuser. Einige Kino-Betreiber fanden eine Alternative, indem sie ihre Häuser zu Spielstätten für engagierte Filme machten und damit ein neues Publikum ansprachen. Die **Programmkinos** nahmen in den 60er-Jahren ihren Anfang. Was auf deren Leinwänden zu sehen war, findet sich im Kapitel über die Kultfilme der Zeit.

Szene mit Dieter Borsche (r, sitzend) als Oppenheimer in dem nach Tatsachen gestalteten Schauspiel von Heinar Kipphardt in der Freien Volksbühne in Berlin im Oktober 1964

Kindheit

Ein durchschnittliches Kind zu sein, war damals vermutlich einfacher, als es heute ist. Kinder verbrachten noch nicht so viel Zeit vor dem Fernseher – dazu gab es nicht genug Programme. Unvorstellbar: Der Nachwuchs verließ nachmittags das Haus, um **draußen zu spielen**, und kam abends zurück, wenn die Straßenlaternen angingen oder die Kirchenglocken läuteten. In der Zwischenzeit konnten sie tun und lassen, was sie wollten. Verabreden mussten sie sich nicht, denn es waren genügend Kinder unterwegs, mit denen sie etwas unternehmen konnten.

Wichtig für die Fantasie-Welten und das Wissen der Kinder waren Bücher. Viele von ihnen erhielten sie aus dem **Bücherbus** – einer rollenden Stadtbibliothek, die abgelegene Stadtviertel oder auch ländliche Bereiche mit Lesestoff versorgte – auch die Kinder prekärer Familien, die damals noch einfach **Arbeiterkinder** hießen.

Folgende Bücher waren in dieser Zeit besonders beliebt:

- **Tom Sawyer** und **Huckleberry Finn** von Mark Twain
- **Wo die wilden Kerle wohnen** von Maurice Sendak
- Die Reihen von Enid Blyton **Hanni und Nanni** ... und **Fünf Freunde** ... und **Geheimnis um** ...
- Michael Ende: **Jim Knopf** und **Lukas der Lokomotivführer**
- Astrid Lindgren: **Ferien auf Saltkrokan**
- Johanna Spyri: **Heidi**
- Karl May: **Winnetou 1 bis 3**
- **Das neue Universum**: ein Jahrbuch mit Themen aus den Bereichen Wissen, Forschung, Technik und Abenteuer

Der Ernst des Lebens – Schule

Die **Schultornister** waren aus Leder, in den Realschulen und Gymnasien kam die sogenannte **College-Mappe** in Mode. Es gab noch die Dreiteilung des Schulsystems in **Volksschule**, **Mittelschule** und **Gymnasium**, erst Mitte des Jahrzehnts wurden aus der Volksschule **Grund**- und **Hauptschule** und aus der Mittelschule die Realschule. Viele Gymnasien waren nach Geschlechtern getrennt, auch in den anderen Schulformen wurden die Jungen in **Werken** unterrichtet, während die Mädchen **Handarbeit** erlernten.

Ein ABC-Schützen-Schild am Lederranzen und eine entsprechende Mütze baten um Rücksicht auf die Kinder, die nun den Ernst des Lebens kennenlernen sollten.

Damals wie heute war der schönste Schultag derjenige vor den Ferien (Foto oben), und Hausaufgaben wurden zum Leidwesen der Lehrer nicht selten an den unmöglichsten Orten zwischen zwei Spielgängen erledigt.

Der schulische Alltag unterschied sich um einiges von der heutigen Situation, wobei einige Regelungen und Gepflogenheiten durchaus sinnvoll waren und man heute mancherorts über ihre Wiedereinführung nachdenkt. Der **Frontalunterricht** – der Lehrer redet vor der Klasse – war die Regel, Unterricht in Gruppen oder Projektarbeit noch ein Sonderfall. Beim **gemeinsamen Frühstück**, bei dem manchmal ein selbst im Handarbeitsunterricht hergestelltes Tuch Verwendung fand, achteten die Lehrer auf halbwegs gute Tischmanieren. Die Schüler konnten sich **Schulmilch** oder **Kakao** bestellen, die Getränke wurden vom Hausmeister aufgewärmt und von den Schulkindern verteilt. Ein Teil des Schulsports wurde durch die zu Fuß zurückgelegten **langen Schulwege** ersetzt, denn vielerorts fuhr kein Schulbus.

Negative Erinnerungen an die Zeit verdanken viele der aus den 50er-Jahren übrig gebliebenen **Prügelstrafe** mit der Hand oder mit **Lineal** oder **Rohrstock**, die (häufig gerade ältere und alte) Lehrer in den frühen 60er-Jahren noch praktizierten. Kaum zu glauben: Diese Form der **körperlichen Züchtigung von Schülern** war an Grundschulen bis etwa 1970 gang und gäbe und wurde in den einzelnen Bundesländern zu unterschiedlichen Zeitpunkten abgeschafft – in Bayern erst 1983.

Auch abgeschwächte Formen körperlicher Gewalt wie **An-den-Ohren-Ziehen**, **Kopfnüsse** oder **Ohrfeigen** waren an der Tagesordnung. Manche Lehrer warfen auch mit Gegenständen – Kreide, Schlüsselbund oder Ähnliches – nach unaufmerksamen Schülern. Weniger brutale Lehrer und Lehrerinnen verhängten Diziplinarstrafen, die noch **Strafarbeiten** und nicht Übungsaufgaben hießen, darunter dumpfe Abschreibearbeiten des Typs „Ich darf im Unterricht nicht …“. Und das hundert Mal.

Aber im Laufe der 60er-Jahre herrschte eine allgemeine Aufbruchstimmung in der modernen Erziehungswissenschaft. Der autoritäre Erziehungsstil wurde durch einen eher demokratischen Unterricht ersetzt, und die Diskussion war Mittelpunkt der geisteswissenschaftlichen Disziplinen. Dennoch: Nicht wirklich viele Kinder erlebten tatsächlich die Segnungen der **antiautoritären Erziehung** nach A. S. Neill, die heute vielfach als typisch für die späten Jahre des Jahrzehnts gilt.

Die antiautoritäre Erziehung war in den 60er-Jahren weit weniger verbreitet als angenommen.

Und nach der Schule?

Auch wenn viele Kinder unter zu vielen statt unter zu wenigen Verboten litten – spielen durften sie völlig ungestört, nachdem sie die Hausaufgaben gemacht hatten. Vorzugsweise gingen die Kinder raus, da sie hier der Aufsicht durch Erwachsene entkamen und niemand das Spiel unterbrach, weil er sich gestört fühlte. Das Spiel draußen beendete eine elterliche Vorgabe: **„Um 7 Uhr bist du zu Hause!“** (womit 19 Uhr gemeint war, diese Zeitbenennung war noch nicht in alltäglichem Gebrauch) oder: **„Wenn es dunkel wird, kommst du sofort rein!“**

Die Zeit zum Spielen war an manchen Tagen etwas knapper als heute. Der schulfreie Samstag wurde erst 1973 eingeführt. Da es aber keine Computer und nur ein ausgesprochen knappes Fernsehprogramm gab, spielten sie mehr als heute miteinander – im Haus, im Hausflur oder auch draußen, auf dem Hof, der wenig befahrenen Straße oder in der Natur.

Im Haus spielen

Das Spielen innerhalb der Wohnung brachte gewisse Einschränkungen mit sich. Das Wohnzimmer war in den meisten Familien tagsüber absolut tabu für Kinder, gespielt wurde in den viel zu kleinen Kinderzimmern oder am Küchentisch. Dabei waren Schmutz, erhöhte Lautstärke und allzu viel Bewegung unerwünscht. Kinder spielten viel untereinander, Erwachsene beteiligten sich weniger als heute daran. Allenfalls die Großeltern waren Spielkameraden.

Papiermodelle: In Schreibwarengeschäften waren Bastelbögen erhältlich, mit deren Hilfe man Schiffs- oder Flugzeugmodelle zusammenkleben konnte. **Plastikmodelle**, meist hergestellt von den Firmen **Revell** oder **Airfix**, waren käuflich zu erwerben. Auch **Lego**-Steine, meist in Rot oder Weiß, waren in vielen Haushalten zu finden.

Carrerabahn: Ein Traum vieler Jungen war das Carrera-Autorennbahnsystem mit seinen Bahnschienen und Fahrzeugen im Maßstab 1:32. Da dieses Spielzeug relativ teuer war, blieb es für die meisten ein Traum. Wer es besaß, konnte sich vieler Freunde sicher sein, die mitspielen wollten.

Metallbaukasten: Ein Metallbaukasten der Marken **Märklin** oder **Trix** wurde besonders gern an Jungen verschenkt, vermutlich in der Vorstellung und Hoffnung, damit die Weichen in Richtung eines technischen Berufs wie etwa Ingenieur zu stellen.

Twiggy als **Anziehpuppe** war das erste Spielzeug, das einer echten lebenden Person nachempfunden war. Sie gehörte in das **Barbie**-Sortiment.

Kartenspiele waren bei Kindern sehr beliebt. Man spielte z. B. **Mau-Mau**, **Schwarzer Peter** oder **Elfer raus**. Eine ganz besondere Art, mit Spielkarten umzugehen, entwickelte sich aus dem **Autoquartett**. Eigentlich als herkömmliches Quartettspiel gedacht, entstand eine besondere Spielweise, manchmal **Supertrumpf** genannt. Die Karten wurden gemischt, jeder Mitspieler bekam einen gleich großen Stapel, und jeweils ein auf der obersten Karte angegebener Wert eines Fahrzeugs wurde miteinander verglichen. Der Gewinner erhielt dann die Karten seiner Mitspieler. Ein spannendes Spiel, denn man konnte den PS-stärksten Wagen durchaus mit dem schnellsten schlagen und umgekehrt.

Bei den Brettspielen dominierten die beiden Klassiker **Mensch ärgere dich nicht** und **Monopoly**. Erstaunlich, dass ausgerechnet ein Spiel mit Mobbing-Charakter und ein anderes mit kapitalistischer Zielsetzung die Spielwelt eines

Jahrzehnts mit revolutionären Ansätzen dominierten. Anti-Monopoly und eine satirische Variante des MAD-Magazins, bei der es darauf ankommt, sein Vermögen möglichst schnell zu verprassen, erschienen erst in den 70er-Jahren.

Eine beliebte Beschäftigung an Regentagen war das **Briefmarkensammeln**. Es begann meist damit, dass ein Kind zum Geburtstag oder zu Weihnachten ein Album und einen Klarsicht-Umschlag mit den ersten Briefmarken geschenkt bekam. Die Kinder tauschten „Doppelte" oder addierten die Werte ihrer Kostbarkeiten aus dem Michel-Briefmarken-Katalog und träumten von der Blauen Mauritius.

Draußen spielen

Das bedeutete, der Kontrolle der Erwachsenen entzogen zu sein und somit ein erhöhtes Maß an Freiheit genießen zu können. Natürlich wurden Kinder nicht ohne elterliche Verhaltensregeln, Ermahnungen und Verbote nach draußen geschickt, die sich in vielen Fällen aber als willkommene und interessante Informationen über potenzielle Abenteuerspielplätze entpuppten. Gewarnt wurde vor Teichen und Bächen, Abbruchhäusern und Ruinen, Bahndämmen und Abwasserkanälen, Abraumhalden und verwilderten Grundstücken, womit die beliebtesten Orte für Entdeckungen benannt sind.

Die heimische Tierwelt konnte vor dem kindlichen Forscherdrang weniger sicher sein als heute. Ameisenhaufen wurden erkundet, aus den in vielen Regionen noch vorhandenen, mit Wasser vollgelaufenen **Bombentrichtern** des Zweiten Weltkriegs wurden mit selbst gebastelten **Netzen aus Nylonstrümpfen** Stichlinge oder Elritzen gefangen, auch Kaulquappen und Molche gingen ins Netz und erwarteten ein schnelles Ende in Marmeladen- oder Einmachgläsern. Ähnlich erging es Fröschen, Salamandern, Eidechsen und den Raupen von Schmetterlingen.

Ungebremster Entdeckerdrang bei den Kindern der 60er-Jahre hat Generationen von Fröschen, Eidechsen und Co. ein schweres Leben bereitet.

Die Welt hält viel Interessantes bereit – bei den Erkundungen war der Tretroller ein beliebtes Mittel der Fortbewegung.

Die Waffen der kindlichen Abenteurer waren die **Zwille** oder **Schleuder**, im Eigenbau hergestellt aus einem Einmach-Gummi oder einem Stück Fahrradschlauch, etwas Draht und einer kräftigen und handlichen Astgabel. Könner verwendeten noch ein Stück zurechtgeschnittenes und mit Draht befestigtes Leder als Halterung für die Geschosse, kleine Steine oder Tonmurmeln. Dieses Spielzeug und auch selbst gebastelte Bögen und Speere waren für viele Eltern ein Horror. Dennoch wurden mehr Kinder im zunehmenden Straßenverkehr verletzt als beim Spielen.

Auf den anfangs wenig befahrenen Straßen und in den Gärten kamen die folgenden Spielzeuge zum Einsatz:

Tretroller: Das beliebte Kinderspielzeug gewann neue Attraktivität durch Luftreifen und farbige Gestaltung. Neben dem einfachen Tretroller gab es auch solche, die über eine Mechanik im Standbrett oder mithilfe von Bewegungen der Lenkstange – sogenannte Ruderroller – angetrieben wurden.

Hula-Hoop-Reifen: Das alte Spiel mit dem Reifen, bekannt seit der Antike, kehrte Anfang der 60er-Jahre durch den neuen Hula-Hoop-Reifen aus Plastik zurück. Dabei war weniger das sogenannte Reifentreiben Inhalt des Spiels, es ging vielmehr darum, die Reifen möglichst lange um die Hüften kreisen zu lassen. Vermutlich dieselben Ärzte, die auch schon vor Knieschäden beim Twist gewarnt hatten, befürchteten jetzt vermehrte Bandscheibenbeschwerden durch die neue Mode.

Federball: Mit aus Plastik gefertigten Bällen und einfachen Schlägern wurde das Federball-Spiel für viele erschwinglich. Man spielte ohne Netz einfach so auf der Straße. Auch hier ging es um Rekorde: Es wurde gezählt, wie oft der Ball zwischen den Spielern hin und her wechselte. Das Ergebnis konnte bei täglicher Übung hohe dreistellige oder sogar vierstellige Werte erreichen.

Glasmurmeln, sogenannte Glaser wurden sowohl für das Murmelspiel als auch als Parallelwährung und Tauschobjekte eingesetzt. Wegen ihrer farbenprächtigen Musterung waren sie bei Kindern sehr beliebt – weitaus beliebter als die **Tonmurmeln**, sogenannte Toner, die schon für wenige Pfennige zu haben waren.

Modellautos: Sie waren von verschiedenen Herstellern zu haben, insbesondere von den Firmen **Wiking**, **Matchbox** und **Siku**, seltener **Schuco**. Hier waren aktuelle Pkw-Modelle und Nutzfahrzeuge für das Spiel drinnen und draußen gefragt. Draußen wurden umfangreiche Spielareale mit eigenem Straßennetz auf dem Boden errichtet. Auch amerikanische Straßenkreuzer waren erhältlich; besonders beliebt waren große Funktionsfahrzeuge wie etwa Feuerwehrwagen, der Scraper, ein besonderer Lastwagen für Tagebaubergwerke, oder ein Raketentransporter mit einer Saturn-Rakete. Gegen Ende des Jahrzehnts kamen die Hot Wheels des Herstellers Mattel hinzu.

Rollschuhe waren ein Lieblingsspielzeug der Kinder in den 60er-Jahren. Allerdings handelte es sich hierbei nicht um Geräte, die den modernen Rollerblades ähnelten, sondern um schwere Konstruktionen mit vier Eisenrädern pro Fuß.

Cowboy-, Indianer- oder **Ritterspiele**: Die Cowboy- und Indianerspiele waren

Kinder beim Rollschuhslalom im März des Jahres 1964

vermutlich wegen der vielen Western-Serien im Fernsehen der frühen und mittleren 60er-Jahre für Jungen das Höchste. Um einen Cowboy zu spielen, benötigte man einen **Cowboyhut,** einen **Plastik-Revolver**, einen **Patronengurt mit Halfter**, eine **Cowboyweste** und möglicherweise einen **Sheriffstern**. Alle Utensilien waren im Spielwarenhandel erhältlich. Auch die

Indianer, Ritter und Cowboys standen bei Rollenspielen hoch im Kurs.

Ausrüstung für die Gegenseite, **Indianerkopfschmuck**, **Tomahawk** und **Bogen** aus Plastik, gab es zu kaufen. Hier wurde aber häufig mit Stirnband und Feder improvisiert, der Bogen war ein Ast mit einem Stück Schnur. **Plastikschwert**, **Helm** und **Schild** waren die Utensilien, die der Junge für seine Ritterverkleidung brauchte.

Flugspielzeuge: Es wurden neben **Flugmodellen** aus Plastik und Balsaholz einfache, mit einem Seilzug angetriebene **fliegende Untertassen** angeboten, die aber wegen ihrer leichten Bauweise nie lange hielten. Eine sehr gefährliche Konstruktion war eine mit Luftdruck angetriebene **Rakete**, die ihren beachtlichen Schub durch Wasser erhielt.

Im Herbst ließen Jungen mit Vorliebe selbst gebaute **Papierdrachen** steigen. Mädchen spielten häufig **Gummitwist**, mit **Springseilen** oder übten sich in **Hüpfspielen** unterschiedlichster Art, genannt z. B. **Käsekästchen**, **Himmel und Hölle**, **Hickelkasten** oder auch **Hümpeln**. Dazu brauchte man **Kreide**, die nicht selten aus der Schule mitgenommen wurde.

Neueste Errungenschaft für das Spiel draußen waren eigens für die Kinder angelegte **Spielplätze** mit **bunt lackierten Klettergerüsten**, **Schaukeln** und **Karussells mit Handantrieb**. Kleinere Kinder freuten sich über **Sandkästen** mit wunderschönem weißem oder gelbem Sand, den man in Schuhen und Kleidung mit nach Hause trug … Begeistert waren wohl auch die Hunde und

Katzen in der Umgebung – das Bewusstsein ihrer Halter bezüglich Hygiene war noch wenig ausgeprägt. Gegen Abend wurden die Spielplätze zu Treffpunkten der Heranwachsenden und Jugendlichen, vor den Blicken der Erwachsenen relativ geschützt.

Seifenkisten: Die Kinderwagen der 50er-Jahre lieferten die Grundlage für ein Spielzeug im Eigenbau. Die sogenannten Seifenkisten wurden manchmal aus dem Untergestell des Kinderwagens gebaut, oder es wurden nur die Räder an einer „Neukonstruktion" aus Brettern befestigt. Die Lenkung funktionierte über Seilzüge. Wenn eine abschüssige Straße in der Nähe war, kam es zu gewagten Abfahrten. Als Bremsen dienten nur die eigenen Füße ...

- **Bi-Ba-Butzemann**: ein Kreis-Bewegungsspiel
- **Blinde Kuh**: eine Form des Fangen-Spiels
- **Brennball**: ein Ballspiel
- **Peitschenkreisel**, vielerorts auch **Dilldopp** genannt: ein Kreiselspiel

Kurz vor der Entdeckung – Kinder beim Versteckspiel

Beliebte Kinderspiele des Jahrzehnts auf einen Blick

- **Abnehmen**: ein einfaches, aber durchaus spannendes Fadenspiel
- **Abschlagen**: ähnlich Blinde Kuh
- **Alle Vögel fliegen hoch**: ein Aufmerksamkeitsspiel
- **Bäumchen wechsle dich**: ein Bewegungsspiel
- **Dreh dich nicht um, der Plumpsack geht herum**: ein Singspiel
- **Fangen**: in verschiedenen Formen
- **Figuren schleudern**: ein Bewegungsspiel
- **Fischer, Fischer, wie tief ist das Wasser**: ein Fangspiel
- **Fuchsjagd**: ein Fangspiel
- **Gummitwist**: Hüpfspiel mit einem langen Gummiband
- **Hänschen, piep mal**: ein Aufmerksamkeitsspiel

- **Himmel und Hölle**: eine Art Orakelspiel mithilfe eines selbst gebastelten Papierspielzeugs
- **Jägerball**: ein Ballspiel, ähnlich Völkerball
- **Kaiser, König, Bettelmann**: ein Ballspiel
- **Pfennigschnippen**: eine frühkindliche Form des Glücksspiels, meist mit Groschen
- **Piratenspiel**: ein Fangspiel
- **Räuber und Gendarm**: ein Fangspiel
- **Sackhüpfen**: Wettrennen im Sack
- **Schatzsuche**: ein Suchspiel
- **Schnitzeljagd**: ein ziemlich aufwendiges Fangspiel
- **Stadt, Land, Fluss**: ein Wissensspiel
- **Verstecken**: in verschiedenen Formen
- **Völkerball**: ein Ballspiel
- **Wer hat Angst vorm schwarzen Mann?**: ein Fangspiel

Zwischendurch was Süßes? Was Kinder naschten.

Schokoriegel wie **Hanuta** (1959), **Mars** (1961) und **Duplo** (1964) konnten gekauft werden, blieben aber für das durchschnittliche kindliche Budget – noch lange nicht jedes Kind bekam **Taschengeld** – unerschwinglich. Kinder waren schon glücklich, wenn sie mal einen oder zwei **Groschen** bekamen.

Für Pfennige oder Groschen konnte man hingegen die folgenden Leckereien auch einzeln kaufen:

- **Brombeeren**: in Rot und Schwarz erhältlich
- **Eis am Stiel**: Vanilleeis für 20 Pfennig

- **Eishörnchen mit Schaum**: ausgesprochen klebrig, süß und lecker
- **Eisschokolade**: zart schmelzende Schokolade in kleinen bunten Krönchen aus dicker Alufolie, die aus dem Kühlschrank am besten schmeckten
- **essbare Ketten**: aus pastellfarbener Zuckermasse
- **Esspapier**: in einzelnen pastellfarbenen Blättern erhältlich

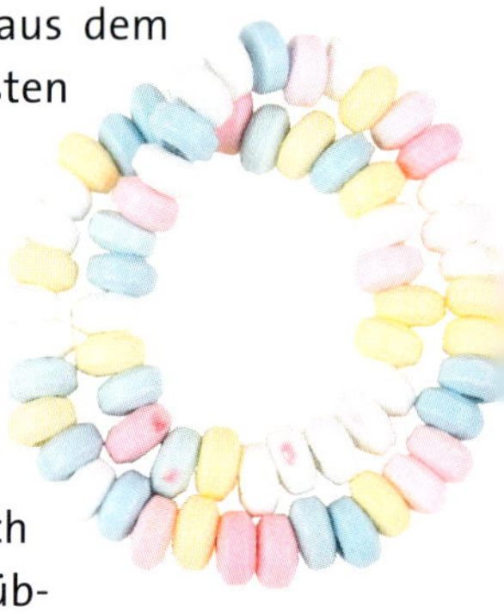

- **Frigeo-Brause**: in hübschen, etwas künstlichen Farben, mit Wasser oder Spucke ungemein aufbrausend, in kleinen Tütchen oder als Würfel erhältlich

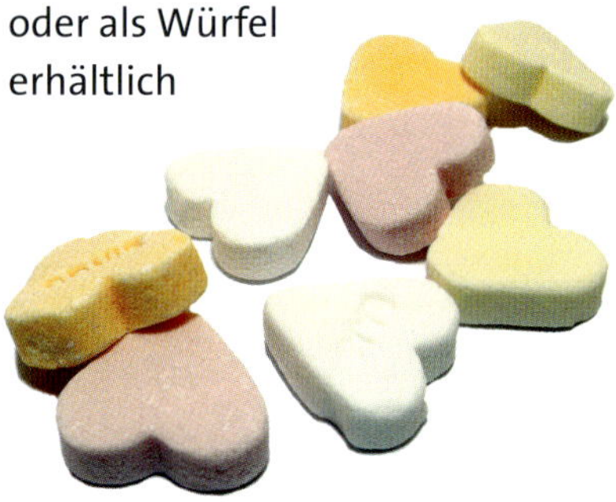

- **Herzchen**: aus pastellfarbener Zuckermasse
- **Himbeer-Bonbons**: die etwas durchsichtigen, roten, die man in Papiertüten abgezählt bekam
- **Karamell-Münzen**: knusprig und süß zugleich
- **Kaugummikugeln** aus dem Automaten: gekauft in der Hoffnung, auch einen der wertvollen Ringe dazuzubekommen
- **Kirsch-Lollies**: kleine rote Kugeln mit Plastikstiel, einzeln verkauft
- **Knöterich-Bonbons**: lecker, aber ob da wirklich Knöterich drin war?

- **Kokosschokolade**: in einzelnen Stücken, lose verkauft
- **Lakritzschnecken**: wurden einzeln aus einem großen Glas geholt

- **Leckmuscheln**: eine süße Zuckermasse, anfangs in echten Muschelschalen verkauft
- **Liebesperlen**: in kleinen Nuckelfläschchen
- **Mausespeck**: aus Weichschaum
- **Muh-Muhs**: Bonbons aus unglaublich leckerem Karamell
- **Nappo**: süße und klebrige Rauten, in bunter Alufolie verpackt
- **Negerküsse**: So hießen sie noch, bevor Schaumküsse daraus wurden.
- **Pfefferminzbruch**: geformt wie eine Schokoladentafel, in Rosa und Weiß
- **Puffreis**: auch mit Schokolade überzogen
- **Salinos**: Lakritzbonbons, in einer großen und einer kleinen Form erhältlich

- **Salmiakpastillen**: klein, schwarz, scharf, in kleinen Beuteln verkauft
- **Schokoplätzchen** mit bunten Perlen, **saure Drops**, **Mokkabohnen**, **Kokosflocken** und **Weingummi** (oft als Schnuller), ebenfalls einzeln in eine Papiertüte abgezählt zu erhalten
- **Silberfischchen**: silbern glänzende Bonbons mit Lakritzfüllung
- **Storck-Riesen**: Karamellbonbons aus Weichkaramell, immer fünf Stück in einer Stange
- **Ufos aus Esspapier**: mit Brausepulver gefüllt
- **Veilchenpastillen**: mit etwas blumigem Seifengeschmack
- **Zuckerstangen**: einzeln und in unterschiedlichen Farben erhältlich

Folgende typische Süßigkeiten dieser Zeit waren unerschwinglich für Kinder, wurden von Erwachsenen aber gerne als Gastgeschenk mitgebracht:

- **Erfrischungs-Stäbchen**: von Sprengel, mit Orangen- oder Zitronensirup
- **Kinder-Schokolade**: in Deutschland seit 1967 im Angebot
- **Lakritzzigaretten**: in richtigen Zigarettenpackungen, jede Zigarette mit Esspapier umwickelt
- **nimm2**: Die gab es seit 1962, aber nur in der Tüte, doch viele Mütter glaubten die Vitaminstory und verteilten die Bonbons einzeln an ihre Kinder.

- **Nogger-Eis**: seit 1964 zum Preis von 80 Pfennig
- **Prickle-Pit**: Bonbonspender mit den Köpfen der Disney-Figuren
- **Schokolinsen**: in Rot und Weiß, nur in der Verkaufstüte
- **Wundertüten**: oft von der Firma Heinerle, waren voller bunter, pappig schmeckender Puffreis-Kügelchen, aber auch gefüllt mit kleinen Plastikspielzeugen oder Sammelbildern

Wohnkultur & Lifestyle

Der Übergang vom Mief der 50er-Jahre zu einer neuen Wohnkultur geschah nicht etwa schlagartig. Zu einem vollständigen Wechsel der Wohnungseinrichtung fehlte den meisten Menschen nicht nur das Geld, sondern auch der Wille. Außerdem waren Wohnen und Einrichten noch nicht das Hobby unausgelasteter Erfolgsmenschen mit zu viel Geld. Man wohnte nicht, man lebte noch.

Deshalb blieben die meisten Wohnungen und Häuser lange Zeit in einer Phase des Übergangs. Wuchtig-Altdeutsches in urigem Braun aus Vorkriegs- und Kriegszeiten, Beistelltischchen und Tütenlampen aus dem vergangenen Jahrzehnt standen einträchtig neben der neuen **Teakholz-Schrankwand** und den schicken **Schalensesseln aus Drahtgeflecht**.

Wer mehr Fortschrittlichkeit vortäuschen wollte, als er finanziell konnte, beklebte seine alten Möbeln mit **d-c-fix-Folie**, die besonders in verschiedenen Holzmaserungen viel verkauft wurde. Oder er ließ auf seinem **Dinett Servierwagen** das Essen durch die Wohnung rollen, der praktisch zusammenklappbar und somit sehr fortschrittlich war. Mit jedem neu erworbenen Einzelteil gewannen die Sixties an Raum, aber letztlich kämpften sie erst einmal auf verlorenem Posten. Alles war maßlos geschmacklos, ohne jeden Stil. Die komplett neu gestaltete Wohnung im Stil der 60er-Jahre wurde nur selten realisiert – am häufigsten in den Prospekten der Möbelhäuser. Erst gegen Ende der 60er-Jahre änderte sich dies mit der **Wegwerf-Welle**, die den reichlichen Sperrmüll speiste. Dann kamen allerdings wieder neue Einflüsse hinzu: Die Nostalgiewelle brachte **alte Schreibtischlampen** (häufig der Marke Kaiser), **Petroleum-** und **Tiffanylampen** ins Haus – Letztere besonders in Haushalten mit leichtem Alternativ- oder Hippie-Touch.

Ebenfalls kontraproduktiv in Sachen Zeitgeschmack: Während viele Männer nichts gegen Fenster ohne Gardinen hatten oder bestenfalls sachlichen **Architektentüll** verwendet hätten, griffen Frauen auf der Suche nach Wärme in diesen vom sachlichen Design geprägten Zeiten zur **Rüschengardine**, häufig Marke **Gardisette**, die meistgekaufte Markengardine der Zeit.

Wohnzimmereinrichtung um 1960

Insgesamt betrachtet: Ein Jahrzehnt voller stilistischer Klarheit? Fehlanzeige.

Gab es einmal die Möglichkeit, eine Wohnung komplett neu einzurichten, so gehörte meist die **Schrankwand in Teakholz** oder **Palisander** zu den ersten Neuanschaffungen. Es folgten die neue, sachliche **Couchgarnitur** und der dazugehörige **Couchtisch**. Während man in der alten Wohnung noch auf **Linoleum** oder auf den echten und falschen **Perserteppichen** gestanden hatte, bedeckte nun der plüschige **Flokati** den Boden, den sauber zu halten eine Sisyphusarbeit war. Auch **Knüpf- und Flickenteppiche** im Kontrast zur kühlen Klarheit der Möbel waren beliebt.

An den Wänden dominierten **groß gemusterte Tapeten**, oder es wurde der schlichte und praktische **Raufaser-Look** ausgewählt. Die vielfach genannten **Prilblumen-Muster** waren allerdings auf die Küche beschränkt.

Für Schönheit im Hause sorgte der **Holzkranich** als preiswertes Trivialkunstwerk auf dem **Sideboard** oder die **afrikanische Maske**, Überbleibsel aus den 50er-Jahren. Im Laufe der 60er-Jahre fanden auch immer mehr **Plakate** und **Poster** den Weg an die Wände, später im gebildeten Haushalt abgelöst vom gerahmten Kunstdruck mit **Op-Art**, **Pop-Art** oder anderer Kunst.

Gab es ein Esszimmer, so war der **Tischgong** unverzichtbar. Ein technisch häufig recht raffinierter **Zigarettenspender** – dank des ziemlich ungebrochenen Verhältnisses zum Nikotin – fand sich vielerorts. Rauchen konnte man dann im gewagten **Kugelsessel** unter einem **String-Regalsystem** oder einem Teak-Regal z. B. der Marke **Musterring**. Manche Verlage nutzten die Gelegenheit, um neue Kunden zu gewinnen: Das **Buchabo** beim **Bertelsmann Lesering** half dabei, Meter um Meter der neuen Regale zu füllen. In anderen Fällen wurden **Buchattrappen** mitgeliefert.

Die **Hausbar**, die im kultivierten Haushalt nicht fehlen durfte, war in den 60er-Jahren weit mehr als nur ein Spirituosenlager: Dank ihrer konnte der Hausherr seine Weltgewandtheit unter Beweis stellen und Trinkgelage zum Akt höchster Kultiviertheit erklären.

In der Hausbar

Folgende Alkoholika gehörten zur Standardausstattung:

- **Ratzeputz**: hochprozentiger Schnaps (die heutige Version hat noch 58 %, der von damals war weitaus gehaltvoller)
- **Stroh-Rum** mit bis zu 80 % Alkoholgehalt wurde für alkoholische Mutproben verwendet; am nächsten Morgen fragte man sich häufig, ob das Zeug direkt aus der Hölle gekommen war ...
- **Weinbrand**: Es gab die Marken Dujardin, Chantré oder Mariacron, die in allen Medien massiv beworben wurden.
- **Whisky**: das neue Lieblingsgetränk der Zeit, weil es die Weltläufigkeit des Gastgebers unterstrich. Es gab amerikanischen Whiskey oder englischen Whisky, der sich nicht nur in der Schreibweise unterschied, sondern auch im Geschmack.
- **Lufthansa-Cocktail**: im Werbefernsehen mit der Melodie „Early Bird" von André Brasseur beworbenes Produkt der Firma Berentzen. Für die Damenwelt gab es neben **Eierlikör** oder **Kosakenkaffee** auch noch einen Fruchtlikör **Schwarzer Kater** und **Eckes Edelkirsch** (mit dem Saft sonnengereifter Maskara-Kirschen). Auch der bittere **Campari** (Slogan: „Die Welt kennt – die Welt liebt – trinkt – Campari") kam in Mode.
- **Martini**: ein Wermut, viel beworben, viel getrunken; die Alternative hieß Cinzano; die italienische Schlagersängerin Rita Pavone machte den Wermut mit dem Trinkspruch „Cin ... Cin ... Cinzano!" in der ganzen Welt bekannt.
- **Jägermeister** hieß der beliebteste Kräuterlikör. Er hatte aber mit einem Altherren-Image zu kämpfen; das änderte die Werbekampagne „Ich trinke Jägermeister, weil ..." in den 70er-Jahren. Die Kräuterlikör-Alternative hieß Underberg.
- **Steinhäger** in der Steinflasche, ein Wacholderschnaps, hatte ein ähnliches Image-Problem wie Jägermeister, aber keine Werbekampagne.
- Hatte der Hausherr zu Weihnachten einen **Mixbecher** bekommen, so versuchte er sich möglicherweise an der Herstellung eines **Manhattan**, **Southern Comfort Sour** oder **Irish Coffee**, die beliebtesten Cocktails der Zeit.

Avantgarde hält Einzug

Die Avantgarde war auf dem Vormarsch. Leichte **Holzsessel mit losen Sitzpolstern** und **Möbel aus Kunststoff** ersetzten klobige Polstergarnituren. Kühl und geradlinig gestaltete Gläser aus Skandinavien wurden zu beliebten Dekorationsgegenständen. Vor allem Finnland, Schweden und Dänemark waren mit oft handgefertigten Gläsern der Marken **Riihimäen Lasi Oy**, **Kosta**, **Boda** und **Holmegaard** präsent. Die erste **Lavalampe** leuchtete im futuristischen Ambiente, überhaupt waren Lampen eher dekorative Kunstwerke als nur zweckmäßige Gebrauchsgegenstände. **Farbige Lampenschirme** aus gefalteten oder geschlauften Kunststoffbändern, **Kugelleuchten** aus Glas, **trichterförmige Beleuchtungsobjekte** aus gebürstetem Aluminium über dem Esstisch, scheinbar **frei schwebende Leuchtobjekte** an langen Tragarmen, **Muschelleuchten** und **Lampen mit leuchtendem Glasfuß** oder die **Glasfaserlampe** lösten die Langeweile der Vergangenheit ab. Beliebt waren vor allem Leuchten in warmen Beige-, Gelb und Orangetönen. Hierzu passten emaillierte Metallschüsseln in Rot, Orange und Gelb. Sie füllten klare, aber leere Flächen auf **Teakholz-Beistelltischen**, **langen Sideboards** und den Fensterbänken der neuen, viel größeren Fenstern der 60er-Architektur.

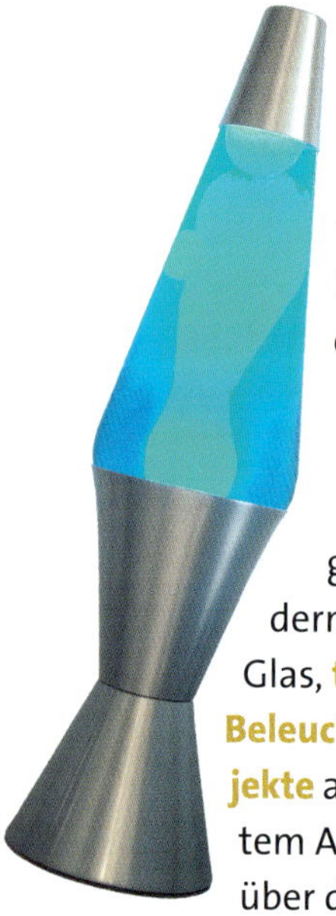

Weitere Accessoires: große **Holzschüsseln aus massivem Teakholz** und sachlich-schwarze **Kerzenleuchter aus Metalldraht**.

Das Schlafzimmer in seinen Erscheinungsformen

Wollte der von den Anstrengungen des Tages erschöpfte Mensch der 60er-Jahre sich zum Schlafen legen, so suchte er zumeist noch einen reinen Funktionsraum auf. Das Schlafzimmer von Ehepaaren bestand aus einem Doppelbett mit Nachtschränkchen links und rechts und einem raumgreifenden Kleiderschrank.

Am Anfang des Jahrzehnts konnten durchaus noch ein **Bild mit kitschig-religiösen Darstellungen** und ein Kreuz über den Betten hängen. Später erfasste der neue Gestaltungswille ebenso das Schlafzimmer, das aber in seiner grundlegenden

Struktur und Funktion im Rahmen des familiären Wohnens nur zaghaft verändert wurde. Zu den obligatorischen Einrichtungsgegenständen Doppelbett, Nachtschränkchen, Kleiderschrank kamen eventuell neue Tapeten, gemusterte Bettwäsche und moderne Lampen. Offenbar gehört diese Ausstattung zu den Grundgesetzen des Wohnens, denn in den meisten Lebensgemeinschaften hat sich daran bis heute nichts geändert.

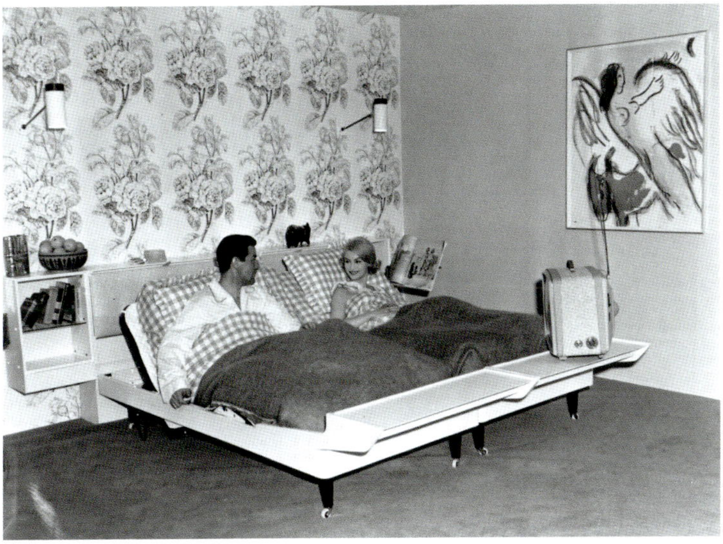

Dieses 1960 in England ausgestellte Bett trug den programmatischen Namen „Edler Traum" und zählte zur Luxusausstattung im Schlafzimmer. Große florale Muster und moderne Kunst an den Wänden deuten den Umbruch in der Wohnkultur an.

Fantasievoller ging es in WG und Singlewohnung zu: Schon aus Platzgründen war das Zimmer in der WG Wohn-, Arbeits- und Schlafraum zugleich. Das **Hochbett** kam in Mode, aus der nackten Matratze auf dem Boden entwickelte sich möglicherweise das Interesse für den japanischen Futon.

Technikinvasion in der Küche

In den 50er-Jahren hatte sich die Küche infolge neuer Architektur und der damit verbundenen Wohnformen vom Wohnraum zum reinen Funktionsraum gewandelt. In den oft sehr kleinen Wohnungen in den neuen Reihenhaussiedlungen war kein Platz für eine ausreichend große und gemütliche Küche. Oft fand sich darin nicht einmal ein größerer Esstisch – gegessen wurde mit der ganzen Familie fast immer im Wohnzimmer –, vielleicht gab es sogar schon eine **Durchreiche**, durch die das benutzte Geschirr nach dem Essen in die Küche gestellt werden konnte. Dort werkelte möglicherweise schon die erste **Geschirrspülmaschine** der Marken **Miele** oder **Bauknecht**. Nicht umsonst lautete der Werbeslogan: „Bauknecht weiß, was Frauen wünschen!" – obwohl es oft die Kinder waren, die nach dem Essen von Hand spülen mussten.

Auf dem Herd – noch mit Holz oder Kohle beheizt, bei einigen Familien schon elektrisch – wartete möglicherweise ein moderner **Dampfdruck-Schnellkochtopf** auf Arbeit.

Die „Moderne Hausfrau um 1960"

In der durchschnittlichen Küche jener Tage waren viele Errungenschaften der modernen Zeit zu finden: Der Hausfrau half tatkräftig der **Starmix MX 3**, eine nahezu unverwüstliche Küchenmaschine. Der seit 1908 bekannte **Melitta Kaffeefilter mit Filtertüte** dominierte zwar noch in den meisten Haushalten bei der Zubereitung vom Kaffee und wurde häufig unterstützt von der elektrischen **Krups Kaffeemühle** oder ähnlichen Geräten. Doch dämmerte das Zeitalter der **Kaffeemaschinen** bereits herauf. Die erste, bereits in den 50er-Jahren erfundene Maschine mit einiger Verbreitung in den 60er-Jahren hieß **Wigomat**. Auch AEG bot eine Kaffeemaschine namens **AEG cafemat** an. Den Einzug in nahezu jede deutsche Küche hielten die Kaffeemaschinen allerdings erst nach 1970. Sehr teure Kaffee-Vollautomaten gab es nur für gewerbliche Zwecke, z. B. von der Firma WMF.

Eine starke Verbreitung in der Küche, in der bisher Papier verschiedener Qualität das am häufigsten verwendete Material zur Verpackung von Lebens-

In den 60er-Jahren wurde der über Jahrzehnte bewährte Melitta Kaffeefilter mehr und mehr durch elektrische Kaffeemaschinen ersetzt.

mitteln gewesen war, fand die **Alufolie**. Sie überzeugte im Haushalt durch ihre Vielseitigkeit. Sie konnte Lebensmittel schützen und frisch halten, ließ sich aber auch beim Grillen verwenden. Noch waren spezielle Folienprodukte unserer Tage wie transparente Frischhaltefolie, das praktische Backpapier, der Gefrier-Beutel, der Bratschlauch oder eine Folie speziell für die Nutzung in Mikrowellen reine Zukunftsmusik.

Das **Einmach**- oder **Weckglas**, das keine neue Errungenschaft der 60er-Jahre war, sondern seine Blütezeit in der Zeit des Ersten Weltkriegs hatte, war noch überall präsent. Sehr zur Begeisterung der Kinder, denn sie konnten die für das Verschließen der Gläser benötigten Gummidichtungen, genannt **Einmachgummi**, wunderbar verwenden, um sich die anderenorts bereits genannten, großartigen Steinschleudern zu bauen.

Im Kontrast zur Küche der herkömmlichen Hausfrau stand die WG-Küche oder die Küche einer fortschrittlichen Familie in den 60er-Jahren: Natürlich war der Kühlschrank mit **Prilblumen** beklebt, und drinnen standen von der letzten Wochenendfahrt nach Amsterdam noch zwei Sorten **Vla** – vermutlich **Hopjes-** und **Frambozen-Vla**. Dann fand sich auf einem **Jugendstilregal** vom Flohmarkt eine Kollektion **aromatisierten Tees** in den Duft- und Geschmacksrichtungen **Wildkirsch**, **Cassis**, **Vanille** oder sogar **Jasmin** in alten Dosen. Mitten in der Küche stand ein nostalgisches **Küchensofa** aus der Gründerzeit in rotem Samt.

Zum Inbegriff des bürgerlichen Gegenentwurfs wurde das fast schon proletarische Mobiliar der linken Wohngemeinschaft. Oft fand sich in irgendeinem Schrank **buntes Plastikgeschirr** aus DDR-Produktion des Kombinats Plaste und Elaste, das vom letzten Besuch in Ostberlin mitgebracht wurde, in dessen Zen-

Eine Innovation in den deutschen Küchen: das Mixette-Universalgerät um 1960

trum die ideologische Schulung, aber nicht Geschmacksfragen standen. Das Kochen erleichterte das feuerfeste **Jenaer Glas**, ebenfalls ein Exportprodukt aus der DDR in das **NSW** (nichtsozialistische Wirtschaftsgebiet). Der linken Gesinnung entsprechend hing über dem **Resopal-Küchentisch** ein **Che-Guevara-** oder **Karl-Marx-Plakat**.

Möbel vom Sperrmüll und Flohmarkt

Neben den vom kühlen neuen Design geprägten Formen der Inneneinrichtung entwickelte sich eine Gegenbewegung: Einrichtung vom Sperrmüll. Es war in den 60er-Jahren eine ausgesprochen ertragreiche Angelegenheit, den Müll der Wohlstandsgesellschaft zu durchforsten. Die Bürger des Wirtschaftswunders verfügten über überschüssige finanzielle Mittel, kauften Möbel lieber **neu und modern**, statt alte Sachen weiter zu nutzen, und warfen ihre alten Einrichtungen auf den Müll.

Auch wenn Oma oder Opa starben, machte man sich nicht die Mühe, nach Brauchbarem im Nachlass zu suchen. Komplette Hausstände wanderten auf den Sperrmüll, darunter wertvolle Antiquitäten aus dem Biedermeier, aus Gründerzeit und Jugendstil. Wer Zeit, Energie, Geschmack und einen Kombi oder einen VW-Bus hatte, konnte sich kostenlos und ausgesprochen gediegen einrichten. Antike Möbel in Eiche massiv zum Nulltarif – manche Wohngemeinschaft residierte geradezu fürstlich. Das **Sperrmüllsofa** in der Küche war in gewissen Kreisen ein Prestigeobjekt, **Omas alter Küchenschrank** und der **Kristalllüster** kamen einfach so von der Straße. Mancher Student finanzierte sein Studium über den Sperrmüll, mancher später erfolgreiche Antiquitätenhändler entdeckte dort den Grundstock für sein Geschäft. Klar, dass auch der folgende Wirtschaftsbereich vom Sperrmüll profitierte.

Der Sessel der Großeltern, alte Lampen oder Teppiche fanden in den 60er-Jahren dank Sperrmüll und Flohmärkten noch häufig dankbare Abnehmer.

Ausgehend von den **Flohmärkten in Amsterdam** und **London** schwappte eine **Trödelwelle** über Europa. **Gründerzeitkitsch** und zunächst wirklich alte, dann elektrifizierte, schließlich in China produzierte **Petroleumlampen** waren ebenso gefragt wie plüschige **Tischteppiche** aus Holland. Der **Jugendstil** erlebte eine Renaissance, florale Jugendstilvasen und andere dekorative Gegenstände aus dieser Zeit passten eigentlich kaum zu den linksrevolutionären Thesen jener Zeit. Das Kapital von Karl Marx neben dem **Setzkasten** voller niedlicher Kinkerlitzchen, beleuchtet von der **Kaiser-Lampe** – das war dennoch für die weniger dogmatischen Teile der jungen Revolutionäre kein Widerspruch. Für viele mussten Kleidung, Wohnungseinrichtung und alltägliche Accessoires wohl vor allem eine Bedingung erfüllen: Sie sollten auf provokante Weise im Gegensatz zur spießig-sauberen Weltsicht stehen, und das ließ sich mit Möbeln vom Flohmarkt glänzend realisieren.

Der Allibert wurde in den 60er-Jahren zum Standardeinrichtungsgegenstand in deutschen Badezimmern.

Das Badezimmer

Es gab meist eine Badewanne, die Duschkabine war noch nicht Standard. Der Innenarchitekt des Jahrzehnts riet zu **gemusterten Brausevorhängen** und Kacheln in Grün-, Gelb-, Rot- oder Brauntönen. Auf dem Boden lagen der Farbigkeit der Kacheln angepasste Fußmatten. Den Klodeckel und den Boden rund ums Klo bedeckten textile Garnituren. Die größte Errungenschaft der Zeit war der praktische **Allibert**-Badezimmerschrank mit Spiegel.

Mode & Styling

Es wäre eine schöne Aufgabe für eine Quizshow im deutschen Fernsehen: Erkennen Sie ausschließlich am Inhalt eines Kleiderschranks, aus welchem Jahrzehnt er stammt? Die Garderobe aus den 60er-Jahren wäre so unverwechselbar, dass der Kandidat sich nicht irren könnte.

Von cool bis groovy

Swinging London war eine der Modezentralen der 60er-Jahre. Hier erfand **Mary Quant** im Jahre 1962 ihren Minirock, und in den Boutiquen und kleinen Läden der **Carnaby Street**, der **Regent Street** und auf dem Leicester Square kauften diejenigen ein, die besonders modebewusst waren, wie es die englische Gruppe **The Kinks** in ihrem Song **Dedicated Follower Of Fashion** im Jahre 1966 bereits mit einer gewissen Selbstironie geschildert hat.

André Courrèges: Was Mary Quant auf die Straßen der pulsierenden Metropole London gebracht hatte, den Minirock, führte der französische Modeschöpfer – bis heute bekannt für die sogenannte strenge **Courrèges-Frisur** – in der Haute Couture ein. Er war es auch, der gewagte **Kreationen in Schwarz-Weiß**, **geometrisch strenge Schnitte**, Streifen- und Karomuster und den **Weltraum-Look** in die weibliche Mode brachte. Als Accessoires setzte er übergroße Brillen ein.

Lackmäntel und silbrig glänzende Stoffe kamen erstmals zum Einsatz, nicht nur in den Entwürfen von Courrèges. Die Kreationen aus London und Paris wurden im Laufe der 60er- und 70er-Jahre vielfach kopiert und abgewandelt und wirken bis in die Mode heutiger Tage.

Denim, eine weitere Neuheit: Mit den 60er-Jahren traten der blaue Jeansstoff und die Blue Jeans oder **Jeans** für Mann und Frau aus ihrem Schattendasein als Arbeitskleidung hervor. Zwar waren Jeans in den Jugendbewegungen der 50er-Jahre schon präsent, doch wurde die blaue Hose jetzt zum Symbol von Protest und der kollektiven Identität des Unangepassten auf der männlichen Seite und zusätzlich der Emanzipation auf der weiblichen Seite.

Mary Quant, Erfinderin des Minirocks, nach der Verleihung des Order of the British Empire im Nov. 1966

Jeans in der Oper zu tragen verstieß gegen die verhassten Konventionen; Studenten trugen sie im Hörsaal, beim Open-Air-Konzert, aber auch im Theater, in der Galerie und vor dem Prüfungskomitee und waren stolz darauf. Gefragt waren die Marken Levis, Lee, Wrangler und Mustang, alles andere galt als Imitat.

Neue Jeans – ab in die Wanne! Viele Jeansmodelle der klassischen Hersteller waren noch nicht vorgewaschen, liefen deshalb beim ersten Waschen noch ein und färbten andere Wäsche im schönsten **Indigo**. Man kaufte die Hose etwas zu groß, zog sie an und stieg damit in eine Badewanne. Die brandneuen Beinkleider schrumpften, soweit sie konnten; anschließend ließ man sie am Körper trocknen, und alles passte sich exakt den Körperformen des Trägers oder der Trägerin an. Oder: Noch cooler war, wenn diese Zeremonie mit Meerwasser und am Strand zelebriert wurde.

Used-Look: Im Laufe der Zeit entwickelte sich zudem eine Ästhetik des Gebrauchs: verwaschen, verschlissen, zerrissen, kunstvoll geflickt und möglichst auch noch bemalt oder mit Applikationen verziert wurden Jeans zunehmend zum Kunstwerk, zu einer Art Fetisch des Protestes und der fortschrittlichen Gesinnung, ja zum Kultgegenstand – und dann schließlich Ende der 70er- und in den 80er-Jahren zu Ware und Handelsobjekt im großen Stil, aller ehemaligen Bedeutung beraubt.

Entwurf eines Mantels und Huts von Mary Quant im Jahr 1964

So sah Sie aus

Kaum ein Jahrzehnt brachte mehr modische Impulse und neue Möglichkeiten für die Kleidung und das Aussehen der Frauen als die 60er-Jahre. Das neue Interesse an der modischen Provokation und die Vielzahl der Alternativen bereiteten vor allem den Boden für ein Wachstum der Modeindustrie in den kommenden Jahrzehnten zu nie gekannter Größe.

Neue Stoffe: Die neuen Textilien **Dralon**, **Trevira**, **Perlon** und **Nylon** hatten zwar auch ihre Nachteile, waren aber im Vergleich pflegeleicht und vielfach auch preiswerter als Leinen, Baumwolle und Wolle.

Die **Krokotasche**: Noch hatten Umwelt- und Tierschutzerwägungen die Modewelt nicht erreicht. Frauen dachten ohne Bedenken an die Anschaffung eines Pelzmantels, Handtaschen waren aus echtem Krokodil-, Schlangen- oder Eidechsenleder.

Der Minirock wurde übrigens, anders als von der Modewelt intendiert, von jungen Menschen im Alltag häufig mit Kniestrümpfen und hautengen Pullis kombiniert, was den Trägerinnen ein merkwürdiges Lolita-Image verlieh.

Bei den Kleidern war die Auswahl größer als in den Jahrzehnten zuvor. Die Frau der 60er-Jahre konnte wählen: Die offiziell angesagte Mode bot ihr schwingende Röcke, schmale Etuikleider, kaschierende Kasacks, kurze, enge, weite und später auch lange, oft sogar bodenlange Maxi-Röcke (mit zunehmender Öko-Orientierung sehr beliebt). Im Alltag waren schlichte Trägerkleider sehr praktisch. Darunter formten Triumph Amourette-Mieder die nicht ganz so perfekte Figur der Frauen.

Der Petticoat hatte als Überbleibsel die 50er-Jahre überlebt. Auch Glockenröcke, getragen zu Strümpfen mit Naht der Marke Nur Die, Bellinda oder Arwa, entsprachen dem Stil der Zeit. Die Feinstrumpfhose, die große Neuerung der Zeit, ermöglichte den Frauen Bewegungsfreiheit und weniger umständliches Ankleiden – das Einzelstrumpfpaar und die Strapse verschwanden zusehends aus den Bekleidungsgeschäften. Die Muster der Strumpfhosen reichten vom Netzstrümpfe-Look über Häkel- und Spitzendesign bis zu wilden Mustern in allen Farben. Zu feierlichen Anlässen trug die elegante Frau weiße oder schwarze Strümpfe mit seitlichem Stickmuster oder sogar luxuriöse Lurex- oder Goldlaméstrumpfhosen.

Der Hosenanzug zählte ebenso zu den emanzipatorischen Kleidungsstücken der modernen Frau in den 60er-Jahren wie die Latzhose. Der Hosenanzug galt der Karrierefrau jener Tage als Entsprechung zur männlichen Geschäftskleidung – er garantierte seriöses Auftreten, ohne die Weiblichkeit zu verleugnen, und war somit eigentlich ein Symbol weiblicher

Nahezu jede erdenkliche Rockform war in den 60er-Jahren auf Deutschlands Straßen zu finden. Hier werden einige Schnitte auf einer Modenschau vor dem Brandenburger Tor im März 1960 präsentiert.

Anpassung an die Gepflogenheiten und Sichtweisen der Männer.

Die **Latzhose** war deshalb bei frauenbewegten Studentinnen sehr beliebt, weil sie sich damit den erotischen Wünschen der Männer verweigern konnten. Zum anderen verhalf sie der Trägerin zu einem fest im Alltag stehenden Image.

Durchsichtige Blusen wagten nur wenige zu tragen; wenn Damen der Prominenz dies riskierten, waren ihnen umfangreiche Pressereaktionen sicher. Doch wurde eine dezente Transparenz für das weibliche Oberteil der alltäglichen Bekleidung in den kommenden Jahren möglich.

Ähnlich große Presseaufmerksamkeit (natürlich mit zahlreichen Abbildungen) fand der **„Oben-ohne"-Bikini** aus dem Jahre 1964 von **Rudi Gernreich**. Der Modedesigner wurde später bekannt für die von ihm entworfenen Polizeiuniformen. Ein Verkaufsschlager wurde die Bikinivariante allerdings nicht. Einen weiteren Beitrag zur textilen Kultur der 60er-Jahre leistete Gernreich mit seinen Entwürfen zu einer **Unisex-Mode**.

Der **Bikini** stellte das genaue Gegenteil der Latzhose dar und war ein weiteres skandalumwittertes Kleidungsstück. Schon in den 50er-Jahren sorgten Marilyn Monroe bei öffentlichen Auftritten und die noch weitgehend unbekannte Brigitte Bardot auf dem Filmfestival von Cannes für Presserummel um den knappen Badedress. In den 60er-Jahren konnte ihn dann jede Frau tragen, die sich traute. Der Schlager **Itsy Bitsy Teenie Weenie Honolulu Strandbikini** der Gruppe Blue Diamonds besingt dieses Kleidungsstück.

Den ganz großen Auftritt rundete damals ein sehr **großer und farbiger Hut** ab.

Bademode, präsentiert am verschneiten Ufer des Neckars im Winter 1963

Die Möglichkeiten bei der Frisur waren mit dem bereits genannten **Courrèges-Kurzhaarschnitt** nicht erschöpft. Beim **Afrolook** zierten zahlreiche krause Locken den Kopf der Trägerin oder des Trägers. Vorbilder waren hier oft die linke Aktivistin **Angela Davis** oder der Musiker **Jimi Hendrix**.

Der Kurzhaarschnitt, wie er auch von Supermodell Twiggy getragen wurde, konkurrierte neben Hochsteckfrisur und Afrolook.

Die **Farah-Diba-Hochfrisur**: Diese Haartracht trug die Ehefrau des persischen Schahs; eher konservative Frauen taten es ihr nach, während die linke Szene gegen die Herrschaft des Schahs in Persien protestierte. Die Haare wurden hochtoupiert und am Hinterkopf zusammengesteckt. Es entstand ein gewagter Turmbau, der dem beehive von Amy Winehouse ähnelte.

Farbige Lidschatten, der Augen- und/oder der Kleiderfarbe angepasst, sowie mehr oder weniger spinnenbeinartige **falsche Wimpern** vervollständigten die Toilette der modernen Frau.

Mode für Ihn

Das Feindbild für die Jugend war der konservative Anzug mit steifem Hemdkragen und dezenter Krawatte. Zwar trugen noch die frühen Beatles Anzug zum **Pilzkopf**, aber die wilde männliche Langhaarfrisur der Hippies am Ende des Jahrzehnts hätte ebenso wenig zur konventionellen Geschäftsleitung gepasst wie die Ansichten ihrer Träger, was den Kapitalismus anging. Doch es dürfte den Männern nicht schwergefallen sein, auf ihre dunklen Anzüge zu verzichten. Nach ziemlich tristen graubraunen Zeiten brachte das Jahrzehnt viel Neues und Überraschendes für den männlichen Kleiderschrank.

Das vorn offen getragene, enge **Nylonhemd** aus Kunstfaser, gern auch mit Rüschen, galt als der letzte Schrei. Kurzzeitig

Mode für ihn, vorgestellt auf der Internationalen Herrenmodenwoche in Köln im August 1968. Rechts ist der hoch im Kurs stehende Raglan-Rollkragenpullover zu sehen.

waren auch Hemden mit Riesenkragen in Mode. Diese Änderung der Bekleidungsgewohnheiten stellte zugleich die **Geburtsstunde des Deodorants** für Männer dar. Das Hemd aus Nyltest oder Perlon hatte – im Gegensatz zu heutigen Kunstfasern – erhebliche Nachteile im Tragekomfort. Der alles andere als natürliche Stoff nahm keinen Schweiß auf, regte im Gegenteil das Schwitzen noch an. Herren umwehte ein herbes Aroma, wenn sie nicht vorbeugend zum Deodorant griffen. Außerdem waren die Hemden aufgeladen durch statische Elektrizität und verteilten kleine Stromschläge bei jeder Berührung. Dafür waren sie nach der Wäsche quasi in Minuten trocken.

Die modische **Krawatte** hingegen hatte Konjunktur – zu den ohnehin schon auffälligen Hemden oft mit Riesenkragen wurden schmale, breite und bunte Krawatten aus Stoff und Leder getragen. Eine Vielzahl auch „unmännlicher" Muster war verfügbar, es gab Strick- und Batikbinder, Blüten- und Pflanzenmuster, Schmetterlinge und Papageien, Op-Art, Stillleben, Abbildungen von Popgruppen für Musikfans und andere figurative Szenen. Wilderes trugen Männer wohl nie um ihren Hals.

Groß gemusterte Hemden und eng sitzende Hosen mit Schlag läuteten Ende der 60er-Jahre den Umschwung Richtung Hippie-Mode ein.

Der **Rollkragenpullover** fand alternativ zum Hemd viele Freunde. Der dünne, meist weiße, auf jeden Fall einfarbige Rolli konnte zum Sakko getragen werden, besaß eine gewisse Schlichtheit und Eleganz, so dass man sich auch bei offiziellen Anlässen gut angezogen und nicht deplatziert fühlte – aber eben auch nicht konventionell gekleidet war. Zudem gab er seinem Träger den gewissen intellektuellen Touch, weil häufig Studenten, Dozenten und Professoren der Universitäten, aber auch Schriftsteller und Künstler Rollkragenpullover trugen.

Das bequeme **Poloshirt** aus Trikotstoff mit kurzen Ärmeln und einer Knopfleiste vorn ersetzte später teilweise die Anzughemden.

Sogenannte **Hüfthosen** saßen extrem eng am Körper und knapp unter der Hüfte. Es gab Hosen mit geraden oder ausgestellten Beinen, oft mit eingenähten Dreiecken aus buntem Stoff im Hosenbein, dazu trug man vergleichsweise breite Gürtel.

Ähnlich gewagt wie die Hemden und Krawatten waren die **Jacketts** jener Tage. Sie zeigten Streifen-, Karo-, große Hahnentritt- oder Fischgrätenmuster in bisher nicht bekannten Farbvariationen. Modelle mit sehr breiten Kragen wurden ebenso angeboten wie solche ganz ohne, wie sie auf einem Album der Beatles aus dem Jahre 1964 zu sehen sind.

Je mehr der Hippie-Look Raum gewinnen konnte, desto gewagter wurden die männlichen Kleidungsstücke: Man zeigte sich in **Ledermänteln** aus schwerem Glattleder oder Wildleder, trug dekorativ schmuddelige, gewendete **Lammfellmäntel** mit Innenpelz und Pelzkragen oder griff gleich zum **Parka**. Gefragt waren besonders getragene und abgelegte Exemplare der Bundeswehr oder aus dem **Army Shop**. Meterlange Schals komplettierten das alles andere als elegante, eher verwegene Outfit in Winterzeiten.

Stiefel, genannt **Boots**, in verschiedenen Varianten lagen lange Zeit im Trend. Man kaufte sehr spitze Modelle oder solche mit Westernflair. **Moonboots** kamen nach der Mondlandung 1969 in Mode; es waren Schneestiefel, die der Fußbekleidung der Astronauten ähnelten. Größere Verbreitung fanden sie allerdings erst Anfang der 70er-Jahre. **Kniehohe Stiefel** waren gegen Ende der 60er-Jahre der letzte Schrei, wobei die Hosenbeine in den Schaft gesteckt wurden.

Alles passt für alle – Unisex

Zwar haben auch die Frauen der frühen Emanzipationsbewegung in den 20er-Jahren Hosen getragen, aber nahezu identische Kleidungsstücke für beide Geschlechter sind eine Neuerung der hier beschriebenen Zeit.

Das **T-Shirt** war das erste Unisex-Kleidungsstück. Ursprünglich war es in den USA bereits nach dem Zweiten Weltkrieg beliebt bei Männern. Es wurde in Europa vor allem durch die Spielfilme von Marlon Brando (Endstation Sehnsucht, 1951) und James Dean (... denn sie wissen nicht, was sie tun, 1955) als Kleidungsstück des erotisch attraktiven, virilen Rebellen bekannt und nachfolgend in den 60er-Jahren zum Verkaufsschlager und Basiskleidungsstück der Garderobe von Mann und Frau.

Mit der sexuellen Revolution gingen auch Veränderungen im Männlichkeitsbild einher. Androgyne und homosexu-

Ledermäntel mit Innenfell wurden für Männer wie Frauen zum beliebten Winterkleidungsstück.

elle Komponenten ermöglichten eine vielfältige Selbstdarstellung. Nicht wenige Männer schminkten sich und wählten **Plateauschuhe mit dicker Sohle** und hohen Absätzen. Sie wurden besonders in den späten 60er-Jahren von Männern ebenso wie von Frauen getragen, machten größer und formten schönere Körperlinien. In Gang und Silhouette glichen sich Männer und Frauen, wenn sie solche Schuhe trugen. Zur Massenmode entwickelten sich Plateauschuhe in den 70er-Jahren.

Der **Nicky** war ein einfarbiger, samtartiger Pullover mit rundem Bund. Er wirkte weich und weiblich. Häufig in Schwarz oder Braun getragen, galt er in den 60er-Jahren als **in,** das heißt nicht als **out**, womit die in diesem Jahrzehnt aufkommende Kurzkategorisierung der Welt auch einmal erwähnt ist. Männer trugen ein Hemd mit Kragen oder einen Rollkragenpullover in Weiß oder in Pastellfarben unter dem Nicky, Frauen helle Blusen.

Ebenso von beiden Geschlechtern gewählt, kamen Ende der 60er-Jahre preiswerte feste Sandalen mit Holzsohle und stabilem Oberteil in Mode: die **Clogs**. Sie waren meist schwarz, ihre weiße Variante war und ist noch heute als Arbeitsschuh in Arztpraxen und Krankenhäusern zu finden.

Fashion on Stage

Besonders Mitglieder der zahlreichen Bands jener Tage trieben die ausgefallene Kleidung noch auf die Spitze: Alles musste knallbunt, hauteng, wild gemustert, glitzernd oder auch lila und aus Samt sein: Ketten, zahllose riesige Ringe und Brillen, Stirnbänder und verwegene Hüte komplettierten das einmalige und authentische Erscheinungsbild. Verglichen mit einem durchgeplanten und vom Eventdesigner gestalteten Bühnenauftritt heutiger Tage lief alles ausgesprochen spontan und tatsächlich nach eigenen und individuellen Vorstellungen der Künstler ab.

Auch echte, möglichst dekorierte **Uniformjacken**, mit anderen Kleidungsstücken kombiniert, waren wegen ihres provokativen Charakters auf der Bühne in der Musikszene gefragt und fanden später den Weg in die Mode der Großstädte.

Jimi Hendrix trug zuweilen ebenso wie die Beatles auf ihrem Cover für Sgt. Pepper's Lonely Hearts Club Band Uniformjacken.

Der letzte Kick – Accessoires

Die Möglichkeiten, sich über Kleidung und Zubehör auszudrücken, wuchsen mit der Zeit ins Uferlose: Eine Vielzahl neuer Accessoires ergänzte das Angebot, aus der alltäglichen Bekleidung entwickelte sich langsam das geplante Outfit.

Die **kleine runde Nickelbrille**, wie sie etwa John Lennon trug, erlebte eine Renaissance. Sie war ein Gegenentwurf zu den riesigen Brillen der Modeschöpfer der Avantgarde. Mancher kaufte sich sein neues Brillengestell auf dem Flohmarkt statt beim Optiker, und es war dann wirklich so alt, wie es aussah.

Mit dem Blick nach Asien kamen farbige indische **Fransentaschen**, oft mit kleinen Spiegeln verziert, in Mode und waren bei Hippies sehr beliebt. **Umhängetaschen aus Parkastoff** in Nato-Oliv, oft Püchel genannt, wurden eher der Gammlerszene zugeordnet. **Hebammen**- und **Arztkoffer** aus Leder waren auf dem Flohmarkt sehr gefragt, die Preise für Originale überschritten schnell die 100-DM-Grenze.

Kleidung für den Nachwuchs

Die **kurze Lederhose** mit Lederträgern, wegen ihrer bayerischen Anmutung auch Seppl-Hose genannt, stellte Anfang der 60er-Jahre das ideale, weil praktische Kleidungsstück für Jungen dar. Auf dem Latz zwischen den beiden Trägern prangte meist ein röhrender Hirsch. Die Lederhose war unverwüstlich, musste bzw. konnte gar nicht gewaschen werden, so dass man sie abends schon bald eher in die Ecke stellen als auf einen Stuhl legen konnte. Vereinzelt wurden auch Mädchen mit diesem Kleidungsstück gesehen.

Textile Kinderhosen wurden mit bunten Borten verziert, Streifenpullover galten für Kinder als schick und niedlich. Zwar war Mode für die Kleinen noch nicht so ein großes Thema wie für Erwachsene, aber die ersten Kinder-Boutiquen entstanden in den 70er-Jahren.

Robust und pflegeleicht – kurze Lederhosen für Kinder

Eine entscheidende Neuerung ab Mitte des Jahrzehnts: Kinder durften ihre Kleidung **schmutzig machen**. Was in der bürgerlichen Familie der 50er-Jahre noch nahezu unmöglich war und mit Strafen geahndet wurde, erreichte schnell den Status allgemeiner Akzeptanz: Kinder müssen sich sogar schmutzig machen, Erfahrungen sammeln, **„die anale Phase ausleben“**, wie Anhänger der **antiautoritären Erziehung** trivialpsychologisch zu erklären wussten. Die Kinder nahmen diese Entwicklung mit Begeisterung auf.

Einkaufen – das Kaufhaus Sixties

Es gab die Lebensmittelketten **Hill**, **Konsum** („Im Konsum kaufen kluge Kunden") und **Koma** (eine Lebensmittelkette namens Coma existiert übrigens noch heute in Norddeutschland). Die Nahtod-Bedeutung des Wortes Koma bemerkte übrigens damals niemand.

Es konnte sogar bei ALDI eingekauft werden: Das spätere **ALDI-Imperium** umfasste bereits damals um die 300 Ladengeschäfte und wurde im Jahre 1960 zwischen den Brüdern Karl Albrecht und Theo Albrecht aufgeteilt. Allerdings führten die Brüder noch keine Selbstbedienungsgeschäfte, sondern kleine Tante-Emma-Läden, und diese kämpften hart mit der Konkurrenz der Supermärkte der bereits bestehenden Ketten. In den Jahren 1961/1962 retteten dann die Discount-Geschäfte unter dem Namen ALDI (**AL**brecht **DI**scount) die Brüder vor der Pleite. Das Discount-Konzept kann man als völlig neu bezeichnen, sie verzichteten auf Dienstleistungen, Frischwaren, ein zu umfangreiches Warensortiment und nahmen nur gut gängige Produkte ins Sortiment auf. Die Erfolgsgeschichte begann.

Doch gerade die persönlich geführten Lebensmittelgeschäfte hatten ihre Vorteile: Beim Kaufmann an der Ecke konnte man noch **anschreiben lassen**, das heißt, auf Pump bzw. feiner ausgedrückt auf Kredit kaufen. Diese Möglichkeit wurde von Familien mit kleinem Einkommen häufig genutzt. Bezahlt wurde dann meist am Monatsende, wenn die Löhne und Gehälter ausgezahlt wurden.

Häufig war die Haushaltskasse auch deshalb sehr begrenzt, weil der Herr der Familie in der Kneipe an der Ecke wie beim Kaufmann anschreiben konnte – das hieß **Deckel machen**. Wurde nicht gezahlt, gab es kein Bier mehr. Das war besser als jede Kreditausfallversicherung.

Das Warensortiment des Jahrzehnts war, von Unterschieden in der Gestaltung der Verpackung abgesehen, dem heutigen sehr ähnlich. Sehr viele Marken haben die Jahrtausendwende überlebt, auch wenn sich ihre Position am Markt verändert hat, nur wenige sind ausgestorben.

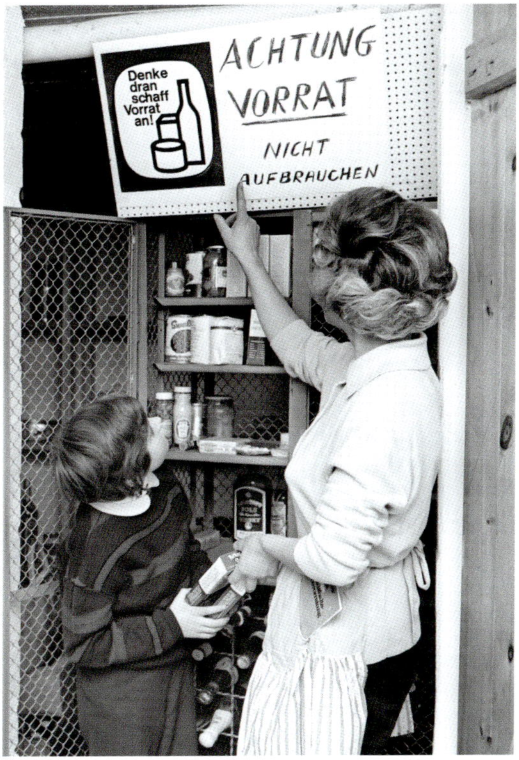

Der Aufruf des Bundesernährungsministers Schwarz im Januar 1963 an die deutschen Hausfrauen, einen mindestens 14-tägigen Vorrat anzulegen, zeigte Wirkung.

Neu auf den Markt oder alt und bewährt

Aufbruchstimmung auch auf dem Lebensmittelmarkt: Neue Produkte füllten die Kaufhausregale. Die ersten Tiefkühltruhen hielten Einzug in die deutschen Küchen, und entsprechend wurde das Sortiment der Geschäfte angepasst.

Die besonders bei Kindern beliebten **Fischstäbchen** kamen in den frühen 60er-Jahren auf den Markt. Die Firma Koelln brachte ihre **Kernigen** heraus, die mit **Kellog's Cornflakes** konkurrierten. Die ersten Fertiggerichte lieferte **Maggi „für Frauen, die mit Liebe kochen"**. Die Firma Kraft machte ihre bereits 1956 erfundenen **Scheibletten** zum Verkaufserfolg, Adler bewarb seine **Schmierkäse-Ecken**. **Kaba der Plantagentrank** wurde mit Disney-Figuren bestückt, um die Verkaufszahlen anzukurbeln.

Als neue Variante der Milchprodukte gewann das als gesund gepriesene **Joghurt** z. B. der Firma Zentis schnell viele Käufer. Den Wohlgeschmack des Kaffees steigerte **Bärenmarke**-Kondensmilch der Firma **Glücksklee**, wenn nicht schon **Libby's Milch** darin war. Die wichtigsten Kaffeemarken waren **Tchibo**, **Onko** und **Eduscho**.

Besonders groß war die Zahl der Puddingsorten: Der Kunde hatte die Qual der Wahl zwischen **Majala**, **Galetta**, **Aranca** und **Saroma** in vielen Geschmacksrichtungen.

Gebacken wurde bereits mit **Backin** von Dr. Oetker. Getränke gab es nur in **Glasflaschen**, viele Frischwaren wurden noch eigens vom Verkäufer oder der Verkäuferin meist in Papier verpackt. Die Werbung für **Palmin**-Pflanzenfett setzte das Märchen von den beim Braten verschlossenen Fleischporen in die Welt.

Für den Kanarienvogel, ein beliebtes Haustier der Zeit, nahm man beim Einkauf **Trill**-Vogelfutter mit, das zu Anfang des Jahrzehnts noch Trill-Sonnenschein-Körnchen, später dann **Jod-S11-Körnchen** enthielt, welche den Vogel vermutlich auch gegen den Supergau von Tschernobyl immun gemacht hätten.

Für die Gesundheit

- Husten bekämpfte man mit **Coryfin C** oder **Rachengold**.
- Gegen Schmerzen ging man mit **Melabon**, **Aspros** oder **Vivimed** vor.
- **Sanostol**, ein Lebertransaft, stärkte die Abwehrkräfte der Kinder.
- **Signal** wirkte laut Werbung wie Zahnpasta und Mundwasser zugleich.
- Wem das Abführmittel **Darmol** nicht bekam, der griff zur Alternative **Drix** oder trank **Dr. Richter Tee**.
- Opa wurde mit **Buerlecithin flüssig**, **Galama Birkenheide** oder **Biovital** aufgepäppelt.

In der Kosmetik- und Drogerieabteilung

- **Bac**: Deodorant
- **Creme 21**: kam Ende der 60er-Jahre gerade neu auf den Markt
- Die Pflegeserie **Toscana** mit Produkten für vier verschiedene Hauttypen
- **Gilette-Rasierklingen** – Werbeslogan: „Einige Dinge, die keine Spuren hinterlassen“
- Haarspray der Firma **Goldwell**, noch aus den 50er-Jahren beliebt

- **Hormocenta**: eine Anti-Falten-Creme, die bis in die 1960er-Jahre Menschenfett enthielt (!), nämlich Fett aus Plazenten, die von Hebammen und Krankenhäusern für die Verwendung in der chemischen Industrie gesammelt wurden. Ähnliche Produkte mit sprechendem Namen waren **Wagners echte Östrogen-Kosmetik** und **Placentubex C**.
- Mit **HALZON**-Mundspray stiegen die Chancen beim anderen Geschlecht deutlich, so die Werbung.
- **Odol** Mundwasser oder **Nur 1 Tropfen** leisteten Ähnliches.
- **Penaten**-Creme nutzte in der Werbung das Lächeln des Babys als Gradmesser der Gesundheit.
- **Pepsodent** Zahnpasta warb mit natürlich weißen Zähnen.
- **Plantschi**-Schaumbad versprach Kindern Baden ohne brennende Augen.
- **Zeozon** Sonnenmilch

- Wer sich waschen wollte, konnte die folgende Seifenmarken verwenden: **Fa**, **Kult**, **Lux**, **Palmolive**, **Rexona** und **Kaloderma**

- Für die Haare verwendete man **Sulfrin-Shampoo** und **Birkin**- oder **Seborin**-Haarwasser – schon war Schluss mit den Schuppen. Auch **Silvikrin**, das biologische Haarwasser, fand seine Kunden. Mancher versuchte auch, seine fettigen Haare mit **Frottee-Trockenshampoo** und völlig ohne Wasser duftig und locker zu bekommen.
- Die Dame des Hauses duftete nach Original **4711** oder **Tosca**, ebenfalls im Kaufhaus Sixties erhältlich.

Putz- und Waschmittel

- Folgende Scheuer- und Spülmittel standen damals der Hausfrau (und den ersten Hausmännern) zur Verfügung: **ATA**, **VIM**, **Spüli** und **Pril**.
- In den frühen 60er-Jahren wusch die Hausfrau mit **Suwa**, später mit **Sunil**, **Omo** oder **Dash**. Oft wurde die Wäsche noch mit **Evidur-Wäsche-Steife** behandelt. Weichspüler kamen in Mode, z. B. **Lenor**.
- Die Hausfrau wachste ihren Fußboden mit Bohnerwachs der Marke **Seiblank**; eine revolutionäre Neuerung stellte **Kik-Wachs** dar – das kam direkt ins Aufwischwasser. Überhaupt nicht mehr zu wischen brauchte man, wenn man einen Teppichboden von **Pegulan** verlegt hatte.

In der Technikabteilung

Der Technik-Boom, der bis heute anhält, nahm in diesem Jahrzehnt seinen Anfang. Sicher hatte es auch früher technische Geräte gegeben, aber nie in einer derartigen Vielzahl und mit einer solchen technischen Perfektion. Auch alltägliche Probleme zu Hause ließen sich plötzlich mithilfe eines Gerätes lösen – die Heimwerker-Welle schaukelte sich langsam auf.

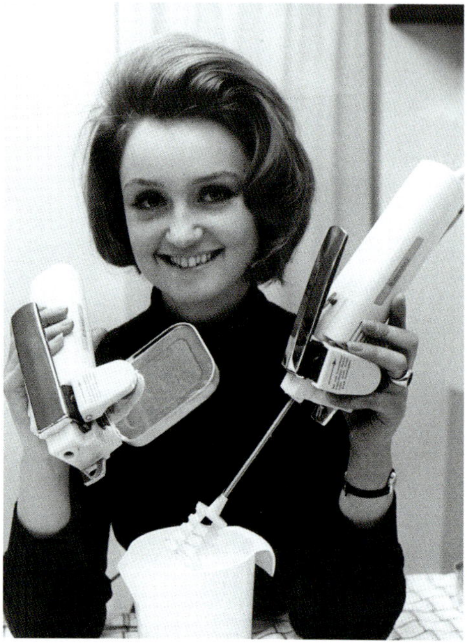

Auf der Hausrat- und Eisenwarenmesse 1965 in Köln wurde ein Handmixer in Kombination mit einem Dosenöffner vorgestellt – für stolze 112 Mark.

Geräte für Haushalt und Beruf

Hausfrauen in dieser Zeit waren nach den Mangel- und Aufbaujahren wild auf neu konstruierte Küchengeräte, die ihnen ihre mühselige Arbeit erleichterten. Der **Tauchsieder** war altbekannt – nichts weiter als eine riesige Heizspirale, die man in einen Metalltopf tauchte, um Wasser zu erhitzen. Zu den Neuerungen zählte die vielseitige **Küchenmaschine**, die der Hausfrau viel Arbeit abnahm (und ihr durch das anschließende Reinigen neue machte). Die **elektrische Kaffeemühle** verdrängte ihre mechanischen Vorgänger in den Bereich dekorativer Nostalgie. An einer Wandhalterung befestigte **elektrische Dosenöffner** taten ebenso ihre Arbeit wie mit Strom beheizte **Warmhalteplatten** und der neue **Toaster** – ein Küchenparadies der Technik.

Hula-Hula Toaste – die Vorläufer der modernen Raclette-Geräte, vorgestellt im Jahr 1961

Das **Dampfbügeleisen** mit eingebautem Wassertank kam zu neuer technischer Perfektion. Siemens bot 1967 auch einen **Heimbügler** an für das Bügeln mit „Zehenspitzengefühl" und natürlich im Sitzen.

Elektrische Rasierer, auch Trockenrasierer genannt, ersetzten zunehmend Rasierklinge und Schaum. Besonders perfekte Konstruktionen wie z.B. der **Braun Sixtant-Rasierer** waren ein weltweit gefragtes Produkt und konnten in großen Stückzahlen abgesetzt werden. Auch die Firmen **Philips (Philishave)** und **Remington (Roll-A-Matic)** fanden ihren Markt. Die Firma Remington bot 1960 den ersten Akku-Rasierer an. Es wurde möglich, sich z.B. auf einer Reise mehrere Tage ohne Netzanschluss zu rasieren.

Auch **Staubsauger** wurden technisch verbessert, auf einen leistungsfähigen Hand- oder Autostaubsauger mussten die Kunden aber noch bis in die 80er-Jahre warten. Der **Ventilator** wurde handlicher und vom Preis her erschwinglich.

Die **IBM Kugelkopf-Schreibmaschine**, eingeführt im Juli 1961 mit dem ersten Modell **IBM Selectric Typewriter**, war der Traum jedes modernen Schriftstellers der 60er-Jahre und revolutionierte das Maschinenschreiben durch ein besonders sauberes und klares Schriftbild und die Möglichkeit, durch den relativ einfachen Austausch des Kugelkopfs die Schriftart zu ändern. Sie war mechanisch sehr aufwendig gebaut, wurde später durch eine elektronisch gesteuerte Version ersetzt. Dieser Typ Schreibmaschine blieb lange Zeit im Handel, stand aber später in Konkurrenz zu den einfach gebauten und leichteren Typenrad-Schreibmaschinen.

Kameras – 6 x 9 oder 24 x 36?

Neben den aus den 50er-Jahren bekannten einfachen Rollfilmkameras im Format 6 × 6 mm oder 6 × 9 mm standen dem Amateur- und Profifotografen auch Kleinbildkameras in zunehmender Zahl mit Filmpatronen oder -Kassetten zur Verfügung. Hier eine Auswahl unterschiedlicher Modelle: **Kodak Instamatic Kamera** mit der **Instamatic-Kassette** zum blitzschnellen Filmeinlegen war eine echte technische Neuerung.

Vorläufer des PCs – der Bürocomputer P203. Das damals 23.000 Mark teure Gerät ersetzte neben einer Schreibmaschine auch eine Rechenmaschine, einen Tischcomputer und einen Buchungsautomaten.

Agfa Click und **Agfa Clack** hießen die beiden Einfach-Rollfilmkameras der Marke Agfa; anspruchsvollere Fotografen verwendeten hingegen die **Agfa Optima** mit Programm- oder die **Agfa Selecta** mit Zeitautomatik.

Kleinbildkamera Rollei C35

Die **Rolleiflex**, eine technisch hochwertige zweiäugige Kamera der Firma Rollei, entwickelte sich zu einem Verkaufsschlager; die besten Modelle sind heute gesuchte Sammlerstücke. Ab 1966 stellte Rollei die **Rollei 35** her, die damals kleinste Kleinbildkamera der Welt. Die einäugige Kleinbild-Spiegelreflexkamera **Rollei SL 35** kam 1970 leider etwas zu spät auf den Markt – die japanische Konkurrenz hatte dieses Segment bereits besetzt.

Bei der **Paxette 35** der Firma Braun Photo Technik handelte es sich um eine Kleinbildkamera mit laut Bedienungsanleitung „Reporter-Schnellschalthebel". Sie war in erstaunlicher Qualität gefertigt.

Die **Leica M4** der Firma Leica stellte die qualitative Spitze des Kamerabaus dar, und viele Fotografen arbeiteten mit ihr.

Ein auf den ersten Blick besonders sparsamer Fotoapparat war die **Olympus Pen F**, eine Halbformatkamera, in die der Besitzer einen Film mit 72 Bildern einlegen konnte. Allerdings kamen die meisten Fotografen nicht umhin, diese vielen Bilder relativ schnell zu verschießen und dann als Papierabzüge zu bestellen, was wiederum teuer werden konnte.

Ein echter Sixties-Irrtum: Die häufig mit den 60er-Jahren in Verbindung gebrachte Polaroid-Kamera trat erst in den 70er-Jahren ihren Siegeszug an.

Mutti und die Kleinen auf Super 8

Das Zeitalter des Amateurfilms begann in diesem Jahrzehnt. Bewegte Bilder faszinierten die Menschen schon immer, sie allerdings selbst herstellen zu können, gehörte bis in die 60er-Jahre zu den unerfüllbaren Träumen. Das Filmen war nur in kommerziellen Zusammenhängen möglich, weil die Technik kompliziert und die benötigten Kameras und Projektionsapparate für Privatpersonen unerschwinglich waren. Nun kamen neue Waren in das Kaufhaus Sixties:

Auch im englischen Königshaus (Queen Elisabeth) wurden die technischen Innovationen im Filmbereich genutzt.

Mit dem **Super-8-Schmalfilmformat**, das 1965 von der Firma Kodak eingeführt wurde, standen dem Filmamateur mit einem Mal handliche Geräte zur Verfügung, um die glücklichen Momente einer Familie festzuhalten. Das Filmen blieb natürlich weitgehend das Privileg einer wohlhabenden Minderheit. Die neuen technischen Möglichkeiten und sogar deren qualitative Einschränkungen entwickelten eine ganz eigene Faszination und wurden (und werden zum Teil noch) auch in der Kunst und im professionellen Medienbereich bis hin zum Spielfilm genutzt.

Durchschnittliche Super-8-Kameras kosteten etwa 200 DM, zahlreiche Firmen boten ab Ende der 60er-Jahre Geräte an. Besonders bekannt und beliebt waren die allerdings auch besonders teuren Geräte der Firma **Braun Nizo**.

Der französische Kameraexperte **Beaulieu** perfektionierte das System mit Zeitlupe, Wechselobjektiven und speziellen Filmkassetten. Das Aufkommen der Videokameras setzte dem Schmalfilm-Trend ein Ende. Super-8-Enthusiasten nutzen das System aber bis heute.

Als die Uhren noch tickten

Armbanduhren waren in den 60er-Jahren weit davon entfernt, ein Wegwerfartikel zu sein, sondern wertvolle Schmuckstücke und Gebrauchsartikel und als Geschenk sehr beliebt. Sie kamen von Herstellern wie **Kienzle** und **Omega**, hatten noch rein mechanische Uhrwerke mit Edelsteinlagern und liefen entsprechend ungenau. Uhren mit Datums- und Wochentagsanzeige kamen in Mode. Allen war gemeinsam, dass sie noch tickten. Die Digitaluhr ist erst ein Kind der 70er-Jahre: Die erste mit dem Namen Pulsar kam 1972 auf den Markt.

An der Kasse

Die **Plastiktüte** war in den 60er-Jahren das wichtigste Hilfsmittel des Wirtschaftswunders und sorgte dafür, dass die Konsumenten ihre eben erworbenen Waren auch ohne weitere Vorausplanung nach Hause schaffen konnten. Als Reaktion auf die Energieverschwendung durch die Plastiktüte entwickelte die Ökobewegung in den frühen 80er-Jahren den Slogan **Jute statt Plastik** – die textile Tragetasche wurde zum Symbol ökologischer Gesinnung.

Cover eines Quelle-Katalogs, Herbst-/Winter-Programm 1968/69

Eine ganz neue Form des Verkaufs und des Vertriebs war der **Versandhandel**, dessen Aufstieg in den 50er-Jahren begann, der seinen kometenhaften Aufstieg aber erst in den 60er-Jahren hatte. Zahlreiche Kunden bestellten sich ihre gewünschten Waren aus den Katalogen der Versandhäuser Bader, Friedrich Bauer, Otto, Quelle, Neckermann, Schöpflin und Schwab. Das Angebot war vielfältig: Von Kleidung über Spielzeug bis hin zu technischen Geräten gab es alles.

Werben um den Käufer

Werbung fand in den 60er-Jahren noch nicht in der pandemischen Ausbreitung statt, wie wir sie in heutigen Tagen kennen. In den frühen Jahren des Jahrzehnts nannte man sie **Reklame**, und sie war vor allem in Zeitungen und Zeitschriften, auf Litfaßsäulen und Plakatwänden präsent. Im Fernsehen beschränkte sich die Werbung auf ganz bestimmte, festgelegte Zeiten. Spielfilme wurden noch als Ganzes ausgestrahlt, Werbeunterbrechungen ausgerechnet an den spannendsten Stellen gab es nicht – paradiesische Zeiten.

Nach der Tagesschau war das meist schwarz-weiße Fernseherlebnis ungetrübt von Kaufanreizen. Dennoch war der Effekt von Werbung im Fernsehen so stark, dass einige Slogans und Redewendungen sogar in die Alltagssprache übernommen wurden.

Besser geht's mit Coca-Cola – Zeitschriftenwerbung aus twen, 10. Jg., September 1968

Mächtige Worte – Werbeslogans

Zu den kontroversen Erfindungen der Zeit gehört die Einwegflasche. Mit dem Slogan **Ex und hopp** propagierten 50 Brauereien die Flasche ohne Pfand: „Das ist die neue Bierflasche ... Austrinken und dann hopp! – kein Pfand – kein Herumstehen von leeren Flaschen – kein Zurücktragen.“ Dieser Werbespruch wurde sehr schnell von ökologisch orientierten Gruppen als Sinnbild für die Haltung des **Establishments** verwendet und diesem vorgeworfen. Weitere Kunstwerke von Werbetextern der Zeit:

Auf unseren Schultern ruht nur Freude – einer der Werbeslogans von Sinalco Kola im Jahr 1968

- **Afri Cola**: Sexy-mini-super-flower-pop-op-cola – Alles ist in afri-cola ...
- **Bauknecht** weiß, was Frauen wünschen.
- Drei Dinge braucht der Mann: Feuer, Pfeife, **Stanwell**.
- Ein Mann mit Hut gewinnt (**Robin-Hüte**).
- **Esso**: Pack den Tiger in den Tank!
- **Ford Ford Taunus 17M**: Sogar der Fünfte fühlt sich wohl.
- Greife lieber zu **HB**, dann geht alles wie von selbst.
- **Haribo** macht Kinder froh und Erwachsene ebenso.
- Heute bleibt die Küche kalt, wir gehen in den **Wienerwald**.
- Im Falle eines Falles klebt **Uhu** wirklich alles.

• Mach mal Pause, **Coca-Cola**.
• **Mars** macht mobil, bei Arbeit, Sport und Spiel.
• **Neckermann** macht's möglich.
• Neun von zehn Filmstars nehmen **Lux** (Seifenwerbung).
• **Peter Stuyvesant**: der Duft der großen weiten Welt.
• **Schwäbisch Hall**: Auf diese Steine können Sie bauen.
• **Treets** – schmilzt im Mund, nicht in der Hand.
• **Volkswagen-Käfer**: Er läuft und läuft und läuft ...
• Waschmaschinen leben länger mit **Calgon**.
• Wenn einem so viel Gutes widerfährt, das ist schon einen **Asbach Uralt** wert.
• **Coca-Cola** – das erfrischt richtig!

Neue Wege der Vermarktung über die Avon-Beraterin, Zeitschriftenwerbung aus twen, November 1967

... und jetzt noch Bac – Zeitschriftenwerbung aus twen vom März 1967

Werbefiguren
Sie hatten ein längeres Leben als Figuren in der Werbung heute, konnten Ausstrahlung und Charakter entwickeln und wurden geliebt oder gehasst, waren aber jedenfalls immer im Einsatz für das Wohl ihrer Produkte:
• Das **HB-Männchen** ging regelmäßig in die Luft oder an die Decke, wenn etwas schiefgelaufen war, und musste mit einer Zigarette der Marke HB besänftigt werden.
• Der **Gilb** war schuld an den gelben Gardinen.
• **Klementine** war eine Mischung aus Mutter und Waschmittelexpertin.
• **Frau Antje** warb für Käse aus Holland und wurde so die beliebteste Holländerin in Deutschland.

• Der **Tchibo-Kaffee-Experte** prüfte unentwegt die Qualität von Kaffeebohnen in den Ursprungsländern; war stets mit Schlips, Krawatte und Melone unterwegs; er schmeichelte den deutschen Frauen mit dem Werbeslogan: „Endlich wieder in Deutschland … bei den Frauen, die den besten Kaffee der Welt kochen."

• **Onkel Tuca**: rein grafisch existente Werbefigur für Bananen

• **Weißer Riese** warb für Waschmittel nach dem Prinzip Größe = Stärke.

• Ilya **Rogoff** aß Knoblauchpillen, sah uralt, aber gesund aus.

• **Wicküler-Musketiere**: immer gut drauf, immer blau, aber einer für alle

• **Bärenmarke-Bär**: Er warb schon seit den 50er-Jahren für Dosenmilch, wurde aber in den Werbefilmen der 60er-Jahre immer lebendiger.

• **Darmol-Mann**: Er nahm das Abführmittel Darmol, hatte wohl regelmäßigen Stuhlgang und lief mit einer Kerze in der Hand im Nachthemd zum Außenklo; Werbeslogan: „Wer kennt ihn nicht, den Mann mit dem Licht, er nahm Darmol und fühlt sich wohl."

• **Maggi-Fridolin**: ein Mensch im Kochkostüm, der in Werbespots Geschichten mit den Produkten der Firma Maggi erzählte

• Der **Sparefroh** warb für Sparen bei der Sparkasse.

• Die **lachende Kuh**, „La vache qui rit", warb für einen Frischkäse, der heute einfach Kiri heißt.

• Der **Esso-Tiger** warb für Benzin und verkörperte Schnelligkeit, Kraft und Angriffslust; der Autofahrer wurde um 1965 eindringlich und im Imperativ aufgefordert: „Pack den Tiger in den Tank!"

• **Sarotti-Mohr**: In einer Zeit, in der Political Correctness noch nicht einmal angedacht war, durfte dieser niedliche kleine Neger für Schokolade werben; das tat er schon seit 1920, aber seit 1964 trat er auch in der Fernsehwerbung auf.

Mit dem Spruch nicht nur sauber, sondern rein warb Klementine seit 1968 für das Waschmittel Ariel.

• **Lurchi**: Der Salamander war bei Kindern sehr beliebt, weil es außer den Schuhen der Marke Salamander, für die Lurchi warb, auch Lurchi-Comichefte, Malhefte oder sogar Hörspiele gab.

Die Musik des Jahrzehnts

In den frühen 60er-Jahren tauchte eine neue, bis dahin nicht gehörte Musik auf – der Beat. Alles war auf einmal anders: Die neue Musik war lauter, direkter, härter und frecher und ideal für die nach Rebellion gegen ihre Eltern, die herrschenden Umstände und überhaupt den ganzen Muff der frühen 60er-Jahre hungernde Generation der Nachkriegsjugend. Ausgehend von England verbreitete sich diese Musik als wichtiger Bestandteil einer neuen selbstbewussten Jugendbewegung über die ganze Welt und entwickelte in kurzer Zeit eine unglaubliche Vielzahl von Stilrichtungen und Facetten.

Beat- und später Rockmusik wurden zum Katalysator für ein neues Lebensgefühl. Die Musik vermittelte den Jugendlichen erstmals das Gefühl einer eigenen Identität und war das ideale Mittel gegen den bleiernen Muff der Adenauer-Ära.

Musik als Jugendphänomen

Rettete sich der Rock 'n' Roll der 50er-Jahre à la Elvis und Chuck Berry auch bis in die 60er-Jahre hinein, so kann doch der **Beat** als die Musik des Jahrzehnts angesehen werden. Er entwickelte sich aus verschiedenen Musikrichtungen wie dem Rock 'n' Roll und dem Skiffle und war ein sehr Gitarren-orientierter Stil. Die Standardbesetzung bestand aus zwei oder drei Gitarren, einem E-Bass und einem Schlagzeug. Von den Beatles populär gemacht, entwickelte sich diese Form des Pop-Rocks zur dominanten musikalischen Äußerung. Zum Beat unverzichtbar dazu gehörte der entsprechende Veranstaltungsort, **Beat-Schuppen** genannt.

Der **Star-Club** im Hamburger Stadtteil St. Pauli war ein Musikclub mit großer internationaler Bedeutung. Er darf als eine der Geburtsstätten des Beats angesehen werden. Er eröffnete am 13.4.1962 und bis zu seiner Schließung am 31.12.1969 standen hier zahllose Sänger und Bands auf der Bühne, die in die Musikgeschichte eingegangen sind. Unter anderem gas-

Außenansicht des legendären Star-Clubs auf der Großen Freiheit in Hamburg vor Beginn eines Konzerts im Jahre 1964

tierten hier: **The Searchers** • **The Liverbirds** • **The Undertakers** • **Bill Haley** • **Chuck Berry** • **Jerry Lee Lewis** • **Little Richard** • **Jimi Hendrix** • **Screaming Lord Sutch** • **Gerry and the Pacemakers** • **Black Sabbath** • **Cream** • **Ray Charles** • **Fats Domino** • **The Remo Four** • **The Everly Brothers** • **Brenda Lee**. Weltweit berühmt wurde der Star-Club durch die Auftritte der **Beatles**, die 1962 bei drei wochenlangen Gastspielen auf der Bühne standen.

Go-go-Girls in Hotpants tanzen auf der Teenage-Fair in Düsseldorf in den 60er-Jahren zu modernen Beat-Rhythmen.

Eine der wichtigsten Sendungen für die musikinteressierten Jugendlichen wurde die von Radio Bremen ausgestrahlte Sendung **Beat-Club** (1965–1972). Sie sorgte für eine rasend schnelle Verbreitung der Rock-, Pop- und Beatmusik in Deutschland. Das von **Michael Leckebusch** und dem Diskjockey **Gerhard Augustin** 1965 entwickelte Konzept mit Live-Auftritten, Einspielfilmen und **Go-go-Girls** als Blickfang traf den Nerv der Zeit, von den Moderatoren und Moderatorinnen ist besonders vielen damals jugendlichen Zuschauern **Uschi Nerke** in Erinnerung geblieben. Die Liste prominenter Bands und Soloartisten, die zu sehen und zu hören waren, ist beachtlich. Hier können nur einige genannt werden: **Chris Andrews** • **Cream** • **Dave Dee, Dozy, Beaky, Mick & Tich** • **Gerry and the Pacemakers** • **The Rattles** • **The Mushroams** • **Graham Bonney** • **Jimi Hendrix Experience** • **Manfred Mann** • **Percy Sledge** • **Sandie Shaw** • **Simon & Garfunkel** • **Spencer Davis Group** • **The Equals** • **The Hollies** • **The Kinks** • **The Lovin' Spoonful** • **The Pretty Things** • **The Remo Four** • **The Small Faces** • **The Walker Brothers** • **The Who**.

Insbesondere auch die beiden deutschen Bands **The Rattles** – die „deutschen Beatles“ mit dem heute noch aktiven **Achim Reichel** und ihrem Titel Come on and Sing (1966) – und **The Lords** mit Poor Boy (1965) profitierten von der Möglichkeit, immer wieder vor einer größeren Öffentlichkeit aufzutre-

Tom Jones bei einem Auftritt bei Ready Steady Go am 18.2.1966

ten, und erlangten so auch international einige Beachtung.

Beat, Beat, Beat war eine ausgesprochen beliebte Musiksendereihe des Hessischen Rundfunks in den Jahren 1966 bis 1969. Es wurden 25 Folgen produziert, aufgenommen bei öffentlichen Veranstaltungen, und zur besten Sendezeit im hessischen Fernsehen ausgestrahlt. Namhafte Gäste waren u.a.: **Eric Burdon** • **The Kinks** • **The Searchers** • **Julie Driscoll** • **Tom Jones** • **The Yardbirds**.

Musicals waren bis dahin eher für die Zielgruppe des etablierten Publikums konzipiert wor- den. Das Musical **Hair** entsprach genau dem damaligen jugendlichen Zeitgeist und wurde ein riesiger internationaler Erfolg. Für die einen war es ein Meilenstein der Pop-Kultur und Ausdruck des Zeitgefühls, für andere, kritischer eingestellte Zeitgenossen der erste Versuch, die rebellische Jugendkultur der damaligen Zeit zu kommerzialisieren. Das 1967 erstmals am Off-Broadway, seit 1968 am Broadway aufgeführte Musical kam in diesem Jahr auch nach Deutschland und wurde ein riesiger kommerzieller Erfolg. Der bekannteste Song **Aquarius** war überall zu hören, das **Hair-Plakat** schmückte Wände in Studentenzimmern und progressive bürgerliche Wohnungen.

Probe zum Musical Hair im Münchner Theater im Oktober 1968. Hair wurde am 29.10.1967 beim Shakespeare-Festival in New York uraufgeführt.

Das Jahrzehnt der Festivals und Kultkonzerte

Die populäre Musik der 60er-Jahre brach auf doppelte Weise aus: Zum einen verließ sie – aufbauend auf der Vorarbeit des Rock 'n' Roll – die Konventionen bürgerlicher Unterhaltungsmusik des vorangegangenen Jahrzehnts. Zum anderen war ihr Ausbruch aber auch ein räumlicher: Sie sprengte Türen, Mauern und Decken, verließ die Wirtshausbühnen, Tanz- und Konzertsäle sowie die Veranstaltungshallen, in denen Unterhaltungsmusik bisher zelebriert wurde. Erstmalig wurden Musikveranstaltungen in großem Maßstab zu Ereignissen unter freiem Himmel. Das Open-Air-Festival ist nicht umsonst eine Erfindung dieser Jahre. Die wichtigsten Konzerte der 60er-Jahre waren:

1965: **Rolling Stones** (Waldbühne/Berlin)
1967: **Monterey Pop Festival**
1968–1970: **Isle of Wight**
1969: **Woodstock** (Bethel/USA)
1969: **Altamont Free Concert**
1969: **Rolling Stones** (Hyde Park/London)

Das Monterey International Pop Festival

Prominente Musiker planten und organisierten die Veranstaltung mit, darunter **The Mamas and the Papas**, die **Beatles** und die **Beach Boys**. Mehr als 200.000 Menschen besuchten das Festival, das vom 16.6. bis zum 18.6.1967 unter kalifornischer Sonne stattfand. Auf der Bühne standen u.a.: **Jimi Hendrix** • **Otis Redding** • **The Who** • **Janis Joplin** • **Blood, Sweat & Tears** • **Canned Heat** • **Eric Burdon and the New Animals** • **Jefferson Airplane** • **The Byrds**. Begeistert wurde auch die klassische indische Raga-Musik von **Ravi Shankar/Sitar** aufgenommen.

Blick auf das Zeltlager des Festivals auf der Isle of Wight 1970

Legende Woodstock

Über eine Million Zuschauer hatten an dem heute wohl bekanntesten Festival des Jahrzehnts teilnehmen wollen, blieben aber zum großen Teil auf den verstopften Straßen stecken. 400.000 erreichten tatsächlich ihr Ziel und wurden Zeugen eines historischen Ereignisses. Aussichtslos, hier das ganze Programm der vier Tage von Woodstock im Jahre

1969 wiederzugeben. Mehr als die Namen der wichtigsten Künstler zu nennen, würde den Rahmen dieses Buches sprengen: **Richie Havens • Country Joe McDonald • John B. Sebastian • The Incredible String Band • Bert Sommer • Tim Hardin • Ravi Shankar • Melanie • Arlo Guthrie • Joan Baez • Quill • Santana • Canned Heat • Mountain • Janis Joplin • Sly & The Family Stone • Grateful Dead • Creedence Clearwater Revival • The Who • Jefferson Airplane • Joe Cocker • Country Joe & The Fish • Ten Years After • The Band • Blood, Sweat & Tears • Johnny Winter • Crosby, Stills, Nash & Young • Paul Butterfield Blues Band • Sha-Na-Na • Jimi Hendrix**

Bands, Sänger und Musiker

Vieles in der Musikszene der 60er-Jahre gestaltete sich anders als in den Jahrzehnten zuvor. Die technischen Möglichkeiten für Musik und Musikinstrumente wuchsen rasant, Drogen spielten eine viel größere Rolle als in den vergangenen Perioden. **Groupies**, Mädchen, die ihrer Begeisterung für einen Musiker oder eine Band freigiebig erotisch Ausdruck verliehen, waren typische Erscheinungen dieser Zeit. Stars stiegen an wenigen Tagen kometenhaft auf, endeten in Rausch oder Verzweiflung über ihren eigenen Erfolg, **Open-Air-Konzerte** erreichten nie gekannte Zuschauerzahlen.

Ein Festival, das zum historischen Ereignis wurde – vier Tage dauerte das legendäre Woodstock-Festival.

Singer/Songwriter

Sie waren das musikalische Sprachrohr der Protestbewegungen der Zeit, ihre Lieder transportierten Ideen und Philosophien und wirken bis in die heutige Zeit. Hier finden Sie eine Liste der wichtigsten Singer/Songwriter aus den 60er-Jahren und jeweils einen ihrer Songs: **Barry McGuire**: Eve of Destruction • **Bob Dylan**: The Times they are a-changin' • **Cat Stevens**: Matthew and Son • **Donovan Leitch**: Universal Soldier • **Joan Baez**: We shall overcome • **Joni Mitchell**: Woodstock • **Melanie**: Bobo's Party • **Neil Young**: Cinnamon Girl • **Pete Seeger**: Where have all the flowers gone • **Tim Buckley**: Song of the Magician • **Tim Hardin**: Reason to believe

Bob Dylan gehörte zu den einflussreichsten Songwritern des 20. Jahrhunderts.

Burg Waldeck –
Zentrum der deutschen Liedermacher

Die Festivals auf der Burg Waldeck im Hunsrück in den Jahren 1964 bis 1969 waren die ersten Open-Air-Festivals in Deutschland und hatten zunächst ihren Schwerpunkt im Bereich Folk, Chanson, Bänkellied und Protestsong. Die internationale Folklore-Szene war ebenso vertreten wie deutsche Liedermacher und Kleinkünstler.

Musiker wie **Hanns Dieter Hüsch**, **Schobert & Black**, **Hannes Wader**, **Reinhard Mey**, **Dieter Süverkrüp** und **Franz Josef Degenhardt** fanden hier ein Publikum. Mit der Zeit politisierte sich das Festival immer stärker, Rockmusik verdrängte die akustische Folklore, und bei der letzten Veranstaltung 1969 kam es zu einem Eklat zwischen unterschiedlichen revolutionären Richtungen.

Künstler des Festivals auf Burg Waldeck waren u. a.:

- **Dieter Süverkrüp**: Der Baggerführer Willibald
- **Franz Josef Degenhardt**: Spiel nicht mit den Schmuddelkindern
- **Hannes Wader**: Das Bier in dieser Kneipe
- **Insterburg und Co.**: Verfechter der Kunst des höheren Blödsinns
- **Reinhard Mey**: Ich wollte wie Orpheus singen
- **Schobert & Black**: bekannt als die Blödelbarden
- **Wolf Biermann**: linker Liedermacher und Lyriker zwischen der Bundesrepublik und der DDR

Eine musikalische Chronik

Würde man versuchen, hier alle musikalischen Ereignisse und Personen und alle Musiktitel der 60er-Jahre festzuhalten, dürfte fraglich sein, ob man mit einem einzigen Band in diesem Umfang auskommen würde. Dieses Buch ist keine Musikgeschichte, und das Vorhaben einer umfassenderen Darstellung wäre hier sowieso zum Scheitern verurteilt. So nennt dieses Buch manche Gruppen und Musiker nur mit ihrem Namen und einem Titel oder mehreren Kompositionen aus den 60er-Jahren. Nur die herausragenden Größen der Zeit können etwas ausführlicher dargestellt werden. Alle Fans „kleinerer" Rock- und Pop-Giganten mögen das verzeihen.

Das Jahr 1960

The Beatles gab es seit 1956, nur dass sich die damalige Formation um John Lennon **The Quarrymen** nannte und noch weit von einer großen Karriere entfernt war. Ihr erstes Konzert unter dem Namen The Beatles gab die Gruppe am 17.8.1960 im Hamburger Rotlichtviertel St. Pauli. Es ist aussichtslos, die britische Band hier angemessen zu präsentieren. Nur so viel: Die Bedeutung der Beatles für die Musikgeschichte kann nicht hoch genug eingeschätzt werden. Im Laufe ihrer gemeinsamen Karriere bis zum Jahr 1970 schufen sie wegweisende Formen der Rock- und Popmusik, in ihrem hunderte Titel umfassenden Repertoire kommen Vorläufer vieler zukünftiger Musikformen vor. Ihr erster Auftritt im deutschen Fernsehen 1964 ließ die **Beatlemania** auch in Deutschland ausbrechen. **John Lennon**, **Paul McCartney**, **George Harrison** und **Ringo Starr** verkauften insgesamt rund 1,3 Milliarden Tonträger.

Für ihre Leistungen wurde die Gruppe 1965 mit dem **Order Of The British Empire** ausgezeichnet, was aber ihre Sichtweise der gesellschaftlichen Verhältnisse kaum verändert haben dürfte. Anlässlich eines Konzerts für die Königin forderte John Lennon das Publikum auf: „Für unser letztes Stück bitte ich um Ihre Hilfe: Würden Sie auf den billigen Plätzen bitte klat-

Wo die Beatles auch auftraten – Hysterie unter den Fans war garantiert.

schen? Und alle anderen, klappern Sie bitte einfach mit Ihrem Geschmeide."

Nach der Trennung der Band 1970 führten die einzelnen Mitglieder ihre Solokarrieren weiter. Mittlerweile sind Paul McCartney und Ringo Starr die letzten überlebenden Beatles. John Lennon wurde am 8.12.1980 in New York von einem geistesgestörten Attentäter erschossen, George Harrison starb am 29.11.2001 in Los Angeles, Kalifornien, an einer Krebserkrankung.

Mehrere Personen beanspruchen den Titel „der fünfte Beatle", u. a. der Schlagzeuger der Jahre 1960 bis 1962, **Pete Best**, sowie der Bassist und Grafiker **Klaus Voormann**, der 1966 das Cover des Albums Revolver gestaltete und viele Songs mit den Beatles einspielte.

Eine weitere Band, die im Jahr 1960 gegründet wurde, waren **The Searchers**, wie die Beatles auch aus Liverpool. Sie waren bekannt für ihren sehr harmonischen Gitarrensound und Gesang und hatten mit **Needles And Pins** ihren größten Hit. Dagegen standen **Casey Jones and The Governors** eher für spaßige Popmusik und erreichten mit ihrem größten Hit Don't ha ha aus dem Jahr 1965 in Deutschland den zweiten Platz der Hitparade.

1961

The Beach Boys waren eine der erfolgreichsten amerikanischen Bands aller Zeiten. Gegründet wurden sie 1961 von den Brüdern **Brian**, **Carl** und **Dennis Wilson**,

Die Studioalben der Beatles

Viele der von den Beatles geschriebenen und aufgeführten Songs haben sich auf immer im Gedächtnis der Zeit eingeprägt. Nicht nur jeder einzelne Titel, auch jedes der Beatles-Alben stellt einen Meilenstein der Musikgeschichte dar:
Please Please Me (1963) • **With The Beatles** (1963) • **A Hard Day's Night** (1964) • **Beatles for Sale** (1964) • **Help!** (1965) • **Rubber Soul** (1965) • **Revolver** (1966) • **St. Peppers Lonely Hearts Club Band** (1967) • **Magical Mystery Tour** (1967) • **The Beatles** (1968, das legendäre weiße Album) • **Yellow Submarine** (1969) • **Abbey Road** (1969) • **Let It Be** (1970)

The Beach Boys, bestehend aus Bruce Johnston, Carl Wilson, Al Jardine, Mike Love and Dennis Wilson (von links nach rechts)

die sich mit ihrem Schulfreund Alan Jardine im kalifornischen Städtchen Hawthorne zusammentaten, um mit ihrem Surf-Sound die Hitparaden der Welt zu erobern. Ihre vierstimmigen Chorsätze und die für die damalige Zeit oft ungewöhnlichen Melodiefolgen begründeten einen ganz eigenen, unverwechselbaren Sound. Mit Hits wie **Barbara Ann** und **Sloop John B.** erreichten sie Weltruhm.

Weitere bedeutende Bandgründungen des Jahres 1961 waren:

- **Dave Dee, Dozy, Beaky, Mick & Tich** (Salisbury, England; Beat): Bend it, The Legend of Xanadu
- **Peter, Paul and Mary** (New York, USA; Folk): Puff, the magic Dragon, Leaving on a Jet Plane
- **The Temptations** (Detroit, USA; Soul): My Girl, Papa was a Rolling Stone
- **The Tornados** (England; Instrumental-Rock): Telstar, Dragonfly
- **The Shadows** (London, England; Instrumental-Rock): Apache, FBI

Die Rolling Stones im Jahr 1964

1962

Wenn die Beatles die vergleichsweise Guten waren, so standen die **Rolling Stones** auf der Seite des Bösen. **Mick Jagger**, **Keith Richards**, **Charlie Watts**, **Bill Wyman** und **Brian Jones** (bis zu seinem Tod 1969) spielten diese Rolle perfekt. Später kamen **Mick Taylor** und **Ron Wood** dazu. Heute können die Rolling Stones, die immer noch als Band zusammen sind und gelegentlich Konzerte geben, als „wildeste Rentnerband aller Zeiten" gelten. Zu Beginn ihrer Karriere coverten die Rolling Stones vor allem Songs von amerikanischen Bluesmusikern wie Muddy Waters und Howlin' Wolf, später wurde das Duo Jagger/Richards zu einem der erfolgreichsten und produktivsten Kompositionsduos aller Zeiten.

Auswahl von Rolling-Stones-Hits aus den 60er-Jahren

Come On (1963) • **I Wanna Be Your Man** (1963) • **It's All Over Now** (1964) • **Time Is On My Side** (1964) • **Little Red Rooster** (1964) • **The Last Time** (1965) • **Play With Fire** (1965) • **Satisfaction** (1965) • **Get Off of My Cloud** (1965) • **As Tears Go By** (1965) • **19th Nervous Breakdown** (1966) • **Paint It Black** (1966) • **Mother's Little Helper** (1966) • **Lady Jane** (1966) • **Have You Seen Your Mother, Baby, Standing In the Shadow?** (1966) • **Let's Spend the Night Together** (1967) • **Ruby Tuesday** (1967) • **We Love You** (1967) • **Dandelion** (1967) • **She's A Rainbow** (1967) • **Jumpin' Jack Flash** (1968) • **Street Fighting Man** (1968) • **Honky Tonk Women** (1969)

Als eines der interessantesten Alben der Band kann **Her Satanic Majesties Request** aus dem Dezember 1967 gelten, das als eine Reaktion auf das Beatles-Konzept-Album **St. Peppers Lonely Hearts Club Band**, erschienen im Juni 1967, zu sehen ist und die „teuflische" Seite des Rock 'n' Roll betont.

Eric Burdon and The Animals gründeten sich 1962 in Newcastle-upon-Tyne in England. Die Band wurde vor allem mit dem Song **The House Of The Rising Sun** berühmt, den sich Millionen von Gitarrenschülern quasi zur Hymne erkoren und deshalb bei jeder passenden und unpassenden Gelegenheit zu Gehör brachten. Gegründet wurde die Band von dem charismatischen Sänger **Eric Burdon** und dem Organisten **Alan Price**. Der Bassist der Band, **Chas Chandler**, wurde nach seinem Ausstieg aus der Band Produzent von Jimi Hendrix.

Besonders erwähnen als eine im Jahr 1962 gegründete Band muss man unbedingt noch **The Yardbirds**, eine englische Rockband, in deren Gründungsformation sich gleich drei Giganten des Rock 'n' Roll fanden: **Eric Clapton**, **Jeff Beck** und **Jimmy Page**. Die Band bestand bis 1968, Jimmy Page blieb bis zur Auflösung dabei, um danach Led Zeppelin zu gründen. Größte Hits der Band waren: **For your Love** (1964) und **I'm a Man**, das im Jahr 1965 erschien.

Weitere Neugründungen 1962:

• **The Hollies** (Manchester, England; Rock): Bus Stop, Carrie-Anne, Jennifer Eccles

• **Manfred Mann** (England; Beat, Rhythm & Blues, Pop): Do Wah Diddy Diddy, Ha Ha Said The Clown, Mighty Quinn

Eric Burdon & The Animals, ca. 1964. Eric Burdon, Alan Price, Chas Chandler, Hilton Valentine und John Steel (von links nach rechts).

Aufnahme der Kinks vom 15. Januar 1965

1963

In diesem Jahr gründete sich eine der einflussreichsten Bands der 60er-Jahre, **The Kinks**. Die Gruppe von **Ray** und **Dave Davies** überzeugte durch einen ganz eigenen, vielfältigen Musikstil und sehr kreative textliche Themenstellungen. Sie brachte in den 60er-Jahren eine ganze Anzahl von erfolgreichen Singles heraus. Vier Jahre lang produzierten sie einen Chart-Hit nach dem anderen: **You Really Got Me** (1964) • **All Day and All of the Night** (1964) • **Tired of Waiting for You** (1965) • **Ev'rybody's Gonna Be Happy** (1965) • **Set Me Free** (1965) • **See My Friends** (1965) • **Till the End of the Day** (1965) • **A Well Respected Man** (1965) • **Dedicated Follower of Fashion** (1966) • **Dandy** (1966) • **Dead End Street** (1966) • **Waterloo Sunset** (1967) • **Death of a Clown** (1967) • **Susannah's Still Alive** (1968)

Heute zählen die Kinks zu den Urvätern des Punk und des Brit-Pop. Viele britische Bands, z. B. The Jam oder die Pretenders, nennen die Kinks als ihre großen Vorbilder.

Weitere Neugründungen 1963:

- **Herman's Hermits** (Manchester, England; Beat): No Milk Today, I'm into something good
- **The Shangri-Las** (New York, USA; Pop): Leader Of The Pack
- **Tommy James & The Shondells** (USA; Pop): Crimson & Clover, Hanky Panky
- **The Turtles** (Los Angeles, USA; Rock): Happy Together
- **Bob Marley & The Wailers** (Kingston, Jamaika; Reggae): No woman no cry, Rastaman Vibration

1964

Eine der wichtigsten britischen Gruppen, **The Who**, wurde im Jahr 1964 gegründet. Ihr Song **My Generation** wurde zu einem der meistgespielten Stücke der 60er-Jahre. Die Gruppe gab sich ein eher destruktives und aggressives Image und war für ihre Zerstörungswut auf der Bühne berühmt. **Pete Townshend** soll bei seinen Auftritten über 3000 Gitarren zerstört haben. The Who kann für sich in Anspruch nehmen, mit ihrem Album Tommy die erste Rockoper der Geschichte komponiert zu haben; **Tommy** wurde 1975 verfilmt.

Auch die Gründung von **Pink Floyd** geht auf das Jahr 1964 zurück. Diese stilprägende Band aus Großbritannien kann in ihrer Bedeutung für die Geschichte der Popmusik kaum überschätzt werden. Ihre Musik entwickelte sich aus dem Psychedelic Rock, nahm Elemente aus Blues, Jazz, Neuer Musik und Klassik auf und vereinigte sie zu einem originären neuen Stil. Anfangs gehörte der Sänger und Gitarrist **Syd Barrett** zur Band, die nach dessen durch Drogen bedingten Ausstieg aus dem Keyboarder **Richard Wright**, dem Gitarristen und Sänger **David Gilmour**, dem Bassisten **Roger Waters** und dem Schlagzeuger **Nick Mason** bestand. Die Band hatte großen kommerziellen Erfolg und verkaufte nach Schätzungen bis zu 300 Millionen Tonträger. In den 60er-Jahren erschienen vier wegweisende Alben, im Jahre 1970 das Album **Atom Heart Mother**, das den ersten Platz der Album-Charts erreichte. Pink Floyd war bekannt für seine beeindruckenden Bühneninszenierungen und den Einsatz neuester Technik. Die Band ist für die Soundtracks verschiedener Filme verantwortlich, u. a. **More** (1969; Barbet Schröder) und **Zabriskie Point** (1970; Michelangelo Antonioni).

Jimi Hendrix in einer Fernsehshow im Jahr 1967

Pink Floyd, hier mit Gründungsmitglied Syd Barret (2. v. r.), dem später David Gilmour folgte

Auch aus dem Jahr 1964 datieren die ersten Solo-Auftritte von **Jimi Hendrix**, einem der wohl bedeutendsten Gitarristen der Rockgeschichte. Er hatte vorher schon als Begleitmusiker für Little Richard, The Supremes und The Isley Brothers fungiert, hatte dann aber im Jahr 1964 seine ersten Auftritte in New York. **Hey Joe** • **Who knows** • **All Along The Watchtower** •

Purple Haze • **Voodoo Child** – die Zeitschrift Rolling Stone ernannte ihn zum besten Gitarristen aller Zeiten. Auf jeden Fall war er ein Ausnahme-Gitarrist, nach Meinung seiner Fans aus dem nächsten Jahrtausend, der auf unvergleichliche Weise die neuen technischen Möglichkeiten seines Instruments nutzte. Er spielte meist auf einer **Fender Stratocaster**, die er als Linkshänder umgekehrt bespannte. Für die nötige Lautstärke sorgten **Marshall-Verstärker**. Hendrix setzte etliche Effektgeräte ein, u. a. das **Vox Clyde McCoy 848** und ein **Leslie-Kabinett**, einen Rotationslautsprecher für Gitarre und Gesang.

Frank Zappa (2. v. l.) und seine Band Mothers of Invention bei einer Pressekonferenz im Dezember 1970

Seine innovative Spielweise beeinflusst die Rockmusik bis in die heutige Zeit. Wichtige Auftritte hatte Hendrix beim **Monterey Pop Festival** und in **Woodstock**. Er verstarb am 17.9.1970 in London, nachdem er in der Nacht zuvor noch mit **Eric Burdon** und dessen Band **War** in London gejammt hatte.

Die Band **The Mothers of Invention** (Rock) hatte nie einen Nummer-1-Hit in ihrer Karriere, gehört aber dennoch zu den einflussreichsten, originellsten und wichtigsten Bands ihrer Zeit. Der Gründer und Kopf der Gruppe, **Frank Zappa**, galt als das große Enfant terrible der Rockmusik und wurde vor allem von deutschen Boulevard-Zeitungen zum Bürgerschreck hochstilisiert.

Weitere Bands, die sich im Jahr 1964 formierten:

- **The Moody Blues** (Birmingham, England; Symphonic Rock): Nights In White Satin
- **Them** (Belfast, Irland; Rock): Baby Please Don't Go, It's all over now Baby Blue
- **The Troggs** (Andover, England; Rock): Wild Thing, With a girl like you
- **The Byrds** (Los Angeles, USA; Country, Rock): Mr. Tambourine Man, Turn Turn Turn

1965

In das Jahr 1965 fällt die Gründung einer der wohl einflussreichsten amerikanischen Bands: **The Doors**. Der Name der Band entstand in Anlehnung an den Essay **The Doors of Perception** (Die Pforten der Wahrnehmung) von Aldous Huxley. Ihr charismatischer Frontmann **Jim Morrison** war Dichter und Musiker zugleich, lebte wie viele Rockmusiker seiner Tage mit Sex, Drugs and Rock 'n' Roll auf der Überholspur und wurde mit Titeln wie **The End** und **When You're Strange** zur Kultfigur der psychedelischen Rockmusik. Sein Grab in Paris auf dem Friedhof Père Lachaise ist noch heute ein Wallfahrtsort von Doors-Fans aus aller Welt.

Die Band **Greatful Dead** um ihren Frontmann **Jerry García**, die Psychedelic Rock und später Country spielte, trat schon beim Festival von **Woodstock** auf und wurde sehr früh zu einer festen Größe in der amerikanischen Gegenkultur. Sie erlaubte z. B. auf ihren Konzerten sogenannte **bootlegs** (kostenlose Mitschnitte) und machte auch durch zahlreiche Gratiskonzerte von sich reden.

Briefmarke von 1988 mit dem Sänger der Doors, Jim Morrison

Die psychedelische Rockmusik von **Jefferson Airplane** wurzelt in den 60er-Jahren, ihr Titel **Somebody to Love** war 1967 ein Verkaufsschlager, aber einen ihrer größten Hits hatte The Airplane, wie die Band auch genannt wurde, erst 1985: **We Built This City**.

Weitere bedeutende Bands entstanden im Jahr 1965, so die amerikanische Band **Canned Heat**, die mit ihrer Mischung aus Blues, Rock und Boogie schnell zu einer der angesagtesten Bands der amerikanischen Hippieszene wurde. Die Band trat in Monterey und Woodstock auf und hatte mit **On The Road Again** im Jahr 1968 und mit **Let's work together** im Jahr 1970 ihre größten Erfolge. Auch **Country Joe and the Fish** wurden im Jahr 1965 gegründet. Ihren größten Auftritt hatten sie auf dem Woodstock-Festival, wo sie mit dem Song **I-Feel-Like-I'm-Fixin'-To-Die-Rag** einen der populärsten Anti-Vietnam-Songs performten. Die Band **The Lovin' Spoonful** schuf unvergessliche Pop- und Folk-Rock-Songs wie **Daydream** und **Summer In The City**.

Die Band **The Mamas and the Papas** rund um die schwergewichtige Sängerin Cass Elliot, genannt **Mama Cass**, trat 1967 auf dem **Monterey Pop Festival** auf und hatte mit melodischer Pop- und Folk-Rock-Musik wie **California Dreamin'** und **Monday, Monday** Erfolg.

The Small Faces spielten Rockmusik mit psychedelischen Anklängen, und im Zentrum stand der Sänger **Steve Mariott**. Titel wie **All Or Nothing**, **Tin Soldier**, **Itchycoo Park**, **Lazy Sunday** oder **Afterglow of Your Love** sind Meilensteine der Rockmusik. Das in Form einer Tabakdose gestaltete Album **Ogdens' Nut Gone Flake**, auf dem einige der obigen Titel zu finden sind, erschien im Mai 1968 und blieb über Wochen die Nummer 1 der Album-Charts in Großbritannien. Als Steve Marriott die

Nico, eigentlich Christa Päffgen, unterstützte Velvet Underground zwischen 1965 und 1967 als Sängerin.

Band 1970 verließ, nannte sie sich **The Faces** und gewann **Rod Stewart** als Leadsänger.

Es war Popkünstler **Andy Warhol**, der **The Velvet Underground** protegierte. Erwähnenswert als Musiker sind Gitarrist und Sänger **Lou Reed**, der Mitte der 70er-Jahre auch als Solist Karriere mit Titeln wie **Walk On The Wild Side** machte, und Bassist und Keyboarder **John Cale**, der im Laufe seiner Solokarriere u. a. auf einem Album von **Nick Drake** zu hören ist und zur festen Größe in der Artrock-Szene wurde. Auf dem Debütalbum von Velvet Underground (wegen des Titelmotivs auch das **„Bananenalbum“** genannt) ist die aus Köln stammende Sängerin **Nico** zu hören. Das zweite Album hieß **White Light/White Heat**.

1966

Cream war die erste sogenannte Supergroup. Sie existierte nur von 1966 bis 1968 und bestand aus drei Musikern: **Eric Clapton**, **Jack Bruce** und **Ginger Baker**. Sie spielten eine am Blues orientierte, markante Rockmusik und besaßen durch die Trio-Formation und das ungewöhnliche, häufig solistische Schlagzeug von Ginger Baker einen unverkennbaren Sound.

Weitere Bandgründungen 1966:

- **Amen Corner** (Cardiff, Wales; Pop): Bend Me, Shape me
- **Iron Butterfly** (San Diego, USA; Hardrock): In-A-Gadda-Da-Vida
- **Julie Driscoll** mit **Brian Auger & The Trinity** (England; Rock): This Wheel's on Fire, Road to Cairo, Season of the Witch
- **The Monkees** (USA; Pop; erste Casting-Band aller Zeiten): I'm A Believer, Day Dream Believer
- **Slade** (Wolverhampton, England; Glamrock): Far Far Away, Cum on feel the Noize

Die Monkees, aufgenommen im Juni 1967

• **Sly & the Family Stone** (San Francisco, USA; Funk, Soul): Dance to the Music, Family Affair

• **Spooky Tooth** (Carlisle, England; Rock): The Weight, Son of your Father

• **Los Bravos** (Spanien; Beat, Rock): Black is Black

1967

Die Band **Steppenwolf**, eine typische Hard Rock-Band, gründete sich 1967 in den USA. Ihren Namen gab sie sich nach dem Roman Der Steppenwolf von Hermann Hesse, einem in den 60er-Jahren äußerst beliebten Romanklassiker, der zum Kultbuch einer ganzen Generation avancierte. Die Band wurde vor allem durch ihre Beiträge zum Soundtrack des Films **Easy Rider** bekannt; dazu gehören Songs wie **Born To Be Wild**, **Magic Carpet Ride** und **The Pusher**. Der Frontmann und Sänger **John Kay** heißt mit bürgerlichem Namen Joachim Fritz Krauledat und stammt aus Ostpreußen. Born To Be Wild wurde so ganz nebenbei zur Hymne der Motorradfahrer.

Weitere Bandgründungen 1967:

• **Amon Düül** (München, Deutschland; Krautrock): Psychedelic Underground

• **Barclay James Harvest** (Oldham, England; Rock): Life Is For Living, Taking some Time on

• **Blood, Sweat & Tears** (New York, USA; Jazzrock): Spinning Wheel

• **Creedence Clearwater Revival** (Berkeley, USA; Rock): Proud Mary, Bad Moon Rising

• **Fleetwood Mac** (England; Blues, Rock): Black Magic Woman, Albatross

• **Jethro Tull** (Blackpool, England; Rock): Bourée, Locomotive Breath

• **Procol Harum** (England; Rock): A Whiter Shade of Pale

• **Shocking Blue** (Den Haag, Niederlande; Rock): Venus, Never marry a Railroad Man

• **The Stooges** (Ann Arbor, USA; Rock): Search and destroy, I wanna be your dog

• **Tangerine Dream** (Deutschland; elektronische Musik): Pionierband auf dem Gebiet der elektronischen Musik

• **Ten Years After** (England; Bluesrock): I'm going home

• **The Nice** (England; Rock), mit Keith Emerson (später Emerson, Lake & Palmer): The Thoughts of Emerlist Davjack, America

• **Vanilla Fudge** (USA; Rock): You Keep Me Hangin' On (1968)

Jethro Tull im März 1973 in der Musikhalle Hamburg

1968

Mit **Led Zeppelin** gründete sich im Jahr 1968 eine der erfolgreichsten Rockbands aller Zeiten. Die Band zählt neben **Deep Purple** und **Black Sabbath** zu den Urvätern des Hard Rock und Heavy Metal. Zugleich war Led Zeppelin eine der beständigsten Bands: Von 1968 bis zur Auflösung 1980 gehörten ihr durchgehend **Robert Plant**, **Jimmy Page**, **John Paul Jones** und **John Bonham** an. Sie löste sich erst nach dem Tod des Schlagzeugers der Band, **John Bonham**, im Jahre 1980 auf. Songs der Band wie **Good Times Bad Times**, **Whole Lotta Love** und **Stairway To Heaven** gehören allesamt zu den absoluten Klassikern der Rockgeschichte.

Robert Plant (l.) und Jimmy Page von Led Zeppelin bei einem Konzert 1977

Eine weitere wichtige Band, die im Jahr 1968 entstand, war die Rockband **Deep Purple**. Sie beeinflusste Generationen von Hard-Rock- und Heavy-Metal-Musikern und Luftgitarristen. Titel wie **Lalena** (1969) **Speed King** (1970) und vor allem **Smoke On The Water** (1972) sind allesamt Klassiker des Genres. Das Riff aus Smoke on the Water dürfte eines der bekanntesten Gitarrenriffs überhaupt sein. In dasselbe Jahr fiel auch die Gründung von **Black Sabbath**. In Birmingham entstand die Band um ihren Gründer und Sänger **Ozzy Osbourne**. Ihre erste Platte **Black Sabbath** entstand in nur zwölf Stunden. **Paranoid** wurde der größte Hit der Band, das gleichnamige Album verkaufte sich über 4.000.000 Mal.

Crosby, Stills, Nash & Young war eine amerikanische Folk-Supergroup der 60er-Jahre mit Mitgliedern, die alle schon vorher in anderen Bands Erfolg gehabt hatten: **David Crosby** kam von **The Byrds**, **Stephen Stills** hatte bei **Buffalo Springfield** gespielt, und **Graham Nash** kam von **The Hollies** aus England. Das erste Album der Band, Crosby, Stills & Nash erschien im Jahr 1969 und war gleich ein Riesenerfolg. Später kam **Neil Young**, der ebenfalls bei Buffolo Springfield gespielt hatte, als ständiges viertes Mitglied zur Band, und man erweiterte den Namen auf **Crosby, Stills, Nash & Young**. Die Band spielte auf dem Woodstock-Festival und veröffentlichte danach ein überaus erfolgreiches Album: **Déjà Vu**.

Weitere Bandgründungen 1968:

- **The Archies** (USA; Bubblegum Music): Sugar, Sugar
- **Can** (Köln, Deutschland; Rock): Spoon
- **Free** (London, England; Rock): All Right Now
- **Guru Guru** (Deutschland; Krautrock): Der Elektrolurch
- **Humble Pie** (England; Blues-Rock): Natural Born Boogie
- **Yes** (London, England; Art-Rock): Sweet Dreams, Close to the Edge

Gedenkstein für Alexandra in Tellingstedt

1969

Wichtige Bandgründungen des Jahres 1969 waren:

- **Allman Brothers Band** (Macon, USA; Southern Rock)
- **Hawkwind** (London, England; Space Rock): Silver Machine
- **Hot Chocolate** (England; Soul, Funk, Disco): Emma, You sexy Thing
- **King Crimson** (London, England; Progressive Rock): stilprägende Band um Robert Fripp; Album Court Of The Crimson King

Herz und Schmerz – der deutsche Schlager

Ganz und gar nicht zum heute oft hervorgehobenen revolutionären Anspruch der Zeit passen die folgenden Interpreten und ihre musikalischen Darbietungen, meist aus den frühen 60er-Jahren. Mit dem Aufkommen der Beat- und Rockmusik hatten es die oftmals verächtlich „Schlagerfuzzis“ genannten Interpreten zunehmend schwerer, ihre gefühlsgetränkte Ware an den Mann und die Frau zu bringen, zumal nicht nur die Musik, sondern auch die deutsche Sprache in der Unterhaltungsmusik aus der Mode kam.

- **Alexandra**: Zigeunerjunge (1967), Mein Freund, der Baum (1968). Die Künstlerin starb 1969 bei einem Verkehrsunfall.
- **Bill Ramsey**: Pigalle (1961), Ohne Krimi geht die Mimi nie ins Bett (1962)
- **Billy Mo**: Ich kauf mir lieber einen Tirolerhut (1962)
- **Cliff Richard**: Rote Lippen soll man küssen (1963)
- **Connie Francis**: Die Liebe ist ein seltsames Spiel (1960)
- **Conny Froboess**: Zwei kleine Italiener (1962)
- **Drafi Deutscher**: Marmor, Stein und Eisen bricht (1965)

- **Esther Ofarim**: Cinderella Rockefella (1968)
- **France Gall**: Das war eine schöne Party (1965)
- **Françoise Hardy**: Frag den Abendwind (1965)
- **Freddy Quinn**: La Paloma (1961)
- **Gerhard Wendland**: Tanze mit mir in den Morgen (1961)
- **Gitte**: Ich will 'nen Cowboy als Mann (1963)
- **Gus Backus**: Da sprach der alte Häuptling (1960)
- **Mireille Mathieu**: Hinter den Kulissen von Paris (1969)
- **Nana Mouskouri**: Weiße Rosen aus Athen (1961)
- **Peggy March**: Memories of Heidelberg (1967)
- **Peter Alexander**: Der letzte Walzer (1968)

Die 17-jährige Gitte Haenning bei einem Auftritt am 15.6.1963 bei den Deutschen Schlagerfestspielen im Kurhaus in Baden-Baden

- **Rex Gildo**: Speedy Gonzales (1962)
- **Roy Black**: Ganz in Weiß (1966)
- **Rita Pavone**: Wenn ich ein Junge wär (1963)
- **Salvatore Adamo**: Es geht eine Träne auf Reisen (1968)
- **Siw Malmkvist**: Liebeskummer lohnt sich nicht (1964)
- **Udo Jürgens**: Merci, Cherie (1966)
- **Wencke Myhre**: Beiß' nicht gleich in jeden Apfel (1966)

Hitparaden – Schlager des Jahres

Hitparaden sind nicht nur ein Gradmesser für die Verkaufszahlen eines Musikstückes, sondern dokumentieren, besonders als Liste, auf erstaunliche Weise den Zeitgeist – sollte man annehmen. Im Ablauf der folgenden Listen, es sind jeweils die drei erfolgreichsten Titel des Jahres, lässt sich aber kein Kulturschock nachvollziehen, es geht kein Riss durch das Raum-Zeit-Gefüge der Unterhaltung – Kitsch bleibt Kitsch. Wobei es mehrere Arten von Kitsch gegeben hat: Scott McKenzies **San Francisco** – Sie wissen schon: If you're going to San Francisco, be sure to wear some flowers in your hair – war in seiner Art ebenso gefühlsduselig wie Heintjes **Mama**, sprach nur eben eine etwas andere Zielgruppe an.

Die nachfolgende Übersicht stellt die jeweils drei erfolgreichsten Titel aus den Jahren 1960 bis 1969 dar. Entnommen wurden die Platzierungen den jeweiligen Jahreshitparaden, die sich alle bei Wikipedia finden.

1960: Jan & Kjeld: **Banjo Boy** • Rocco Granata: **Marina** • Lolita: **Seemann** (deine Heimat ist das Meer)
1961: Nana Mouskouri: **Weiße Rosen aus Athen** • Blue Diamonds: **Ramona** • Monika & Peter: **Drei weiße Birken**
1962: Gerhard Wendland: **Tanze mit mir in den Morgen** • Bob Moore: **Mexico** • Nana Mouskouri: **Ich schau den weißen Wolken nach**
1963: Manuela: **Schuld war nur der Bossa Nova** • Freddy Quinn: **Junge komm bald wieder** • Rocco Granata: **Buona notte**

Cliff Richard im Jahr 1975

1964: Cliff Richard: **Rote Lippen soll man küssen** • Bernd Spier: **Das kannst du mir nicht verbieten** • Siw Malmkvist: **Liebeskummer lohnt sich nicht**
1965: Nini Rosso: **Il Silenzio** • Petula Clark: **Downtown** • Ronny: **Kleine Annabelle**

Die kuriosesten Hits des Jahrzehnts

Diese Titel fielen irgendwie aus dem Rahmen – entweder durch ihren kuriosen textlichen Inhalt oder ihre ungewöhnliche Musik oder durch beides ...

- Bill Ramsey: **Zuckerpuppe aus der Bauchtanz-Truppe** (1961)
- Billy Mo: **Ich kauf mir lieber einen Tirolerhut** (1962)
- Casey Jones & the Governors: **Don't Ha Ha** (1965)
- Chris Howland: **Hämmerchen-Polka** („Und dann hau ich mit dem Hämmerchen mein Sparschwein ...“, 1961)
- Club Honolulu: **Itsy Bitsy Teenie Weenie Honolulu-Strandbikini** (1960)
- Elvis Presley: **Wooden Heart** (Muß i denn) (1960)
- France Gall: **Poupée de cire, poupée de son** (1965)
- Gitte: **Ich will 'nen Cowboy als Mann** (1963)
- Heintje: **Heidschi Bumbeidschi** (1968)
- Jane Birkin & Serge Gainsbourg: **Je t'aime ... moi non plus** (1969)
- Millie Small: **My Boy Lollipop** (1964)
- Minstrels: **Grüezi wohl Frau Stirnimaa** (1969)
- Peter Lauch & die Regenpfeifer: **Das kommt vom Rudern, das kommt vom Segeln** (1964)
- Ralf Bendix und die kleine Elisabeth: **Babysitter-Boogie** (1961)
- Roberto Delgado: **Letkiss** (1965)
- Sam the Sham & the Pharaohs: **Wooly Bully** (1965)
- Sœur Sourire, die singende Nonne: **Dominique** (1963)

1966: Al Martino: **Spanish Eyes** • Frank Sinatra: **Strangers in the Night** • Chris Andrews: **Yesterday Man**
1967: Maurice Jarre Orchester: **Schiwago-Melodie** • Sandie Shaw: **Puppet on a String** • Scott McKenzie: **San Francisco**
1968: Heintje: **Mama** • Heintje: **Du sollst nicht weinen** • Tom Jones: **Delilah**
1969: Michael Holm: **Mendocino** • Christian Anders: **Geh nicht vorbei** • The Archies: **Sugar Sugar**

Modetänze der 60er-Jahre

Walzer, Tango, Cha-Cha-Cha – alles alte Hüte, auch wenn Letzterer erst in den 50er-Jahren erfunden wurde. Eine neue Zeit braucht neue Tänze. Wer möchte, kann sie auch heute noch auf YouTube erlernen – mit dem Tanzlehrer-Ehepaar Fern. Die Kurzeinführung in Tänze wie den **Bro Bro** oder **Hoppel Poppel**, beides wohl Tanzschul-Erfindungen und keineswegs Trend-Tänze der Sixties, sind wertvolle Zeitdokumente mit hohem humoristischem Wert.

• **Twist**: beliebt Anfang der 60er-Jahre und revolutionär neu. Die Tänzer berührten sich bei diesem Paartanz nicht, wackelten dafür aber exzessiv mit den Knien und dem Unterkörper ...

• **Shake**: Anfangs noch einfach als Tanz bezeichnet, stellt der Shake den Übergang zur freien Bewegung zur Musik auch eines einzelnen Tänzers dar; Schüttelbewegungen gehörten dazu.

• **Slop**: Eine Art cooles Herumstehen mit gelegentlichen Fußbewegungen; Schema: rechts – slop, slop, slop, links – slop, slop, slop ...

• **Letkiss**: Dieser Tanz soll finnische Wurzeln haben und sich aus einem Volkstanz entwickelt haben; dabei wurde viel gehüpft. Auslöser und Motor der Letkiss-

Der Twist kommt in Mode – wie hier in einer Frankfurter Tanzschule 1961.

Welle in Deutschland war das Instrumentalstück Letkiss von Roberto Delgado, das 1965 auf den Markt kam.

• **Halli Galli**: wohl eine Tanzschulen-Erfindung Mitte der 60er-Jahre; zu erlernen in Tanzstunde 12: Tanzen mit Ehepaar Fern, Halli Galli, Slop & Samba im Jahre 1965; Schema: Side – Kick – Fingerschnalzen – Side – Kick – Fingerschnalzen – Side – Kick – Fingerschnalzen – ad infinitum ...

Die Technik zum Sound

Als die Charts noch Hitparade hießen, waren die Tonträger unserer Zeit – CD, DVD, Flashspeicher – noch völlig unbekannt. Musik kaufte man auf Kunststoff. Zur Wiedergabe von Musik dienten vor allem Schallplatten, die auf Plattenspielern abgespielt wurden.

Die **Single** war eine Schallplatte mit zwei Stücken darauf, jedes auf einer Seite. Meist wurden Titel angeboten, bei denen Hitparaden-Potenzial vermutet wurde. Eine Single wurde mit 45 U/min auf einem Plattenspieler abgespielt. Ein preisgünstiges Angebot stellte die **EP** (Extended Play) dar, die mehrere Musikstücke auf jeder Seite enthielt, aber noch nicht ausreichend viele für eine **LP** (Long Play), auch als **Album** bezeichnet. Während die EP die Single-Geschwindigkeit zur korrekten Wiedergabe benötigte, wurden LPs, auch Langspielplatten genannt, mit 33 U/min abgespielt. Auf jeder Seite einer LP waren zwischen acht und 14 Musikstücke eingepresst. Die umfangreichste Form der Musikpräsentation war das **Doppelalbum**, zwei LPs in einer Doppelhülle. Bei der Gestaltung von LP-Covern wurde große Sorgfalt angewandt, sehr viele gelten noch heute als grafische Kunstwerke.

Eine andere Art Tonträger kam in den 60er-Jahren auf: die **Musikkassette** oder **Compact Cassette**. Erfunden hat sie der niederländische Konzern **Philips** und natürlich ein passendes Abspiel- und Aufnahmegerät dazu; das System wurde im August 1963 auf der 23. Großen Deutschen Funk-Ausstellung in Berlin erstmals vorgestellt. Als preiswerte Möglichkeit, Musik aufzuzeichnen und zu kopieren, trat die Musikkassette in den 60er-Jahren einen Siegeszug über Jahrzehnte an, der mit der Einführung des ersten Au-

toradios mit Kassettenabspielgerät 1968 und dem tragbaren Kassettenrekorder Sony Walkman 1979 jeweils neue Höhepunkte erreichte. Sonys Walkman wurde etwa 335 Millionen Mal verkauft. Als Gratis-Zugabe besonders zu den preiswerteren Kassettenrekordern erhielt man die Möglichkeit, seine Freizeit mit der Beseitigung eines unterhaltsamen **Bandsalats** zu gestalten. Auch konnten Männer lange Gespräche über die Vor- und Nachteile des 1968 entwickelten **Rauschunterdrückungssystems Dolby** führen.

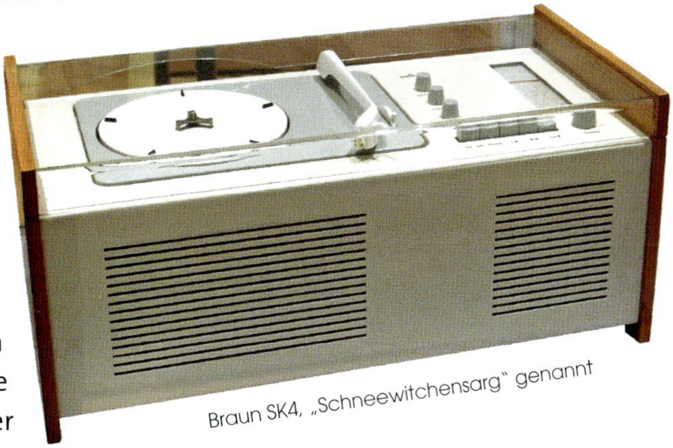

Braun SK4, „Schneewitchensarg" genannt

Das bereits in den 50er-Jahren entwickelte Transistorradio löste zu Beginn der 60er-Jahre immer mehr den Röhrenempfänger ab. Beliebt waren u.a. die Kofferradios der **Bajazzo Serie von Telefunken** (Telefunken bajazzo TS), das ansprechende Kofferradio **Akkord Pinguin U60** oder Standgeräte wie das **SABA Lindau** mit seinem sachlichen Gehäuse und der Designklassiker, das weiße „Küchenradio" **Braun SK 2.**

Braun SK 2

Stereokompaktanlage: Die Entwicklung weg vom großen stationären Holz-und-Messing-Rundfunkempfänger von Grundig, Saba, Nordmende, Loewe Opta, Telefunken und anderen ging über mehrere Zwischenschritte zur technisch leistungsstarken Musikanlage mit Schwerpunkt Klangqualität. Zwischenstufe auf diesem Weg war der **„Schneewittchensarg"**: Mit offiziellem Namen hieß die Radio-Phono-Kombination Braun SK4, wurde ab 1956 vom Hersteller Braun gebaut und löste die Generation der muffig-pantoffeligen Röhrenradiogeräte der 50er-Jahre ab, obwohl es selbst auch einen Röhrenempfänger enthielt. Das von den Designern Hans Gugelot (Hochschule für Gestaltung Ulm) und Dieter Rams entworfene Gerät bestand aus Holz, Metall und – für die damalige Zeit eine Neuerung bei Alltagsprodukten – Plexiglas. Es war diese Plexiglasabdeckung, die dem Gerät die Bezeichnung „Schneewittchensarg" eintrug. Es wurde technisch weiterentwickelt und unter der Typenbezeichnung SK 5 , SK 6 und SK 61 noch bis 1962 verkauft. Seinen Spitznamen teilt es sich mit einem Automobil, dem Volvo-Kombi P1800 ES von 1971, dessen riesige Heckscheibe märchenhafte Erinnerungen weckte.

Äußerlich eher der alten Schule verhaftet waren kleine Kofferplattenspieler, sogenannte „Partykoffer" wie etwa der **Dual p 410 V** von 1965 mit integriertem Röhrenverstärker und Lautsprecher im Deckel

Grundig Audiotape TK1

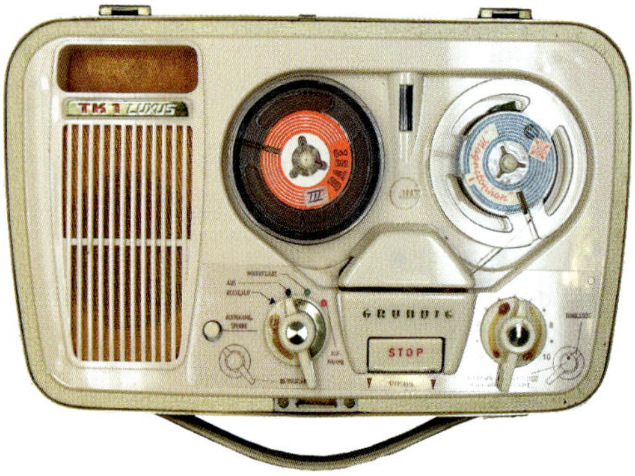

oder der beliebte **Telefunken Mr. Hit** (gebaut 1966–1969), ebenfalls mit einem separaten Deckellautsprecher. Der Klang dürfte nach heutigen Maßstäben beklagenswert gewesen sein. Ähnliche Geräte waren die folgenden Modelle: **Telefunken Musikus** und **Elac 160 TV**, ein Plattenwechslerkoffer. Kompaktanlagen mit Plattenspieler und Verstärker brachten die Marken Perpetuum Ebner und Dual auf den Markt wie etwa den **Dual H53N**.

Konsequent im Design und führend in der Technik waren die späteren Stereoanlagen der Firma Braun wie etwa die von Dieter Rahms entworfenen Kompaktanlagen **Braun Audio 1** von 1962 und **Audio A300**. Telefunken bot 1968 mit der **HiFi-Stereoanlage Concertino** ein geradlinig gestaltetes Gerät mit 15 W Musikleistung pro Kanal an.

Miteinander konkurrierende Konzepte stellten die bereits genannte Kompaktanlage und der Hi-Fi-Turm aus Einzelkomponenten dar, der zu Beginn der 70er-Jahre beliebter wurde und in der Begeisterung der Käufer manchmal zu einer Art häuslichem Technikaltar geriet.

Grundig TK1: Der tragbare Tonband-Koffer kam bereits 1960 auf den Markt. Im Aussehen erinnerte er stark an die Geräte der 50er-Jahre.

Das tragbare Tonband **Uher Report** überzeugte durch modernes Design, geringe Größe und professionelle Klangqualität. Weiterer Pluspunkt: Es konnte mit einem Akku betrieben werden. Es gab auch einen Longplay-Modus. Das Uher Report wurde weltweit von vielen Rundfunkanstalten für Reportagen eingesetzt.

Telefunken magnetofon 203: Das 1967 beworbene Vierspur-Tonbandgerät in Stereo hatte 18-cm-Spulen.

Tonbandtraum Tandberg: Viele Stunden Musik versprachen die Studiotonbandgeräte von Tandberg. Mitschnitte vom Radio und überspielte Schallplatten füllten die riesenhaften Spulen mit bis zu 1500 m Magnetband.

Von U zu E – ernste Musik

Den Strömungen der Zeit entsprechend, brach auch die E-Musik zu neuen Ufern auf. So wurde das bereits 1951 gegründete Studio für elektronische Musik beim Westdeutschen Rundfunk in Köln in den 60er-Jahren zu einem der Zentren dieser Musikrichtung und ermöglichte Komponisten und Interpreten die Nutzung der modernen technischen Möglichkeiten.

Karlheinz Stockhausen (l.) am 2.9.1972 auf dem Shiraz Arts Festival, auf dem u. a. auch John Cage auftrat

Bedeutende Vertreter der Musikszene der 60er-Jahre waren:

- **John Cage**: amerikanischer Komponist und Künstler, dessen Arbeiten als Schlüsselwerke der Neuen Musik gelten; er gilt als einer der weltweit einflussreichsten Komponisten des 20. Jahrhunderts.
- **Karlheinz Stockhausen**: Der deutsche Komponist und Hochschullehrer genoss einen hohen internationalen Ruf und gilt als einer der Mitbegründer der modernen elektronischen Musik.
- **Mauricio Kagel**: Der aus Argentinien stammende, aber in Deutschland lebende Komponist und Dirigent schrieb Instrumentalmusik, arbeitete für das Musiktheater und leistete einen wichtigen Beitrag zur neuen Musik der zweiten Hälfte des 20. Jahrhunderts.

Konventioneller und mit einem Millionenpublikum, aber durchaus auch mit Anspruch machten sich die folgenden beiden Dirigenten und Komponisten um die klassische Musik verdient:

- **Leonard Bernstein**: Er wirkte als Komponist, Dirigent und Pianist; sein bekanntestes Werk ist das Musical **West Side Story**, das im Jahr 1957 entstand.
- **Herbert von Karajan**: Der aus Österreich stammende Dirigent gehört zu den bekanntesten Orchesterleitern seiner Zeit. Von 1957 bis 1964 war er künstlerischer Leiter der Wiener Staatsoper. Weil er zumeist Werke des Standardrepertoires dirigierte, waren seine Schallplattenaufnahmen auch kommerziell sehr erfolgreich.

Leonard Bernstein Anfang der 70er-Jahre

FILMFESTSPIELE
HOTEL AM ZOO

Kino & Film

SCENE
FILM
PROD.
REALISATEUR
CAMERA
EXT.
INT.
DATE
CAMERAMAN

Neben dem noch vorhandenen, größtenteils aus dem Kitsch der 50er-Jahre gespeisten Standardrepertoire der Kinos – das, neben dem Einzug des Fernsehers in den deutschen Haushalt, den späteren Niedergang der Lichtspielhäuser mitverschuldete – bot sich dem Cineasten eine Vielzahl großartiger Spielfilme von stilprägender, zum Teil zeitloser Qualität an.

Spielfilme, die man nicht vergisst

Obwohl es dem Kino nicht gut ging – etliche Lichtspielhäuser mussten ihre Tore schließen –, lieferten die Spielfilmproduktionen der Zeit beindruckende Welten der Illusion. Bestimmte Szenen brannten sich auf immer in das Gedächtnis des Publikums ein. Natürlich ist es nicht möglich, im Rahmen dieses Buches alle bemerkenswerten Spielfilme eines Jahrzehnts inhaltlich darzustellen oder auch nur aufzulisten. Hier die – subjektiv – bedeutendsten Kultfilme:

- **Das Appartement** (1960): Dieser Film ist eine bissige und beim Publikum sehr erfolgreiche Billy-Wilder-Komödie.
- **Außer Atem** (1960): In dem Klassiker der französischen Nouvelle Vague, dem ersten Spielfilm von Regisseur Jean-Luc Godard, agiert Jean-Paul Belmondo als tragischer Rebell und Held.
- **Spartacus** (1960): monumentaler Historienfilm von Regisseur Stanley Kubrick mit Kirk Douglas als Spartacus, Laurence Olivier, Jean Simmons und Peter Ustinov
- **Psycho** (1960): Dieser Film ist eines von Regisseur Alfred Hitchcocks Meisterwerken. Der Mord unter der Dusche zählt zu den eindrucksvollsten und meistzitierten Szenen der Filmgeschichte. Anthony Perkins als psychopathischer Serienmörder Norman Bates hat Berühmtheit erlangt.
- **Kleiner Laden voller Schrecken** (1960): eine in Schwarz-Weiß gedrehte Horror-Komödie von Regisseur Roger Corman, die in späteren Jahren mehrfach als Spielfilm-Remake und als Musical zu neuem Leben erwachte. Dieser Film ist eine der erfolgreichsten Billigproduktionen aller Zeiten. Unvergesslich die fleischfressende Pflanze Audrey und ihre eindringliche Bitte „Feed me!“.

Alfred Hitchcock mit einer Filmklappe zu seinem legendären Film Psycho von 1960

Federico Fellini am Set seines Films La Dolce Vita

• **La Dolce Vita – Das süße Leben** (1960): Marcello Mastroianni als Klatschjournalist Marcello Rubini auf der Suche nach dem Geheimnis der Reichen und Schönen, die in Enttäuschung endet; der bekannteste Film von Regisseur Frederico Fellini.

• **Eins Zwei Drei** (1961): satirische Billy-Wilder-Komödie um Kommunismus und Kapitalismus im Kalten Krieg mit James Cagney und Horst Buchholz.

• **Der Mann, der Liberty Valance erschoss** (1962): Regisseur John Ford erzählt in diesem Spätwestern die Geschichte einer Stadt im Wilden Westen und zweier sehr gegensätzlicher Männer, dargestellt von John Wayne und James Stewart, die gegen den Gangster Liberty Valance (Lee Marvin) kämpfen.

• **Lolita** (1962): Literaturverfilmung des Romans Lolita (Vladimir Nabokov) von Regisseur Stanley Kubrick; es geht um die sexuelle Obsession für eine Minderjährige. Allerdings erhöhte der Regisseur aus Angst vor Zensur und möglichen finanziellen Folgen das Alter der von Sue Lyon dargestellten Lolita von zwölf auf 16 Jahre.

• **Lawrence von Arabien** (1962): die Geschichte über den Aufstieg und Fall von T. E. Lawrence, dargestellt von Peter O'Toole, der in den 20er-Jahren als Lawrence von Arabien bekannt wurde.

• **Der Leopard** (1963): monumentales Filmkunstwerk von Regisseur Luchino Visconti nach einem Roman von Giuseppe Tomaso di Lampedusa.

• **Die Vögel** (1963): Spielfilm von Alfred Hitchcock auf der Basis der gleichnamigen Kurzgeschichte der englischen Schriftstellerin Daphne du Maurier. Der Klassiker des Horrorfilms.

• **Dr. Seltsam oder: Wie ich lernte, die Bombe zu lieben** (1964): eine Groteske von Stanley Kubrick über einen verrückten General, der einen Atomkrieg verursacht. Peter Sellers ist gleich in drei Rollen zu sehen.

• **Alexis Sorbas** (1964): Drama von Michael Cocoyannis über unterschiedliche Kulturen, den Erfolg und das Scheitern; die Hauptfiguren, Alexis Sorbas und Basil, wurden dargestellt von Anthony Quinn und Alan Bates; der Soundtrack des Films wurde zum Verkaufserfolg, der eigens für den Film erfundene Tanz Sirtaki wurde weltweit zum Sinnbild für Griechenland.

• **Cheyenne** (1964): Western um den Überlebenskampf der Cheyenne-Indianer; der letzte Western von Regisseur John Ford über ein unrühmliches Kapitel amerikanischer Geschichte.

• **Doktor Schiwago** (1965): Regisseur David Leans Verfilmung des gleichnamigen Romans von Boris Pasternak über eine leidenschaftliche Liebesgeschichte in Zeiten der russischen Oktoberrevolution.

• **Der Flug des Phönix** (1965): Film von Regisseur Robert Aldrich über einen Flugzeugabsturz in der Wüste und die Rettung der Abgestürzten aus dem Jahr 1965 mit James Stewart, Richard Attenborough und Hardy Krüger.

• **Ekel** (1965): Horrorfilm-Klassiker von Regisseur Roman Polanski.

• **El Dorado** (1966): Westernklassiker von Regisseur Howard Hawks mit John Wayne und Robert Mitchum.

• **Fahrenheit 451** (1966): François Truffauts Film über ein düsteres totalitäres System und eine Welt ohne Bücher nach dem gleichnamigen Science-Fiction-Roman von Ray Bradbury.

• **Die Reifeprüfung** (1967): In dem Film erzählt Regisseur Mike Nichols die Geschichte einer Beziehung zwischen dem jungen Benjamin Braddock (Dustin Hoffman) und der älteren Mrs. Robinson (Anne Bancroft) und die dadurch entstehenden Verwicklungen. Musik: Simon & Garfunkel (Mrs. Robinson, The Sound Of Silence u. a.)

• **Magical Mystery Tour** (1967): Der Film zeigt eine psychedelische Busreise voller skurrilem Humor, der von Kritik und Publikum unterschiedlich aufgenommen wurde. Begleitend zu diesem Musikfilm der britischen Band The Beatles erschien dessen Soundtrack in Großbritannien und in den USA auf Vinyl und erreichte hohe Ränge in den Charts, die damals noch Hitparaden hießen.

Faye Dunaway als Bonnie Parker, Warren Beatty als Clyde in dem Filmklassiker Bonnie und Clyde von 1967 unter der Regie von Arthur Penn

• **Bonnie und Clyde** (1967): Film über das Gangsterpaar Bonnie und Clyde, das in den 30er-Jahren amerikanische Banken ausraubte, von Regisseur Arthur Penn als Tragikomödie angelegt.

• **In der Hitze der Nacht** (1967): ein mitreißender, unterhaltender und spannender Kriminalfilm, der u. a. von Rassendiskriminierung handelt; Soundtrack: Quincy Jones, Regie: Regisseur Norman Jewison.

• **Tanz der Vampire** (1967): eine ausgesprochen erheiternde Horrorfilm-Komödie von Roman Polanski.

• **Rosemaries Baby** (1968): finsterer Horror-Klassiker von Roman Polanski mit Mia Farrow.

Dennis Hopper, Peter Fonda und Luke Askew in Easy Rider von 1969

• **2001 – Odyssee im Weltraum** (1968): Der Science-Fiction-Klassiker von Stanley Kubrick prägte ein ganzes Genre.

• **Spiel mir das Lied vom Tod** (1968): der erste Italo-Western von Regisseur Sergio Leone mit Männern in langen Mänteln und einer unvergesslichen Mundharmonika; mit Filmmusik von Enrico Morricone und Starbesetzung, so z. B. Henry Fonda, Claudia Cardinale und Charles Bronson.

• **Barbarella** (1968): Comic-Verfilmung: Im Jahr 40.000 n. Chr. reist Jane Fonda als Barbarella, kulturgeschichtlich die Großmutter von Lara Croft, durch die Galaxie und erlebt sowohl gewalttätige als auch erotische Abenteuer. Ein Zeitdokument von Regisseur Roger Vadim.

• **Ein toller Käfer** (1969): Der englische Originaltitel des Films über den VW Käfer Herbie lautete The Love Bug. Der Käfer läuft und läuft nicht nur, sondern kann einfach alles.

• **The Wild Bunch** (1969): Sam Peckinpahs Spätwestern mit gewaltigem und gewalttätigem Showdown.

• **Easy Rider** (1969): ein das Lebensgefühl beschreibendes Road-Movie, in dem Wyatt (Peter Fonda) und Billy (Dennis Hopper) auf Harleys durch die Weiten Amerikas zum Mardi Gras Festival in New Orleans unterwegs sind. Mehr oder weniger wohlgesinnte Farmer, eine Hippie-Kommune und der Anwalt George Hanson (Jack Nicholson) begegnen ihnen auf ihrem Weg in die Freiheit, der aber durch die Waffen aggressiver Rednecks endet.

Es ging zur Sache – der deutsche Film

Mit dem deutschen Kinofilm und den Lichtspielhäusern ging es in diesem Jahrzehnt bergab. Von 1960 bis 1970 halbierte sich die Zuschauerzahl nahezu von fast sieben Millionen auf nur noch 3,7 Millionen pro Jahr. Das hatte seine Ursache im Aufkommen des **Pantoffelkinos** – die Zahl der Fernsehzuschauer wuchs. Ein Statussymbol der 50er-Jahre, die **Fernsehtruhe**, eine Kombination aus Fernseher, Radio und Plattenspieler, spöttisch auch als **Röhrenfriedhof** bezeichnet, stand in vielen Haushalten und machte es überflüssig, ins Kino zu gehen. Außerdem war das Angebot des deutschen Films eher jämmerlich: Brav bis hausbacken zu nennende Kriminal- und Heimatfilme dominierten. Besonders erfolgreich waren allerdings:

- **Karl-May-Verfilmungen**: Insgesamt wurden 17 Karl-May-Filme wie z. B. Der Schatz im Silbersee (1962) gedreht. Hauptdarsteller waren Lex Barker als Old Shatterhand und Pierre Brice als Winnetou.
- **Edgar-Wallace-Filme**: Mit 38 Filmen zwischen 1959 und 1972 war dies die umfangreichste deutsche Filmreihe des Jahrzehnts. Die Filme drehte man in Berlin und Hamburg, obwohl sie britisches Flair verströmen sollten. Als männliche Hauptdarsteller waren Joachim Fuchsberger (13 Filme), Heinz Drache (neun Filme), Siegfried Lowitz (vier Filme), Harald Leipnitz (drei Filme) oder Klausjürgen Wussow (zwei Filme) im Einsatz. Karin Dor (fünf Filme), Brigitte Grothum (drei Filme) oder Karin Baal (drei Filme) stellten die attraktive Weiblichkeit dar. Auf krimineller Seite schließlich brillierten Fritz Rasp (fünf Filme), Pinkas Braun (fünf Filme), Harry Wüstenhagen (sechs Filme), Dracula-Darsteller Christopher Lee (drei Filme) und vor allem Klaus Kinski (16 Filme). Eddi Arent zeigte in 23 Filmen sein komisches Talent.
- **Zur Sache, Schätzchen** (1968): Der Film der deutschen Regisseurin Maria-Elisabeth Maier-Spils, die sich May Spils nannte, traf den Nerv der Zeit und lockte über drei Millionen Zuschauer ins Kino. Werner Enke als leichtlebiger Schlagertexter in Schwabing bereicherte die Umgangssprache um Sätze wie „Es wird böse enden“ oder „Der alte Schwung ist hin“. Auch das Wort „Dumpfbacke“ soll

Uschi Glas (l.), Werner Enke und die Regisseurin des Films Zur Sache Schätzchen, May Spils, beim Internationalen Filmball am 29.6.1968 in Berlin

dank Enke populär geworden sein. Uschi Glas erfreute das Publikum durch einen Striptease. Im filmischen Nachfolger Nicht fummeln, Liebling! (1970) spielt dann Gila von Weitershausen die Hauptrolle.

- **Die Lümmel von der ersten Bank**: siebenteilige Filmreihe auf der Basis des 1963 erschienenen Romans Zur Hölle mit den Paukern; in den wichtigsten Rollen agierten Theo Lingen (Oberstudiendirektor Dr. Gottlieb Taft) und Hansi Kraus (Schüler Pepe Nietnagel) und gelegentlich Uschi Glas, Hannelore Elsner, Georg Thomalla, Willy Millowitsch, Gustav Knuth, Wolfgang Gruner, Harald Juhnke und Gila von Weitershausen.
- **Liebe ist kälter als der Tod** (1969): Erstlingsspielfilm von Rainer Werner Fassbinder
- **Lebenszeichen** (1968): der erste abendfüllende Spielfilm von Werner Herzog

Berlinale 1968: P. Brogle, W. Herzog, W. von Ungern-Sternberg und Hans Borgelt bei der Pressekonferenz zum Film Lebenszeichen

Der Neue Deutsche Film

Er wurde auch **Junger Deutscher Film** genannt und nahm seinen Anfang Mitte des Jahrzehnts mit Filmen wie **Nicht versöhnt** (1965) von Jean-Marie Straub nach dem Böll-Roman Billard um halb zehn. Weiter zum Neuen Deutschen Film gerechnet werden:

- **Der junge Törless** (1966): von Volker Schlöndorff nach dem Roman Die Verwirrungen des Zöglings Törleß von Robert Musil gedreht
- **Abschied von gestern** (1966): von Alexander Kluge, basierend auf einem authentischen Kriminalfall
- **Zur Sache, Schätzchen** (1968): Kultfilm von May Spils
- **Jagdszenen aus Niederbayern** (1969): kritischer Heimatfilm von Peter Fleischmann

Ins Neuland vorgedrungen – Sex- und „Aufklärungsfilme“

Oswalt Kolles Aufklärungsfilme, beginnend mit **Das Wunder der Liebe – Sexualität in der Ehe** (1968) und **Das Wunder der Liebe II – Sexuelle Partnerschaft** (1968) gaben den ersten Anstoß. Es folgten **Deine Frau, das unbekannte Wesen** (1969) und **Zum Beispiel: Ehebruch** (1969). Die Reihe wurde in den 70er-Jahren mit Dein Mann, das unbekannte Wesen (1970) und zwei weiteren Filmen fortgeführt.

Auch das offizielle Deutschland musste reagieren: Der sexualkundliche Lehrfilm **Helga** (1967), im Auftrag des Gesundheitsministeriums gedreht, zeigte erstmals eine Geburt in Nahaufnahme und wurde wegen des großen Erfolges fortgesetzt: Es folgten **Helga und Michael** (1968) und **Helga und die Männer – die sexuelle Revolution** (1969).

Etliche kommerzielle Filme schwammen später noch auf der Aufklärungswelle mit wie etwa der erste Schulmädchen-Report von 1970 (zwölf weitere folgten bis 1980).

Anita Ekberg in den Straßen Roms im Rahmen der Filmaufnahmen zu Fellinis La Dolce Vita im Jahr 1960

Gesichter der Zeit – Schauspielerinnen und Schauspieler

Aussichtslos, alle bedeutenden Diven oder männlichen Stars der Zeit aufzulisten oder gar weiterführend zu würdigen. Auch hier ist ein Jahrzehnt einfach zu viel. Hoffentlich sind hier einige der Leinwandgrößen erwähnt, an die auch Sie sich erinnern.

Audrey Hepburn in ihrer Rolle als Holly Golightly in Frühstück bei Tiffany (USA 1960)

Diven, Verführerinnen und Rebellinnen – internationale Schauspielerinnen

- **Anita Ekberg**: Federico Fellinis La Dolce Vita (1959) begründete ihren Starruhm und war ihr größter Filmerfolg.
- **Audrey Hepburn**: Sie war das genaue Gegenteil zu den Busenstars der 50er- und 60er-Jahre. Ihr bekanntester Film war Frühstück bei Tiffany (1961, Blake Edwards), in dem sie das Partygirl Holly Golightly spielte und in dem der unvergleichliche Song Moon River erklang.
- **Ava Gardner**: Sie galt als außerordentliche Schönheit und interessierte die Menschen nicht nur wegen ihrer Spielfilme, sondern auch wegen ihrer privaten Verbindungen: Sie war mit dem Schauspieler Mickey Rooney, dem Jazzmusiker Artie Shaw und schließlich mit Frank Sinatra verheiratet.

• **Brigitte Bardot**: Als eine der Traumfrauen der Zeit war ihr Bild in und auf allen Illustrierten zu finden. In den 60er-Jahren stand sie in Filmen der Regisseure Louis Malle, Jean-Luc Godard und Roger Vadim vor der Kamera. Als Vorbild für die Figur der Marianne, die Verkörperung Frankreichs in Frauengestalt, kam sie 1970 zu offiziellen Ehren.

• **Catherine Deneuve**: In Roman Polanskis Ekel (1965) beeindruckte sie das Publikum, Frankreich dankte ihr ihre Karriere in über 50 Spielfilmen auf besondere Weise: 1985 diente auch sie als Vorbild für die Nationalfigur Marianne.

• **Claudia Cardinale**: In den 60er-Jahren agierte sie in zahllosen Spielfilmen, darunter so widersprüchliche Werke wie Achteinhalb (8½) (1963) von Federico Fellini und Der rosarote Panther (1963) von Blake Edwards.

• **Doris Day**: Die blonde Sauberfrau feierte ihre größten Erfolge in Filmkomödien der späten 50er- und frühen 60er-Jahre, z. B. in Ein Hauch von Nerz (1962, Delbert Mann) mit Cary Grant.

Brigitte Bardot in Zwei Wochen im September (FR/GB 1966, Regie: Serge Bourguignon)

Claudia Cardinale mit David Niven in Der rosarote Panther (USA 1963, Regie: Blake Edwards)

• **Gina Lollobrigida**: „La Lollo“ war einst „das schönste Kleinkind Italiens“, hatte eine Ausbildung als Opernsängerin absolviert und galt bereits in den 50er-Jahren als eine der beliebtesten Schauspielerinnen Italiens.

• **Jeanne Moreau**: Sie galt als Muse der Nouvelle Vague, durch Fahrstuhl zum Schafott (1958, Louis Malle) wurde sie bekannt. In den 60er-Jahren drehte sie mit Regisseuren wie Orson Welles, François Truffaut und Luis Buñuel. Zu einem ihrer bekanntesten Filme zählt Jules und Jim (1962, François Truffaut).

• **Liz Taylor**: In dem mit einem Oscar preisgekrönten Film Wer hat Angst vor Virginia Woolf? (1966, Mike Nichols) spielte sie gemeinsam mit ihrem Ehemann Richard Burton das alkoholisierte Psychoduell eines alternden Paares: Zyniker meinen, sich selbst.

• **Marilyn Monroe**: Man hatte sie bereits in den 50er-Jahren auf die Rolle als blonde, naive Sexbombe festgelegt. Von dieser falschen Sicht ihrer Person, von drei gescheiterten Ehen und schweren Drogen- und Alkoholproblemen zermürbt, endete ihr Leben schon am 5.8.1962. In ihrem letzten

Sophia Loren im Rahmen ihrer ersten unglamourösen, oskarprämierten Rolle in Und dennoch leben sie von 1960

Film Misfits: Nicht gesellschaftsfähig (1961, John Huston) mit Clark Gable und Montgomery Clift zeigte sie ihr ganzes schauspielerisches Können.

• **Romy Schneider**: Bekannt und berühmt wurde sie als „Sissi", eine Rolle, die sie später hasste. In den 60er-Jahren war sie in zahlreichen Spielfilmen zu sehen, u.a. in Was gibt's Neues, Pussy? (1965, Clive Donner); das Drehbuch schrieb übrigens Woody Allen, es war sein erster realisierter Film. Ihre größten Erfolge und ihre Anerkennung als ernst zu nehmende Schauspielerin erlebte sie in den 70er-Jahren. Sie wurde nur 43 Jahre alt und starb 1982.

• **Shirley MacLaine**: Ihre Karriere begann 1955 mit dem Hitchcock-Film Immer Ärger mit Harry, sie spielte in Billy Wilders Komödie Das Appartement (1960), und sie verkörperte überzeugend Das Mädchen Irma la Douce (1963, Billy Wilder), in beiden Filmen an der Seite von Jack Lemmon.

• **Sophia Loren**: Die Schöne aus Italien erhielt ihren Oscar für den Spielfilm Und dennoch leben sie (1960, Vittorio De Sica) und war in über 100 Filmen zu sehen, oft an der Seite von Marcello Mastroianni.

Helden, Rebellen und Gangster – internationale Schauspieler

Folgende Herren wurden von den Frauen ihrer Zeit angehimmelt und von ihren Geschlechtsgenossen bewundert, denn sie spielten die großen Rollen in internationalen Spielfilmproduktionen:

• **Alain Delon**: Seine Rollen waren die des schönen, eiskalten Kriminellen und des jugendlichen Helden in Mantel-und-Degen-Filmen. Zu den Höhepunkten seiner Karriere gehörte seine Rolle in Jean-Pierre Melvilles Der eiskalte Engel aus dem Jahr 1967.

• **Anthony Quinn**: Seine Filmographie ist lang, sein Meisterwerk und größter Erfolg in diesem Jahrzehnt war 1964 seine Rolle in Alexis Sorbas (Michael Cacoyannis).

• **Burt Lancaster**: Er stand fast ein halbes Jahrhundert vor der Kamera. In den 60er-Jahren spielte er auch die Hauptrolle in Luciano Viscontis Film Der Leopard (1963) und zeigte sein Können als Mime in zahlreichen weiteren Charakterrollen.

• **Cary Grant**: Seine Karriere dauerte von 1932 bis 1970, er spielte häufig die Rolle des abgeklärten Grandseigneurs. In Krimiklassikern von Alfred Hitchcock wie Verdacht (1941), Berüchtigt (1946), Über den Dächern von Nizza (1955) und Der unsichtbare Dritte (1959) war er ebenso zu Hause wie in Komödien. In den 60er-Jahren sah man ihn in Vor Hausfreunden wird gewarnt (1960, Stanley Donen) und Ein Hauch von Nerz (1962, Delbert Mann).

• **Clint Eastwood**: Der Italo-Western machte ihn groß, Ende der 60er-Jahre trat er in den ersten Hollywood-Western auf. Später wurde er als Dirty Harry (1971, Don Siegel) weltbekannt sowie als Regisseur großartiger Filme.

• **Curd Jürgens**: Wegen seines beeindruckenden Aussehens trug er den scherzhaften Namen „der normannische Kleiderschrank“. Seine ersten Rollen hatte er in den 30er-Jahren, aber auch in den 60er-Jahren spielte er in zahlreichen Filmen wie etwa in dem amerikanischen Kriegsfilm Der längste Tag (1962, es wurden drei Regisseure verpflichtet, die die Handlungsstränge des aufwendigen Films in den verschiedenen Landessprachen drehen sollten: Ken Annakin, Andrew Marton, Bernhard Wicki), einem der letzten großen Schwarz-Weiß-Kinofilme, in Die Dreigroschenoper (1962, Wolfgang Staudte), in Auf der Reeperbahn nachts um halb eins (1969, Rolf Olsen) und in zahlreichen weiteren Filmen unterschiedlicher Genres.

• **Eddie Constantine**: Er trat 1965 in Jean-Luc Godards Lemmy Caution gegen Alpha 60 ins Rampenlicht und lieferte ein unvergessliches Agentenbild ab.

Cary Grant auf dem Filmball der 12. Internationalen Filmfestspiele in Berlin 1962

Curd Jürgens 1962 in Der längste Tag

• **Gerd Fröbe**: Er war einer der wenigen deutschen Schauspieler in internationalen Produktionen und beeindruckte in der Titelrolle des James-Bond-Filmes Goldfinger (1964, Guy Hamilton) sein Publikum durch unvergleichliche Präsenz und perfekt dargestellte Boshaftigkeit.

• **Gregory Peck**: Er war über mehrere Jahrzehnte der integre, aufrechte Held zahlreicher Filme; großartig in Filmen wie der Dystopie Das letzte Ufer (1959, Stanley Kramer) oder in dem mit acht Oscars prämierten Film Wer die Nachtigall stört (1962, Robert Mulligan), einer davon für Gregory Peck in der Hauptrolle.

• **Hardy Krüger**: Auch er zählte zu den wenigen deutschen Schauspielern dieser Zeit, die Hollywood-Rollen bekamen, u. a. in Der Flug des Phoenix (1965, Robert Aldrich).

• **Jack Lemmon**: Obwohl er als einer der erfolgreichsten Schauspieler im Komödienfach galt, konnte er aber auch Charakterrollen meistern. Er spielte in vielen Filmen von Billy Wilder mit zahlreichen anderen Hollywoodgrößen von Doris Day über Walter Matthau und Shirley MacLaine bis Tony Curtis.

• **Jack Nicholson**: Seine Karriere begann nicht etwa mit Easy Rider (1969, Dennis Hopper); er hatte in den frühen 60er-Jahren schon in etlichen Kriminal- und Actionfilmen gespielt, darunter zahlreiche Biker-Dramen. Seine große Zeit als Charakterdarsteller lag noch vor ihm.

• **Jacques Tati**: Auf dem Höhepunkt seiner Karriere als Monsieur Hulot zeigte er in den 50er-Jahren mit Filmen wie Jour de fête (1949), Les vacances de Monsieur Hulot (1953) und Mon oncle (1958) sein Können. Aber auch seine Auftritte in den 60er-Jahren besitzen denselben feinsinnigen, manchmal stillen, aber auch schrägen Humor. Er verwendete Mittel von Pantomime und Slapstick, manches wirkt noch wie aus der Stummfilmzeit.

• **James Stewart**: Auch er ein Weltstar mit jahrzehntelanger Karriere; er konnte in den 50er-Jahren in Filmen von Alfred Hitchcock beeindrucken (z. B. Das Fenster zum Hof, 1954, und Vertigo – Aus dem Reich der Toten, 1958), war aber im folgenden Jahrzehnt häufig Hauptdarsteller in den Western von John Ford und anderer Regisseure.

Jack Lemmon mit Shirley MacLaine in Das Appartement von Billy Wilder

• **Jean Gabin**: Seine Rollenrepertoire war ebenso groß, wie seine Karriere lang war. Er spielte den Kommissar Maigret und trat in Klamauk-Komödien auch an der Seite von Louis de Funès auf. Viele seiner Filme gehören zu den Klassikern des französischen Films.

Marcello Mastroianni 1963 in Rom

• **Jean-Paul Belmondo**: Seine Karriere dauerte über viele Jahrzehnte. Zunächst in Filmen der Nouvelle Vague bekannt geworden, trat er ab 1965 in komischen Rollen oder als sportlicher Held in Action-Filmen auf. Er arbeitete mit John Ford und Howard Hawks.

• **John Wayne**: Er stand ein halbes Jahrhundert vor der Kamera, und er spielte mit Vorliebe den raubeinigen Cowboy, den Sheriff, Marshal oder Offizier. Seine Ausstrahlung prägte sich seinen Zuschauern ebenso ein wie sein einmaliger Gang.

• **Klaus Kinski**: Der als kapriziös geltende deutsche Schauspieler gab in zahlreichen deutschen und internationalen Spielfilmproduktionen der 60er-Jahre auf einmalige Weise den rätselhaften Bösewicht.

• **Louis de Funès**: Er kann für sich in Anspruch nehmen, lange Zeit der bekannteste und beliebteste Komiker Europas gewesen zu sein. Sein Humor ist ebenso speziell wie seine Gestik und Mimik, als durchgeknallter Choleriker und komischer Patriarch setzte er Standards. Seine Balduin-Filme (so sein deutscher Name) und seine Fantomas-Verfilmungen polarisieren die Zuschauer.

• **Marcello Mastroianni**: Es gab kaum einen namhaften Regisseur der 60er-Jahre, der ihn nicht in einem seiner Filme besetzte. Insbesondere Federico Fellini schätzte ihn sehr und setzte ihn in zahlreichen Hauptrollen ein. Seine Bandbreite reichte vom Vampirklamauk bis zum filmischen Meisterwerk. Grandios war er in seinen späteren Jahren in der Rolle des alternden, an sich selbst zweifelnden Mannes.

• **Peter Fonda**: Er hatte sein schauspielerisches Können in einer Westernkomödie, einem Kriegsfilm, einem Drogen-Drama und dem Biker-Streifen Die wilden Engel (1966, Roger Corman) erprobt, bevor er mit Easy Rider (1969, Dennis Hopper) den wichtigsten Film seines Lebens drehte.

• **Robert Mitchum**: Seine bedeutendste Rolle in diesem Jahrzehnt könnte der psychopathische Kriminelle in Ein Köder für die Bestie (1962, J. Lee Thompson) gewesen sein; er bestach aber auch als Hauptdarsteller in dem Howard-Hawks-Western El Dorado (1966) an der Seite von John Wayne.

• **Rock Hudson**: Schon in den 50er-Jahren ein Star, zählte er auch in den 60er-Jahren zu den populärsten Hollywood-Schauspielern. An der Seite von Doris Day zeigte er seine komödiantische Seite.

• **Sidney Poitier**: Er war der erste afroamerikanische Schauspieler, der für eine Hauptrolle mit einem Oscar ausgezeichnet wurde, und zwar für die 1963 gedrehte Filmkomödie Lilien auf dem Felde (Ralph Nelson).

• **Walter Matthau**: Mit seinem unverwechselbaren Knautschgesicht und der Knollennase spielte er in zahlreichen Filmkomödien der 60er-Jahre, oft an der Seite von Jack Lemmon, so in den Billy-Wilder-Komödien Der Glückspilz (1966) und Die Kaktusblüte (1969).

Schauspieler und Schauspielerinnen in deutschen Filmkomödien

• **Willy Millowitsch**: Im Laufe seines Lebens trat der kölsche Volksschauspieler und Leiter des Millowitsch-Theaters in 125 Spielfilmen auf, bei denen es sich meist um Komödien handelte. In den 60er-Jahren wurden etliche mit **Trude Herr** und **Heinz Erhardt** besetzt, der selbst einer der beliebtesten Komödianten der Zeit war.

Weitere Mitglieder im Team der deutschen Filmkömödie der 60er-Jahre:

• **Brigitte Mira**: Berliner Original
• **Edith Hanke**: Schauspielerin und Kabarettistin (Die Stachelschweine)
• **Grit Böttcher**: vielseitige Schauspielerin
• **Günter Pfitzmann:** Schauspieler und Kabarettist (Die Stachelschweine)
• **Gunther Philipp**: nicht immer in den Hauptrollen, aber extrem lustig
• **Hannelore Elsner**: universell aktiv von Krimi bis Komödie
• **Heidi Kabel**: aktiv im Ohnsorg-Theater und einigen Filmrollen
• **Inge Meysel**: die „Mutter der Nation“; erfolgreich auch in ernsten Rollen
• **Ingrid van Bergen**: Expertin für Halbweltrollen mit der rauchigen Stimme
• **Kurt Großkurth**: auch singender Fachmann für Heimatfilm und Komödie
• **Mady Rahl**: alles vom Krimi über Heimatfilm bis zum Sexstreifen
• **Peter Alexander**: Herz, Schmerz, Humor und Heimatfilm
• **Peter Kraus**: jugendlicher Liebhaber und Rocksänger
• **Rudolf Platte**: in der Rolle des schüchternen, aber großartigen Durchschnittsmenschen
• **Theo Lingen**: oft in Lehrerrollen
• **Walter Gross**: Schauspieler und Kabarettist (Die Insulaner)
• **Werner Finck**: Schauspieler und Kabarettist (Die Katakombe)
• **Wolfgang Müller**: Schauspieler und Kabarettist
• **Wolfgang Neuss**: ebenfalls sehr scharfzüngiger Kabarettist
• **Wolfgang Völz**: später bekannt als die Stimme von „Kapitän Blaubär“

Hannelore Elsner 1969

Rundfunk & Fernsehen

Das Fernsehen hatte in den 60er-Jahren Konjunktur. Ganz zu Anfang des Jahrzehnts gab es nur ein einziges Programm und etwa drei Millionen Zuschauer, und die meisten Familien in der Bundesrepublik hatten noch nicht einmal einen **Schwarz-Weiß-Fernseher**. Deshalb war dort, wo es ein Empfangsgerät gab, oft nachbarschaftliches Fernsehen an der Tagesordnung. Männer schauten in großer Runde und meist mit einem Kasten Bier (den gab es schon) Fußball-Länderspiele, gemeinsam sah man die ersten Fernsehshows, Serien und Filme. Immerhin erhöhte sich das Angebot im Laufe des Jahrzehnts auf unglaubliche drei Fernsehprogramme. Dies waren keineswegs Vollprogramme, nachts drohte der **Sendeschluss**, und wer immer noch nicht genug ferngesehen hatte, konnte zwischendurch das **Testbild** gucken.

Dann, am 1.4.1965, ging das ZDF auf Sendung. Eine erste Ausgabe der Nachrichtensendung **Heute** um 19.30 Uhr war der Anfang. Als glaubten die Programmmacher nicht an ihren eigenen Erfolg, sendeten sie zuerst aus provisorischen Studios in Baracken in Eschborn bei Frankfurt. Später zog das ZDF dann auf den Mainzer Lerchenberg.

Das **Farbfernseh-Zeitalter** begann in Deutschland am 25.8.1967 um 10.57 Uhr. Vizekanzler Willy Brandt betätigte einen großen roten Taster, der aber eigentlich nur eine Attrappe war. Das Bild wurde einen Augenblick zu früh – und damit schon farbig ausgestrahlt –, als Brandt die Taste drückte.

Übrigens kam das Fernsehen in diesem Jahrzehnt über die **Antenne**: Wahre Antennenwälder standen auf den Dächern deutscher Großstädte. Bis zum Satelliten- und Kabelfernsehen sollten noch einige Jahre vergehen.

Mit einem Knopfdruck startet der damalige deutsche Vizekanzler Willy Brandt am 25.8.1967 auf der Funkausstellung das Farbfernsehen.

Fernsehen – die Hardware

Kaum vorstellbar im Jahrzehnt der Flachbildschirme: Die ersten Fernseher waren große, würfelförmige Holzkisten, in die neben der zentralen **Braun'schen Röhre** des Bildschirms große Kupferspulen (der **Zeilentrafo**), ein Haufen Kondensatoren, kleinere Röhren und seitlich ein Lautsprecher eingebaut waren. Besonders am hinteren Ende der Bildröhre herrschten lebensgefährliche elektrische Spannungen. Durch die gelochte Rückwand konnte man ins Gehäuse schauen, spürte die Hitze und sah es drinnen an manchen Stellen deutlich glimmen. Die Geräte waren teuer und so wertvoll, dass der Besitzer sie noch reparierte, wenn sie einen Defekt hatten. Die Einzelteile ließen sich tatsächlich austauschen. Der erste Reparaturversuch bei Bildausfall und Tonstörung war aber häufig der Schlag des Hausherrn mit der Faust auf die Kiste, der hin und wieder sogar – kurzzeitige – Abhilfe brachte. Der Supergau war aber die **Implosion** des Gerätes – eine beliebte Todesart für Röhrenfernseher.

Mit dem Aufkommen von Transistoren und anderen elektronischen Bauteilen gegen Ende der 60er-Jahre wurden die Fernsehgeräte innen immer leerer, behielten aber wegen der Größe der Bildröhre ihr Volumen.

Da die Programme terrestrisch empfangen wurden, verwendeten viele Haushalte utopisch geformte **Zimmerantennen**, die, je nach Wetterlage und gewünschtem Sender, neu ausgerichtet werden mussten.

Anfangs flimmerte der Fernseher nur in Schwarz-Weiß und hatte stark abgerundete Ecken, später wurden die Bildröhren farbig, flacher und rechteckiger.

Die ersten Geräte mit modernem Design baute die Firma Braun, z. B. bereits 1958 den vergleichsweise modernen **Braun HF1**. Die am häufigsten gekauften Fernseher stammten von den Firmen **Nordmende** (z. B. Modell „Spectra", später auch mit zur Einrichtung passendem farbigem Gehäuse lieferbar), **SABA**, **Telefunken**, **Metz**, **Graetz** und Grundig.

Die Firma **Loewe-Opta** kam bereits 1963 mit dem ersten tragbaren Fernseher auf den Markt. Der **Loewe Optaport** war technisch fortschrittlich, nämlich **volltransistorisiert** – es gab in seinem Inneren keine Röhren mehr. Die Bilddiagonale maß 25 cm, und der Besitzer konnte mit dem Gerät sogar UKW-Radio empfangen.

Rundfunk

Das damalige staatliche Radioprogramm zeigte deutliche Unterschiede zu den heutigen Programmengepflogenheiten. Es wurde mit einem weitaus höheren kulturellen Anspruch produziert als heute – man wollte in den öffentlich-rechtlichen Sendeanstalten Hochkultur vermitteln. Was die Menschen draußen an den Empfängern zunehmend hören wollten – internationale Popmusik –, enthielt man ihnen vor. Es gab zwar populäre Sendungen wie beispielsweise das Hafenkonzert, aber stets für ein ausgesprochen konservatives Publikum.

Zu den beliebtesten Sendungen zählte der **Schulfunk**, dessen Folgen vormittags und nachmittags ausgestrahlt wurden, darunter kleine Hörspiele wie etwa die Reihe **Neues aus Waldhagen**, die nicht nur unter den Schülern zahlreiche Hörer fand.

Was dem öffentlich-rechtlichen Rundfunksystem fehlte, suchte man bei privaten Sendern. **Radio Luxemburg**, dessen „vier fröhliche Wellen" zunächst nur in den Teilen von Deutschland zu empfangen waren, die in relativer Nähe zu Luxemburg lagen, gewann zunehmend an Beliebtheit. Die Moderatoren **Camillo Felgen** (ab 1958) und **Frank Elstner** (ab 1964) trafen genau den Nerv der Zeit und sorgten mit einem lebendigen Programm und angesagter Beat-, Pop- und Rockmusik dafür, dass Radio Luxemburg in den 60er-Jahren zum Kultsender wurde.

Aus dem gleichen Grund – mangelnder Zeitgeist bei den öffentlichen Sendern – wurden ebenso die beiden Soldatensender der Besatzungsmächte USA und Großbritannien, **AFN** und **BFBS**, trotz der Sendesprache Englisch gerne gehört. Auch sie richteten sich in ihrer Musikauswahl nach ihrem meist jungen Publikum, nicht nach kulturellen Vorstellungen des Bildungsbürgertums.

In der Nordsee schwammen zudem **Piratensender** wie **Radio Veronica** und **Radio Caroline**, die ein Programm ganz nach ihren eigenen Vorstellungen ausstrahlten. Und – im öffentlichen Radio verpönt – Werbeeinblendungen hatten. Die Moderatoren dieser Sender genossen in der Jugendszene Kultstatus, und einer von ihnen, **Dave Lee Travis**, moderierte später im deutschen Fernsehen den **Beatclub** mit **Uschi Nerke**.

Die Fernsehserien

Im Vergleich zu heute gab es nicht viel zu sehen, aber gerade deshalb waren die Einschaltquoten der einzelnen Sendungen traumhaft. Nur wenige Sender durften sich die Zuschauer teilen. Die Idee hinter den Fernsehserien überzeugte schon immer: Man kennt die Personen, die Handlungszusammenhänge und kann jede Woche in diese vertraute Welt eintauchen – kurz gesagt: Man ist zu Hause.

Rauchende Colts: Western

Man könnte vom Jahrzehnt der rauchenden Colts sprechen, wenn man die folgende Auflistung betrachtet.

- **Am Fuß der Blauen Berge**: Diese amerikanische Western-Serie spielte auf einer Poststation in der Sherman-Ranch und zeigte die dortigen Ereignisse und Abenteuer, ausgestrahlt von 1959 bis 1965 und mit neuen Folgen von 1969 bis 1970. Hauptakteure waren: Slim Sherman, Andy

Sherman, Jonesy und Jess Harper, dargestellt von dem gut aussehenden Robert Fuller, den die Jugendzeitschrift Bravo sogar als Starschnitt brachte.

• **Big Valley**: Die Serie mit der großartigen Barbara Stanwyk als Victoria Barkley, Herrin der Barkley-Ranch, brachte es zwischen 1965 und 1969 auf 112 Folgen. In Gastrollen traten u. a. bekannte Schauspieler wie Charles Bronson, Dennis Hopper, Richard Dreyfuss, Warren Oates, Anne Baxter und William Shatner auf.

• **Bonanza**: „Dam-dadadam dada-damdamdam Bonanza!" Der Titelsong ist noch allgegenwärtig, u.a. als Klingelton des Titelhelden in der Krimiserie Der letzte Bulle. Die Ponderosa-Ranch und die Geschichten um die vier Mitglieder der Familie Cartwright hatten Millionen von Fans.

Bonanza, bestehend aus den Schauspielern David Canary, Dan Blocker, Lorne Green und Michael Landon

Der Patriarch Ben Cartwright (Lorne Greene), seine Söhne Adam (Pernell Roberts), der schwergewichtige Hoss (Dan Blocker) und Little Joe (Michael Landon) fesselten mit ihren Abenteuern jeden Sonntag die Zuschauer an den Fernseher. Für Erheiterung sorgte der chinesische Koch Hop Sing (Victor Sen Yung). Insgesamt wurden 14 Staffeln Bonanza in ARD und ZDF ausgestrahlt. In Gastrollen waren Schauspieler wie James Coburn, Charles Bronson, Telly Savalas, George Kennedy und Leonard Nimoy zu sehen.

• **Pistolen und Petticoats**: Von 1967 bis 1968 gab es 17 Folgen der amerikanischen Western-Comedyserie im ZDF zu sehen. In der Geschichte müssen Oma (Ruth McDevitt), Mutter (Ann Sheridan) und Tochter (Carole Wells) die Kriminellen mit Gewehr und Revolver in die Schranken weisen, weil der Sheriff des Dorfes total versagt.

• **Rauchende Colts**: Die Westernserie um den Marschal Matt Dillon (James Arness), tätig in Dodge City/Kansas, war anfänglich als Hörspielserie für das Radio geplant. Als man sich für eine Fernsehproduktion entschied, sollte eigentlich John Wayne die Rolle des Marshals spielen. Der brachte aber seinen Freund James Arness ins Gespräch. Ab 1967 waren etliche Folgen in Deutschland zu sehen, das erste Programm strahlte zwischen 1967 und 1973 insgesamt 73 Filme aus. Rauchende Colts ist mit über 600 in den USA produzierten Folgen die langlebigste Westernserie überhaupt.

• **Union Pacific**: Es ging um die Abenteuer beim Bau der berühmten Eisenbahnlinie; 19 Folgen wurden zwischen 1959 und 1964 im Ersten Programm ausgestrahlt.

• **Westlich von Santa Fe**: Held dieser Serie war der Farmer, Schnellschütze und Witwer John McLean (Chuck Connors), der sich alleine um seinen Sohn Fred kümmern und seine Farm gegen Banditen und Indianer verteidigen musste. Unterstützt wurde er dabei vom Sheriff der Stadt. Die Folgen waren zwischen 1969 und 1972 im frühen Abendprogramm des ZDF zu sehen.

• **Wilder Westen Arizona**: In Tombstone/Arizona sorgte Sheriff Clay Hollister (Pat Conway) für Recht und Ordnung; in zwölf Folgen ausgestrahlt vom Ersten Programm zwischen 1959 und 1961.

• **Wyatt Earp greift ein**: Eine Serie um den legendären Gesetzeshüter Wyatt Earp, ab 1960 in Deutschland in lockerer Folge ausgestrahlt. Von den 266 in den USA produzierten, inhaltlich anspruchsvollen Folgen wurden nur 20 in Deutschland gesendet.

• **Bezaubernde Jeannie**: Serie um den Astronauten Tony Nelson und einen weiblichen orientalischen Geist, dessen Flasche er bei einer Notlandung auf einer Insel im Pazifik gefunden hat. Jeannie – so der Name des Geistes – besitzt nicht nur magische Kräfte, sondern auch ausgeprägte weibliche Qualitäten, muss ihrem „Meister“ gehorchen und ihm jeden Wunsch erfüllen. Sie stiftet aber eher Chaos und Verwirrung, als ihm zu helfen, und bringt ihn und den NASA-Psychiater Alfred Bellows nahezu in jeder Folge an den Rand des Wahnsinns. In Deutschland war die Serie ausgesprochen beliebt und erzielte hohe Einschaltquoten von bis zu 48 %. Das ZDF strahlte bis 1967 13 Folgen aus, insgesamt wurden 139 Folgen produziert. In den späteren Jahrzehnten lief die Serie in den Programmen zahlreicher Sender.

Barbara Eden in der Rolle des Flaschengeistes Jeannie in der US-Fernsehserie Bezaubernde Jeannie. Die TV-Serie hatte 1963 in den USA Premiere.

Ist ja lächerlich – Komödie/Sitcom

Obwohl sich das Fernsehen als öffentlich-rechtliches Medium vor allem der kulturellen Bildung und Aufklärung verpflichtet fühlte, erreichte leichte Unterhaltung die besten Einschaltquoten. Noch war der Humor nicht Comedy und das Feld der Heiterkeit nicht so massiv vom Fernsehen besetzt wie heute. Zu lachen gab es dennoch etwas:

Don Camillo und Peppone (Frankreich/Italien 1952), Titelseite der Illustrierten Film-Bühne

• **Mister Ed**: Eine lustige Serie mit einem sprechenden, intelligenten Pferd, in Deutschland ab 1961 mit einigen Folgen sonntags ausgestrahlt; das Tier sah gern fern, las viel, spielte Schach und Tischtennis und arbeitete an seinen Memoiren ...
• **Raum ist in der kleinsten Hütte**: Serie über eine turbulente Familie mit vier Kindern und einem Hund, vom ZDF in halbstündigen Folgen ab 1966 ausgestrahlt.
• **Don Camillo und Peppone**: Die von 1952 bis 1965 realisierten Spielfilme um den italienischen Kommunistenführer Peppone (Gino Cervi) und den handfesten katholischen Pfarrer Don Camillo (Fernandel) fanden im deutschen Fernsehen der 60er-Jahre ein begeistertes Publikum.

Alles klar, Herr Kommissar?

Kommissare bei der Ermittlung, Agenten im Einsatz, Detektive auf der Spur – wenn geraubt und gemordet, wenn Blut floss oder geschossen wurde, war die komplette TV-Nation dabei. Kriminalfilme machten einen großen Teil der Straßenfeger der damaligen Jahre aus, beginnend mit der sechsteiligen Reihe (1962) von **Francis Durbridge**. Keine einfache Aufgabe, diese zum Teil heiß geliebten Serien in einer paar Zeilen zu charakterisieren ...
• **Abenteuer unter Wasser**: Mischung aus Tauch- und Krimiserie mit dem tauchenden Detektiv Mike Nelson (Lloyd Bridges)
• **Alfred Hitchcock zeigt**: von der ARD zwischen 1959 und 1969 ausgestrahlte Kurzfilm-Krimis in unterschiedlicher Besetzung von verschiedenen Regisseuren gedreht; einige wurden vom Meister selbst inszeniert. Alfred Hitchcock übernahm auch bei jeder Folge die Anmoderation. In den USA wurden fast 400 Folgen produziert, im Laufe der folgenden Jahrzehnte wurden 80 deutsch synchronisiert und von verschiedenen Sendern ausgestrahlt.
• **Der Chef**: Die Serie mit Chief Ironside (Raymond Burr), dem nach einer Schussverletzung an den Rollstuhl gefesselten Kommissar, war 1969 und 1970 in insgesamt 19 Folgen im Ersten Programm zu sehen.
• **Der Kommissar**: Die ersten Folgen der bis in die 70er-Jahre laufenden Serie wurden 1969 ausgestrahlt; Erik Ode spielte den Kommissar, die Drehbücher schrieb der erfolgreiche Autor Herbert Reinecker. Weitere Rollen auf Seiten der Polizei übernahmen Günther Schramm sowie Fritz und Elmar Wepper.

• **Die seltsamen Abenteuer des Hiram Holliday**: Deutsche Fernsehzuschauer konnten die Abenteuer des skurrilen, immer mit einem Regenschirm bewaffneten Zeitungskorrektors Hiram Holliday (Wally Cox) zwischen 1961 und 1968 in 26 Serienfolgen genießen.

• **Funkstreife Isar 12**: Zwischen 1960 und 1963 war der wunderschöne Funkstreifenwagen BMW 501 („Barockengel") insgesamt 35-mal in Aktion zu sehen; alle Folgen drehten sich um Kriminalfälle in München.

• **Die seltsamen Methoden des Franz Josef Wanninger**: Beppo Brem klärte als Kriminalinspektor Franz Josef Wanninger von 1965 bis 1970 in 52 Schwarz-weiß-Folgen à 25 Minuten auch schier unlösbare Kriminalfälle auf. An seiner Seite agierte Maxl Graf als Kriminalassistent Fröschl.

Beppo Brem als Inspektor Wanninger in einer Folge von Die seltsamen Methoden des Franz Josef Wanninger im Dezember 1970

• **Geheimauftrag für John Drake**: Dass der Name John Drake übersetzt eigentlich Johannes Enterich bedeutet, hat manchen schon in den 60er-Jahren erheitert. Jedenfalls kämpfte Geheimagent John Drake (Patrick McGoohan) im Spannungsfeld zwischen Ost und West. Die 47 Folgen der Serie waren aufwendig produziert und fesselten das Publikum in Großbritannien und Deutschland gleichermaßen.

• **Gestatten, mein Name ist Cox!**: Paul Cox (Günter Pfitzmann) kämpfte in der 26-teiligen Krimiserie zwischen 1961 und 1965 gegen das Böse, stets mit Erfolg, auch beim Vorabend-Publikum.

• **Graf Yoster gibt sich die Ehre**: Der vornehme Kriminalautor Graf Yoster (Lukas Ammann) und sein ausgesprochen handfester Chauffeur Johann (Wolfgang Völz) lösten Kriminalfälle mit standesgemäßer Ausstattung: Ihr Fortbewegungsmittel war ein Rolls-Royce mit bestens bestückter Bordbar. Darin ließen sich 62 Serienfolgen in den Jahren 1966 bis 1976 mühelos durchstehen. Standardfrage von Johann zu Beginn des Films: „Wohin, Herr Graf?" Das Team agierte in vielen Städten Europas ...

• **Ihr Auftritt, Al Mundy!**: Krimi-Comedy mit dem Dieb in Staatsdiensten: Al Mundy (Robert Wagner), von seinem Vater Alister Mundy (Fred Astaire) kriminell kompetent erzogen, arbeitete und klaute für die Spionageabteilung der Regierung – von 1969 bis 1970 im ZDF.

• **Kobra, übernehmen Sie!**: Ein Spezialagententeam, ausgestattet mit dem neuesten technischen Schnickschnack, agierte rund um den Globus bei Missionen, die eigentlich nicht zu realisieren waren; 22 Folgen der US-Serie (mit über 170 Folgen) liefen von 1967 und 1969 im Ersten Programm. Ein Satz auf dem Tonband, wenn ein Auftrag erteilt wurde, blieb dem Publikum in Erinnerung: „Dieses Band wird sich in fünf Sekunden selbst vernichten ..."

Das Team von Mission: Impossible. Dier US-Serie lief in Deutschland unter dem Namen Kobra, übernehmen Sie!

- **Kommissar Maigret**: Kriminalkommissar Maigret (Rupert Davies), Figur aus den Romanen von Georges Simenon, rauchte Pfeife und klärte Kriminalfälle in der französischen Hauptstadt. Von 1965 an konnten ihm die deutschen Fernsehzuschauer im ZDF dabei zusehen.
- **Mannix**: Der Detektiv Joe Mannix (Mike Connors) neigte dazu, seine Kriminalfälle mit den Fäusten zu lösen; zwischen 1969 bis 1973 in der ARD ausgestrahlt.
- **Mit Schirm, Charme und Melone**: Die britische Serie wurde in Großbritannien zwischen 1961 und 1969 unter dem Titel The Avengers gesendet. Sie brachte es auf 161 Folgen. In Deutschland war die erste synchronisierte Folge am 18.10.1966 zu sehen. Die Serie überzeugte durch einfallsreiche Drehbücher und Elemente aus den Genres Thriller, Actionfilm und Agentenfilm. Stars der Serie waren die fiktiven Charaktere John Steed und Emma Peel, dargestellt von Patrick Macnee und Diana Rigg. Steed agierte stets als kultivierter Gentleman-Agent mit Rolls-Royce, Schirm und Melone, während Emma Peel als seine emanzipierte und immer modern gekleidete Partnerin neben Schlagkraft und Charme einen subtilen Humor besaß.
- **Pater Brown**: In 39 Episoden lösten Pater Brown (Josef Meinrad) und Inspektor Burns (Ernst Fritz Fürbringer) Kriminalfälle; erfolgreiche Serie von 1966 bis 1972
- **Percy Stuart**: Percy Stuart (Claus Wilcke), reicher Amerikaner, will in den elitären „Club der 13" aufgenommen werden und muss daher 13, zum Teil kuriose Prüfungen bestehen. Wegen der hohen Einschaltquoten wurden daraus aber letztlich insgesamt 52 Herausforderungen, die der schöne Percy zwischen 1969 und 1972 zu bewältigen hatte.
- **Perry Mason**: Im Ersten Programm liefen ab 1959 nur 22 Folgen der amerikanischen Mammut-Serie (271 Folgen) um den Anwalt Perry Mason (Raymond Burr), der für seine unschuldigen Mandanten sowohl im als auch außerhalb des Gerichtssaals kämpfte.

• **77 Sunset Strip**: Stuart Bailey (Efrem Zimbalist, Jr.) und Jeff Spencer (Roger Smith), Privatdetektive mit einem Büro in Hollywood, 77 Sunset Strip, lösten, wie es Detektive so tun, Kriminalfälle. Dabei unterstützte sie u. a. Gerald Lloyd Kookson III. (Edd Byrnes), Park-Hilfskraft des benachbarten Restaurants Dino's Lodge, genannt „Kookie", und voller Ambitionen, selbst Detektiv zu werden (was er später auch schaffte). Wegen seiner flotten Sprüche liebten die Zuschauer die Serie, und er war ihre beliebteste Figur.

• **Shannon klärt auf**: Held der 26-teiligen Serie war der Versicherungsdetektiv Joe Shannon (George Nader), der hinterlistige Betrüger jagte. Wichtigstes Hilfsmittel dabei war für ihn sein Auto, ein technisch aufgeladener Buick.

• **Simon Templar**: Die Serie mit Detektiv Simon Templar (Roger Moore) war äußerst erfolgreich im deutschen Fernsehen: Im Abendprogramm der ARD wurde sie zur Begeisterung vieler Millionen Zuschauer ab 1966 in insgesamt 39 Folgen ausgestrahlt.

• **Solo für O.N.C.E.L.**: An James-Bond-Filmen orientierte Agentengeschichten mit viel Technik; Napoleon Solo (Robert Vaughn) und sein russischer Partner Ilya Kuryakin (David McCallum) kämpften gegen ein weltweit operierendes Verbrechersyndikat; 26 Folgen, ab 1967 im Programm des ZDF.

• **Stahlnetz**: Auf 24 abgeschlossene Filme brachte es die Krimireihe von Jürgen Roland und Wolfgang Menge, beginnend mit Mordfall Oberhausen im Jahr 1958 und endend mit Ein Toter zuviel 1968. Die Filme der Reihe, mit unterschiedlichen Darstellern realisiert, waren Straßenfeger. Die Sendereihe wurde nicht zuletzt wegen ihrer einprägsamen Titelmusik zum Erfolg.

• **Tennisschläger und Kanonen**: Kelly Robinson (Robert Culp), Tennisprofi, und sein Trainer Alexander „Scotty" Scott (Bill Cosby) sind eigentlich Geheimagenten und reisen um die Welt, um das Verbrechen in Schach zu halten. Die deutsch synchronisierten Folgen, ausgestrahlt ab 1968 im ZDF, glänzten durch stilprägende Sprüche. Sätze wie „Nun stell mal deine Lauscher auf!" blieben genau dort – im Ohr.

Linda Marlowe und Roger Moore in Simon Templar (Originaltitel: The Saint, Folge: Zeit zu sterben von 1968, Regie: John Ainsworth)

Was auch die Kleinen sehen durften – Familienfernsehen

Die Patchwork-Familie gab es kaum, und kein Computerspiel oder dringender Chat-Termin beim Nachwuchs verhinderten gemeinsame Abende vor dem Fernseh-Bildschirm. So kam es, dass Serien noch zum Familienereignis wurden.

• **Alle meine Tiere**: Die in neun Folgen ausgestrahlte Tierarzt-Saga mit Dr. Karl Hofer (Gustav Knuth) erreichte 1962 bis 1963 hohe Einschaltquoten. Drehbuchautor Heinz Oskar Wuttig traf den Nerv der Zeit. In weiteren Familienrollen: Dr. Gerda Hofer (Tilly Lauenstein), ebenfalls Tiermedizinerin, Tochter Bärbel Hofer (Sabine Sinjen) und Sohn Ulli Hofer (Volker Lechtenbrink).

• **Daktari**: Tierarzt auf Afrikanisch – in der ab 1969 im ZDF gesendeten amerikanischen Serie rettete Dr. Marsh Tracy (Marschall Thompson) manches Tierleben. Bleibenden Eindruck hinterließen aber vor allem die Schimpansin Judy und der schielende Löwe Clarence.

Yale Summers spielte in Daktari den Zoologen Jack Dane. Nicht minder berühmt wurde die Serienschimpansin Judy.

• **Der Forellenhof**: Eine weitere Erfolgsserie von Drehbuchautor Heinz Oskar Wuttig über das Hotel „Forellenhof", die Besitzerfamilie und das Personal flimmerte von 1965 bis 1966 über die Bildschirme. Hans Söhnker spielte als Hotelier Otto Buchner in acht Folgen eine der Hauptrollen.

• **Die Firma Hesselbach**: Gleich 51 Mal durften die Zuschauer den Familienalltag des hessischen Druckereibesitzers Karl Hesselbach verfolgen. Die Geschichte des etwas grantigen und autoritären Babba Hesselbach (Wolf Schmidt) und seiner Frau, der weichherzig-empfindsamen Mamma (Liesel Christ), gefiel den Zuschauern. Die in gemäßigter hessischer Mundart gedrehten Serien wurden von 1960 bis 1967 ausgestrahlt, in der zweiten Staffel unter dem Namen **Die Familie Hesselbach** und später unter dem Titel **Herr Hesselbach und ...** Die Firma Hesselbach füllte eine Lücke im Programm: Die Vorgängerserie **Familie Schölermann** endete mit der letzten Folge im Jahre 1960.

• **Tammy – Das Mädchen vom Hausboot**: 26-teilige Vorabendserie, ab 1967 im ZDF; die 18-jährige Tammy (Debbie Watson), Privatsekretärin des reichen Geschäftsmanns John Brent (Donald Woods), lebte sehr einfach mit ihrem Großvater (Denver Pyle) und Onkel Lucius (Frank McGrath) und etlichen Haustieren (Schwein, Ziege, Enten usw.) auf einem Hausboot. Der Titelsong der Serie: „Hörst du den Südwind, er flüstert dir zu: Tammy, Tammy, dein Glück bist du ...“ klingt heute noch im Ohr mancher Frau, die damals ein junges Mädchen war.

• **Unser trautes Heim**: Ab 1969 verfolgten deutsche Fernsehzuschauer im ZDF das Familienleben des College-Professors Jim Nash (Mark Miller) und seiner Frau Joan (Patricia Crowley), von Beruf Journalistin, und ihrer vier Söhne, von denen zwei ein Zwillingspaar waren. Weitere erheiternde Zutaten zur turbulenten Familiengeschichte: Bobtail Ladadog und Haushaltshilfe Marge (Shirley Mitchell).

• Ebenfalls Familien-Ereignisse der besten Art: die Fernsehübertragungen der großen Volkstheater. Sowohl die Schauspieler des Hamburger **Ohnsorg-Theaters** (u. a. Heidi Kabel, Henry Vahl, Otto Lüthje, Heidi Mahler) als auch das Ensemble des **Millowitsch-Theaters** in Köln (Willi Millowitsch, Elsa Scholten, Franz Schneider, Lotti Krekel, Frank Barufski, Walter Hoor und andere) wurden mit Stücken wie **Opa wird verkauft** (Ohnsorg-Theater 1962) oder **Tante Jutta aus Kalkutta** (Millowitsch-Theater 1962) berühmt. Die zahlreichen Fernsehübertragungen ihrer Aufführungen erreichten in den 60er- und 70er-Jahren zum Teil sagenhafte Einschaltquoten von bis zu 88 %.

Anneliese Rothenberger mit dem Gastgeber Peter Alexander während der Aufzeichnung der Peter-Alexander-Show im Oktober 1970 in Hamburg

Spielshows und ihre Moderatoren

Große Shows und Ratespiele im Abendprogramm garantierten in diesem Jahrzehnt eine große Sehbeteiligung – was sollte man auch sonst gucken? Die gebotenen Ratespiele und Aufgaben für die Kandidaten waren einfach, die Unterhaltungseinlagen häufig schlicht. Hin und wieder gab es aber auch hier schon stilprägende Einfälle für die Fernsehunterhaltung der Zukunft:

Bei der **Peter-Alexander-Show**, zunächst ausgestrahlt von 1963 bis 1966 in Schwarz-Weiß beim WDR, ab 1969 beim ZDF, handelte es sich im eigentlichen Sinn nicht um eine Spiel-Show, sondern um eine Unterhaltungssendung mit Musik, Sketchen, Parodien und Auftritten bekannter Künstler. Beliebte Prominente aus dem deutschsprachigen Raum wie Maria Schell, Gunther Philipp, Udo Jürgens, Johannes Heesters oder Paul Kuhn waren ebenso Gäste des Programms wie zahlreiche Weltstars, z. B. Liza Minnelli, Tom Jones, Johnny Cash und Richard Chamberlain. Die erste Ausstrahlung einer Peter-Alexander-Show im ZDF am 9.3.1969 erreichte eine Einschaltquote von 71 %, und auch die folgenden Shows verfolgten bis zu 38 Millionen Zuschauer vor den Bildschirmen. Die letzte Peter-Alexander-Show wurde 1995 vom ORF produziert.

Peter Frankenfeld in Vergißmeinnicht 1963

Peter Frankenfeld moderierte u. a. die Sendung **Vergißmeinnicht** im ZDF. Es ging um Publikumsspenden für die neu gegründete **Aktion Sorgenkind**: Die Show wurde ab 1964 ausgestrahlt und hatte ab 1967 zahlreiche Prominente zu Gast, darunter Clown-Legende Charley Rivel, Adriano Celentano, Eartha Kitt und Hildegard Knef. Ein heimlicher Star der Sendung war der Geldbriefträger Walter Spahrbier.

Lou van Burg, auch **„Mr Wunnebar“** genannt, leitete ab 1964 die beliebte Show **Der goldene Schuss** – 1967 stolperte er über eine Affäre mit seiner Assistentin Marianne, und Sänger **Vico Torriani** wurde sein Nachfolger. Die Show, bei der die Kandidaten Geschicklichkeitsspiele ausführen und mit einer Armbrust schießen mussten, fesselte trotz ihrer einfachen Strickart das Publikum. Beim Goldenen Schuss musste der Kandidat mit dem Bolzen der Armbrust einen Faden treffen, um einen Goldpreis zu gewinnen. Die deutsche Sprache verdankt der Sendung die Redewendung **„Der Kandidat hat 100 Punkte“**. Diesen Satz sagte die Assistentin, wenn der Bolzen ins Schwarze der Scheibe traf. Irrtümlich verkündete die Fernseh-Fee bei einer „Fahrkarte“, also einem kompletten Fehlschuss, **„Der Kandidat hat 99 Punkte“**, was zur Erheiterung des Publikums beitrug und ebenfalls sprichwörtlich wurde. Zu besten Zeiten erreichte Der goldene Schuss eine maximale Einschaltquote von 72 %.

Hans-Joachim Kulenkampff gab von 1964 bis 1969 der Quizshow **Einer wird gewinnen** sein Gesicht – Kultstatus erreichte der immer wieder gleiche Schluss der Sendungen: **Butler Martin Jente**, in Wirklichkeit der Produzent der Sendereihe, reichte dem Quizmaster Mantel, Hut, Schal und Schirm und kommentierte die eben abgelaufene Sendung ausgesprochen kritisch.

Spiel ohne Grenzen, moderiert von **Camillo Felgen**, eine sportliche Spielshow, in der verschiedene Städte-Teams aus ganz

Camillo Felgen bei den Proben am 2.9.1970 zu Spiel ohne Grenzen

Europa gegeneinander antraten, war ein Straßenfeger; Camillo Felgen leitete die Sendung von 1965 bis 1973, unterstützt u.a. von Timm Elstner, der später als **Frank Elstner** berühmt werden sollte. Die erste Sendung in Deutschland moderierte übrigens der Stuntman **Arnim Dahl**, Camillo Felgen war ursprünglich nur als Übersetzer eingeplant. Dahl war 1959 durch einen spektakulären Stunt bekannt geworden: Er machte auf dem Dachgeländer des Empire State Building in New York einen Handstand.

Unterschiedliche Moderatoren leiteten den **Grand Prix Eurovision de la Chanson** – den Vorläufer des Eurovision Song Contest. Es gab diese Veranstaltung schon seit 1956, sie wurde aber in den 60er-Jahren sehr populär. Allerdings siegte in diesem Jahrzehnt kein deutscher Kandidat; 1966 gewann Udo Jürgens mit Merci, Cherie für Österreich.

Otto Höpfner moderierte bis 1965 die Sendung **Zum Blauen Bock**, eine beliebte Familienunterhaltungsshow des Hessischen Rundfunks in der ARD, von der zwischen 1957 und 1987 über 200 Folgen ausgestrahlt wurden. Ab 1965 nahmen **Heinz Schenk** und **Lia Wöhr** seine Rolle ein und schenkten Äppelwoi aus Bembeln aus …

Hans Rosenthal führte von 1964 bis 1970 durch die 25-minütige Quizshow **Gut gefragt ist halb gewonnen**; sie war so beliebt, dass sie es auf immerhin 67 Folgen brachte. In diesem Quiz traten zwei aus jeweils drei Prominenten bestehende Teams gegeneinander an. Sie mussten möglichst schnell vorgegebene Begriffe erraten, indem sie Hans Rosenthal Fragen stellten, die er nur mit Ja oder Nein beantworten durfte. Kultstatus erreichte er später mit seiner Fernsehshow Dalli Dalli, die von 1971 bis 1986 in 153 Folgen vom ZDF ausgestrahlt wurde.

Radio- und Fernsehmoderator Hans Rosenthal feierte in den 60er-Jahren mit Gut gefragt ist halb gewonnen große Erfolge.

Und sonst?

Nicht alles lässt sich in Schubladen einordnen. Manche Sendungen des Jahrzehnts fielen aus dem Rahmen und überzeugten gerade durch ihre Andersartigkeit; sie werden teilweise – unverändert oder abgewandelt – noch immer ausgestrahlt.

• **Die Fernfahrer**: zwölfteilige Serie ab 1963 über den Alltag auf der Autobahn mit Martin Hausmann als Rudolf Krieg und Philip Müdel als Pit Krüger in einem Büssing-8000-Truck in den Hauptrollen.

Moderator Eduard Zimmermann im April 1970 in der Kulisse der ZDF-Sendung Aktenzeichen XY – ungelöst

• **Aktenzeichen XY – ungelöst**: Die fernsehunterstützte Suche nach Kriminellen begann 1967, der Ermittler der Nation, Eduard Zimmermann, selber Ex-Knacki wegen Diebstahls und Schwarzhandels, brachte es im Laufe der Jahre auf über 300 Sendungen.

• **Königlich Bayerisches Amtsgericht**: eine Serie beginnend im Jahr 1968 zwischen Gerichtsshow und Heimatfilm mit bayerischem Flair.

• **ZDF-Magazin**: Die seit 1969 ausgestrahlte Magazinsendung mit dem erzkonservativen Moderator Gerhard Löwenthal wurde neben der BILD-Zeitung schnell zum Erzfeind aller Strömungen links der Mitte in der Bundesrepublik inklusive der SPD-FDP-Regierung. Wie beliebt Löwenthal in dieser Szene war, verdeutlicht die Textzeile „Die Milch wird sauer, das Bier wird schal, im Fernsehen spricht der Löwenthal" der politischen Rockgruppe Floh de Cologne. Löwenthal hatte übrigens ein kommunistisches Pendant in der DDR: Karl-Eduard von Schnitzler agitierte in seiner Sendung Der schwarze Kanal von 1960 bis in den Oktober 1989 gegen bundesdeutsche Politik und den Kapitalismus im Allgemeinen.

• **Cartoon**: Diese heitere Fernsehsendung, von der ARD mit Loriot alias Vicco von Bülow als Moderator zwischen 1967 und 1972 ausgestrahlt, leistete Basisarbeit in Sachen Humor in der Bundesrepublik Deutschland. Sie zeigte Zeichentrickfilme, witzige Spielszenen, sprachlich kunstvolle Zwischenmoderationen und prägte damit Standards für ein Genre.

Der Sport kommt zu seinem Publikum

Fußball z. B., aber auch andere Sportarten gab es bis dato nur direkt am Veranstaltungsort – also auf dem Fußballplatz, in der Halle oder auf der Aschenbahn – oder bestenfalls in einer Radioübertragung. Lebendige Präsenz mit Bild und Ton bot das neue Medium Fernsehen. Sportinteressierte nahmen das Angebot begeistert an.

Bereits am 4.6.1961 ging die **Sportschau** der ARD auf Sendung. Sie wurde beim WDR in Köln produziert. Fußball wurde erst mit dem Start der Fußball-Bundesliga 1963 das wichtigste Thema der Sendung. Jeden Samstag wurden die aktuellen Spiele gezeigt. Eine zweite, zweiteilige Ausgabe der Sportschau am Sonntag berichtete über Reiten, Handball und weitere Ballsportarten, Leichtathletik und Schwimmen. Maßgeblich war für die Redaktion ein sachlicher Journalismus, erst ab 1971 lockerte das **Tor des Monats** die etwas nüchterne Sendung auf. Wie auch später beim ZDF musste das Filmmaterial rechtzeitig zur Sendung angeliefert werden. Häufig wurde über Spiele berichtet, die in relativer Nähe zum Sender stattgefunden hatten, z.B. beim 1. FC Köln. Moderatoren der ersten Stunde waren u. a.: **Addi Furler • Arnim Basche • Dieter Adler • Alexander von Bentheim • Ernst Huberty • Günter Siefarth • Karl Senne • Hans-Joachim Rauschenbach**.

Helmuth Bendt moderierte neben anderen Das aktuelle Sportstudio in der Zeit von 1963 und 1981.

Das aktuelle sportstudio im ZDF wurde erstmals am 24.8.1963 ausgestrahlt, am ersten Spieltag der Bundesliga. Die Sendungen wurden lange Zeit noch live übertragen, das aktuelle Filmmaterial musste häufig von Motorrad-Kurieren zum Sender gebracht, dort entwickelt und geschnitten und für die Ausstrahlung vorbereitet werden. Meist war Fußball das zentrale Thema. Beim Publikum ausgesprochen beliebt wurde eine neue Erfindung, die **Torwand** mit zwei Löchern links oben und rechts unten, an der die Größen des Fußballs ihre Schuss-

Ernst Huberty führt im September 1969 durch die Sportschau.

qualitäten unter Beweis stellen konnten. Moderatoren der Sendung waren u. a.: **Harry Valérien** • **Helmuth Bendt** • **Heribert Meisel** • **Werner Schneider** • **Rainer Günzler** • **Gerd Krämer**. 1973 leistete die Sendung Pionierarbeit: **Carmen Thomas** moderierte als erste Frau eine Sportsendung.

Eine nicht zu vergessende Größe in der Sportreportage der 60er-Jahre war **Heinz Maegerlein**, der für den Bayerischen Rundfunk arbeitete; in die Geschichte ein ging allerdings weniger seine von kompetentem Wissen und faktischer Genauigkeit geprägte Sportberichterstattung, sondern eine Stilblüte von 1959: Im Rahmen eines Ski-Rennens 1959 äußerte Maegerlein den wunderbaren Satz: „Tausende standen an den Hängen und Pisten."

Im Juli 1969 starteten die Dreharbeiten zur Serie Urmel aus dem Eis mit den Marionetten der Augsburger Puppenkiste.

Das Kinderprogramm

Auch hier begann alles sparsam: Es gab noch nicht unzählige Kanäle, die rund um die Uhr schnell geschnittene Kindersendungen oder schreiend bunte Cartoons zeigten und Eltern und letztlich auch Kindern den letzten Nerv raubten. Es begann sehr beschaulich, und es ist gut möglich, dass so manches Kind heutzutage das Programm sterbenslangweilig fände.

• **Die Augsburger Puppenkiste**: Unterhaltsames Puppentheater aus Augsburg wurde zum beliebten Beitrag im Kinderfernsehen. Hier eine Liste einiger Produktionen, in den 60er-Jahren noch zum großen Teil in Schwarz-Weiß gedreht, die Kinder und Erwachsene vor dem Bildschirm fesselten: **Die Muminfamilie** (1959–1961), **Jim Knopf und Lukas der Lokomotivführer** (1961), **Jim Knopf und die Wilde 13** (1962), **Der kleine dicke Ritter – Oblong Fitz Oblong** (1963), **Kater Mikesch** (1964), **Der Löwe ist los** (1965), **Der Räuber Hotzenplotz** (1966), **Gut gebrüllt, Löwe** (1967), **Bill Bo und seine Kumpane** (1968) und **Urmel aus dem Eis** (1969).

• **Die Kinder von Bullerbü**: Die 13-teilige Kinderserie nach den Büchern von Astrid Lindgren erfreute ab 1961 Kinder und Eltern vor den Bildschirmen. Erzählt wurden die Alltagsgeschichten und Erlebnisse der Geschwister Bosse, Lasse und Lisa mit ihren Freunden Anna, Britta, Olle und der kleinen Kerstin in ihrem beschaulichen Heimatdorf Bullerbü, das aus nur drei Höfen bestand.

• **Die kleinen Strolche**: Die Slapstick-Kinderserie in Schwarz-Weiß, deren erste Folgen schon in den 20er-Jahren gedreht wurden, erzählt von den Streichen und Abenteuern einer Gruppe von Straßenkindern, die durch die Geschichten toben. Unvergesslich: der Hund namens Pete mit dem Kringel ums Auge. Die Serie war 1967 sonntags im ZDF zu sehen und hatte viele Fans.

• **Ferien auf der Kräheninsel**: 13 noch in Schwarz-Weiß gedrehte Kindergeschichten nach einer Erzählung von Astrid Lindgren wurden später durch die Serie **Ferien auf Saltkrokan** fortgesetzt.

• Pippi Langstrumpf tauchte übrigens in den 60er-Jahren nicht selbst im Fernsehen auf, das sollte noch bis 1971 dauern. Immerhin las 1967 Margot Trooger in der Sendung **Pippi Langstrumpf Vorlesestunde** Geschichten mit der wilden Pippi im Fernsehen vor. Wer wollte, konnte bereits 1969 zwei Pippi-Spielfilme im Kino sehen: Pippi Langstrumpf sowie Pippi geht von Bord.

• **Flipper**: Sandy und Budd, die Söhne des Parkaufsehers Porter Ricks (Brian Kelly) im Coral Key Park in Florida, waren mit dem Delfin Flipper befreundet, der ihnen mit erstaunlicher Intelligenz und menschlichem Einfühlungsvermögen in allen Lebenslagen zu Hilfe eilte. Das Erkennungslied der Serie („Man ruft nur Flipper, Flipper, gleich wird er kommen ...“), die in 88 Folgen ab 1966 im ZDF ausgestrahlt wurde, kannte jedes Kind und kennt heute wahrscheinlich noch mancher Erwachsene.

• **Fury**: Die Abenteuerserie um den wilden Hengst Fury, den der Witwer Jim Newton (Peter Graves) dem von ihm großgezogenen Waisenjungen Joe Clark (Robert „Bobby“ Diamond) geschenkt hatte, spielte auf der Broken Wheel Ranch. Die kuriose, aber erfolgreiche Familienkonstellation ergänzte der alte Koch Pete (William Fawcett). Der kleine Joe erlebte mit Fury zahlreiche Abenteuer, verfolgte Verbrecher und wur-

Szene aus Lassies größtes Abenteuer (USA 1962; Regie: William Beaudine)

de immer wieder aus großen Gefahren gerettet – ab 1958 in 47 deutsch synchronisierten Folgen in der ARD.

• **Lassie**: Volle 591 Mal stand Colliehund Lassie (in mehreren Doubles) in ARD und ZDF vor der Kamera, manchmal gemeinsam mit einem kindlichen Herrchen, zunächst ein Junge namens Jeff, später der kleine Timmy, dann wieder ganz allein in der Wildnis agierend oder in einer anderen Konstellation. Von 1958 bis 1963 zeigte sich Lassie als Wunderhund, entwickelte

Bild zum 25. Geburtstag des Sandmännchens Ost

erstaunliche Intelligenz und menschliches Einfühlungsvermögen, rettete Menschen und Tiere gleich im Dutzend und führte bösartige Gangster dem Sheriff zu.

Hätte man einem Kind in den 60er-Jahren die Möglichkeit gegeben, sich drei beliebige Haustiere auszusuchen, so wären dies mit Sicherheit Flipper, Fury und Lassie gewesen.

• **Mein Freund Ben**: In 38 Folgen erlebten der siebenjährige Mark Wedloe (Clint Howard) und sein bäriger Freund Ben Abenteuer in den Everglades von Florida, ausgestrahlt ab 1969 in der ARD.

• **Rin Tin Tin**: Schäferhund contra Collie: Die Geschichten um den deutschen Schäferhund und den Waisenjungen Rusty (Lee Aaker) gingen den deutschen Fernsehzuschauern ab 1956 bis in die frühen 60er-Jahre ans Herz.

• **Sandmännchen West**: Ab 1959 erfreute das Sandmännchen („Nun, liebe Kinder, gebt fein acht, ich hab euch etwas mitgebracht") die kleinen Fernsehzuschauer im Westen Deutschlands vor dem Einschlafen mit einer Mini-Serie: Beppo und Peppi; Emilie und ihre Freunde; Hilde, Teddy und Puppi; Hippo und der Süßwasserkarl ... Später wurde aus dem Sandmännchen das Sandmännchen International.

• **Sandmännchen Ost**: Das Sandmännchen Ost ging ein paar Tage früher als das Sandmännchen West auf Sendung. Es agierte natürlich in Konkurrenz zum kapitalistischen westlichen Sandmännchen, besuchte sozialistische Länder und reiste als Kosmonaut ins All. Es erzählte aber wie sein westlicher Kollege Gutenachtgeschichten für seine Zuschauer, Abendgruß genannt, mit Figuren wie Pittiplatsch und Schnatterinchen, Herr Fuchs und Frau Elster, Flax und Krümel, Meister Briefmarke und Frau Puppendoktor Pille, um nur einige zu nennen. Das Sandmännchen Ost überlebte übrigens die deutsche Wiedervereinigung.

• **Skippy, das Känguruh**: Das Känguru Skippy wird von Sonny (Gary Pankhurst), dem Sohn eines Wildhüters, nach einer Verletzung gesund gepflegt und zum besten Freund des Jungen. Die australische Variante von Flipper, Fury und Lassie lief 1969 in 91 Folgen in der ARD, wobei ein erwachsener Zuschauer dem dumpf dreinblickenden Känguru weder seine Intelligenzleistungen noch seine Heldentaten so recht abnehmen mochte ...

• **Sport-Spiel-Spannung**: Dies war eine beliebte Fernsehsendung für Kinder und Jugendliche, die von 1959 bis 1974 in der ARD lief. Ihr erster Moderator, zu Beginn der Ausstrahlung der 63-jährige **Heinrich Fischer**, besaß zwar einen großartigen Hintergrund bezüglich Literatur und Theater, wirkte jedoch etwas altväterlich. Später löste ihn der Schauspieler Klaus **Havenstein** ab.

Science-Fiction und Angrenzendes

Im Vergleich zu heutigen Computeranimationen und 3-D-Meisterwerken gewaltiger filmischer SF-Epen waren diese Einblicke in unsere Zukunft noch mehr oder weniger handgestrickt ...

• **Raumpatrouille – Die Abenteuer des schnellen Raumkreuzers Orion**: Alle Folgen begannen mit dem Satz: „Was heute noch wie ein Märchen klingt, kann morgen schon Wirklichkeit sein. Hier ist ein Märchen von übermorgen." Die frühe deutsche Science-Fiction-Serie mit Dietmar Schönherr als Orion-Commander Cliff Allister McLane, Eva Pflug als Leutnant Tamara Jagellovsk und Wolfgang Völz als Leutnant Mario de Monti wurde 1966 erstmals ausgestrahlt und erreichte traumhafte Einschaltquoten von bis zu 56 %. In sieben Folgen bestach die Sendereihe weniger durch ihre originellen Abenteuer mit den Außerirdischen namens Frogs als durch ihre Trickeffekte und ihre recht kuriose Ausstattung: Unter anderem wurden Möbelstücke damals aktueller Designer als zukünftig ausgegeben und fantasievolle Ausrüstungsgegenstände aus Gießharz gefertigt. Es kamen aber auch nur leicht verfremdete Alltagsgegenstände wie Bügeleisen, Bleistiftspitzer, Plastikbecher, Garnrollen und Wasserhähne im futuristischen Ambiente zum Einsatz.

Als Commander Cliff Allister McLane in der Science-Fiction-Serie Raumpatrouille erlangte Dietmar Schönherr in Deutschland große Berühmtheit.

• **Immer wenn er Pillen nahm**: US-Serie der 60er-Jahre, Mischung aus Science-Fiction und Superhelden-Klamauk; ausgestrahlt im ZDF ab 1970: der von Natur aus wenig heldenhafte Tankwart Stanley Beamish warf immer, wenn es gefährlich wurde, eine Pille ein und entwickelte plötzlich Superkräfte, die ihn jedes Problem lösen ließen ...

Jeder ist ein Künstler!

Im bürgerlichen Haushalt der ersten Hälfte der 60er-Jahre dominierten noch vielerorts **Marienbilder über den Ehebetten** und der **röhrende Hirsch** über dem Wohnzimmersofa. Je weiter das Jahrzehnt voranschritt, desto mehr suchten die Menschen nach neuen künstlerischen Ausdrucksformen. Maria und der Hirsch wanderten auf den Sperrmüll und landeten dann womöglich wieder auf dem Flohmarkt ...

- **Op-Art:** Bei dem Begriff denkt man erst einmal an irritierende, meist schwarz-weiße Muster, wie sie später von der Modewelt benutzt wurden. Eigentlich bezeichnet dieser Begriff vielfältige und unterschiedliche künstlerische Ausrichtungen, die mit den optischen Eigenschaften von Licht und Gegenstand spielen. Künstler der Op-Art waren **Josef Albers**, **Heinz Mack**, **Julio Le Parc**, **Jesús Rafael Soto**, **Günther Uecker** und **Victor Vasarely**, deren Gesamtwerk sich aber keineswegs ausschließlich dieser Richtung zuordnen lässt.
- **Minimal Art** oder auch **Minimalismus**: Eine in den 60er-Jahren entstandene Kunstrichtung, die sich bewusst gegen den großen Gestus und die übersteigerte Expression in der Malerei der Zeit wandte. Die Vertreter dieser Kunstform forderten eine objektivierbare Kunst, schematisch klar und logisch im Aufbau. Viele der theoretischen Überlegungen dieser Künstler gingen auch in die Architektur ein. Bekannte Künstler des Minimalismus sind u.a. **Donald Judd**, **Sol LeWitt**, **Robert Morris** und **Richard Serra**, bekannt durch seine zugleich monumentalen wie schlichten Metallplastiken.
- **Pop-Art**: Sie brachte Neues und Plakatives von der Dosensuppe über das Ready Made bis zum Siebdruck in die Welt der großen Kunst; diese künstlerische Ausrichtung und das durch sie gewonnene neue Bewusstsein, dass Kunstwerke re-

Op-Art-Künstler Heinz Mack produziert auf einer Kunstausstellung in Berlin 1963 mithilfe eines Staubsaugers Seifenschaum-Gebilde, wobei die Seifenblasen die Null(Zero)-Form symbolisieren.

Andy Warhol (l. mit Sonnenbrille) mit Tennessee Williams und Paul Morrissey

produzierbare Produkte sein können, führte zu einem ausgesprochenen **Plakat-Boom**. Die Stars: **Richard Hamilton**, **Robert Rauschenberg**, **Claes Oldenburg**, **Andy Warhol** und **Roy Lichtenstein**.

- **Eat-Art**: **Daniel Spoerri** erweiterte das Spektrum der bildenden Kunst um die Eat-Art. Seine sogenannten Fallen-Bilder, in Kunstharz festgehaltene Tischplatten mit den Überbleibseln einer Mahlzeit oder eines Gelages samt Geschirr, Besteck und Nahrungsmittelresten, waren eine echte Innovation.
- **Land Art**: Die aus den USA kommende Kunstrichtung mit ihren bekanntesten Vertretern **Robert Smithson**, **Michael Heizer** und **Andy Goldsworthy** ging weit über die Plastik hinaus und erklärte die gestaltete Landschaft zum Kunstobjekt – ein nicht kommerzielles Kunstwerk, das sich dem Kunstmarkt bewusst entzog. Diese Richtung teilte sich später in unterschiedliche Sparten auf, welche die Natürlichkeit der Materialien oder die Vergänglichkeit der Objekte besonders hervorhoben.
- **Wiener Aktionismus**: Die österreichischen Maler und Aktionskünstler **Otto Mühl** und **Hermann Nitsch** belieferten die bürgerliche Presse mit Schockerlebnissen, brachten bei ihren Aktionen um Erotik und Tod Hühner und Schweine um, stellten mit Vorliebe weibliche Nacktheit zur Schau und hantierten mit Blut, Kot und Urin.
- **Fluxus**: Ebenfalls mit provokanten Aktionen machten die internationalen Künstler der Fluxus-Gruppe auf sich aufmerksam. Sie propagierten eine interdisziplinäre Kunst, verbanden Malerei, Musik, Videokunst

Nam June Paik führt seine Aktionskunst im Rahmen von Fluxu
Internationale Festspiele neuester Musik 1962 in Wiesbaden v

Joseph-Beuys-Poster für eine Vortragstournee durch die USA: Energy Plan for the Western Man

und Aktion zu neuer künstlerischer Begrifflichkeit: Was zählte, war die Idee. Viele internationale Künstler gehörten zur Fluxusbewegung; hier nur einige Beispiele: **Wolf Vostell** schickte Spinat mit der Bahn auf Reisen und betonierte Autowracks ein; **Yoko Ono** inszenierte Aktionen mit dem Publikum, **John Cage** kreierte neue Formen der Komposition und Interpretation von Musik.

- **Joseph Beuys**: Er provozierte und politisierte, was ihn nicht nur 1972 den Job als Kunstprofessor kostete, sondern auch bekannt machte; er erfreute den Kunstmarkt mit Kunstwerken aus **Fett und Filz**, verfremdete Konsumgüter bis zur Unbrauchbarkeit und befruchtete auf diese Weise das Verständnis von Kunst durch völlig neue Sichtweisen.

- **Niki de Saint Phalle**: Sie provozierte die Öffentlichkeit und die Kunstwelt durch ihre üppigen Frauenfiguren, die sogenannten **Nana**'s, die sie 1964 erstmals zeigte und die als Symbole eines neuen weiblichen Bewusstseins interpretiert wurden. Eine ihrer bekanntesten Arbeiten, die 29 m lange, liegende Statue **Hon** (schwedisch: „sie"), errichtete sie 1966 im Stockholmer Moderna Museet. Die Figur kann durch die Vagina betreten werden, um eine Bar oder ein Kino zu besuchen, das sich in ihrem Inneren befindet. 1968 brachte eine Ausstellung im Museum Of Modern Art in New York Niki de Saint Phalle internationalen Durchbruch. Heute werden sogar Plagiate ihrer dekorativen Plastiken im Internet verkauft.

Nana von Niki de Saint Phalle auf der Mike-Gehrke-Promenade in Hannover

Reisen & Urlaub

Mit dem Wirtschaftswunder veränderte sich das Urlaubsverhalten der Deutschen. Die neue Reiselust brach an. Damit war anfangs keineswegs eine Pauschalreise gemeint und schon gar kein All-inclusive-Angebot. Doch mit zunehmendem Wohlstand erlaubte man sich einmal im Jahr eine bescheidene Reise, die anfangs oft zu Zielen im Inland führte. Nord- und Ostsee waren sehr beliebt, aber auch die Binnenseen, die Mittelgebirge wie Schwarzwald, Harz und Sauerland sowie die Alpen wählte man als Reiseziel. Weniger wohlhabende Familien verbrachten den Urlaub zu Hause, im Freibad oder auf dem Balkon. In den Großstädten wurden die Kinder häufig auch in die öffentlich bezuschusste **Stadtranderholung** geschickt. So konnten sie in den Ferien Natur und Gemeinschaft erleben und der Enge der Wohnungen entkommen.

Das Campingzelt auf dem Autodach (hier einer NSU Prinz) wurde 1966 in Hamburg als Messe-Neuheit aus Mailand vorgestellt.

On the road – automobile Möglichkeiten

In den 60er-Jahren wurde das Auto wichtigstes Reisemittel. Es war oftmals billiger, die Familie samt Gepäck damit an den Urlaubsort zu transportieren, als für jedes Mitglied der Familie eine Fahrkarte zu kaufen. Die Benzinpreise waren zu der Zeit so unschlagbar niedrig (zwischen 40 und 80 Pfennig pro Liter, das sind 0,20 € bis 0,40 € pro Liter), dass die Bundesbahn kaum mithalten konnte.

Der **VW-Bus T1 Samba** dürfte der Traum vieler Reiselustiger gewesen sein. Allerdings war er für die meisten unerschwinglich teuer, weil er gerade auf den Markt gekommen war. Wegen begrenzter finanzieller Möglichkeiten fand in den 60er-Jahren das Wohnmobil seine Anfänge: Man kaufte preiswert einen schrottreifen, aber großräumigen Wagen und baute ihn selbst zum Hippie-Express aus. Gefragt waren Leichenwagen (sehr cool!) ebenso wie Gebrauchtfahrzeuge der Bundeswehr, am besten in ihren geländegängigen Varianten, denn mit einem solchen Fahrzeug umwehte den Besitzer der Hauch der großen weiten Welt.

Neben dem **Zelt**, das schon vor dem Zweiten Weltkrieg für das **Campen** genutzt wurde, kamen jetzt spezielle Reisemobile wie der umgebaute VW-Bus und auch **Wohnanhänger** auf den Markt. Pioniere hatten solche mitreisenden Behausungen schon in den 50er-Jahren genutzt, erstaunlich winzige Fahrzeuge, die selbst von Kleinwagen wie der BMW Isetta gezogen werden konnten. Doch jetzt wurden sie größer und luxuriöser eingerichtet. Verglichen mit heutigen Bedürfnissen waren sie allerdings immer noch ausgesprochen klein.

Rund um das Campen entstand eine eigene Industrie, die Ausrüstung und Zubehörgegenstände lieferte. Allerdings führten die Campingreisen mit Wohnanhänger zunächst selten über die Grenzen Deutschlands hinaus – die relativ schwach motorisierten Pkws erreichten auf der Autobahn nur mit Mühe 80 km/h, auch bei leichten Steigungen galt der Grundsatz: **„Lieber tot als Schwung verlieren!“**

Diesem Problem sollte der aus Polyester gebaute Superleichtcaravan **Suleica** der Firma Schäfer entgegenwirken, der zwischen 350 und 600 Kilogramm wog und auch in heutigen Tagen viele Fans besitzt: Mehr als 50 % aller Suleicas sollen noch in Gebrauch sein.

Erlebnis Grenzkontrolle

Das Europa der offenen Grenzen war noch fern, und wer eine Grenze überschreiten wollte, musste mit grenzwertigen Erlebnissen rechnen: Ob er nun Drogen mit sich führte oder nicht, besonders geprüft wurde derjenige, der lange Haare trug und sich mit Hippie-Accessoires schmückte. Ebenso **bunt bemalte Autos**, in jenen Tagen sehr beliebt, waren im Fokus der Zöllner, aber auch der Polizei in den Großstädten. Wenn es dazu im Inneren des Fahrzeugs noch nach **Patchouli**, **Moschus** oder **Ambra** roch, schritten die Beamten zur Tat: **Vollständig zerlegte Automobile** an der Grenze und komplett gefilzte Reisende waren an der Tagesordnung. Leider waren die Zollmitarbeiter nicht ausreichend geschult, und jede Kopfschmerztablette und selbst in Plastikbeuteln verpackte Knetmasse – so einem Kunstlehrer geschehen – wurden für die Wahnsinnsdroge gehalten.

Kontrollpunkt Dreilinden Berlin (West) im Mai 1968

Unterwegs mit der Bahn

Zwar war die Autobegeisterung in den 60er-Jahren groß, doch die Bahn blieb, was längere Reisen anging, immer noch das bequemste Verkehrsmittel der Wahl. Reisen mit der Bahn stellten für viele ein Abenteuer dar: Die Züge hatten eine erste und zweite Klasse (die dritte Klasse wurde 1956 abgeschafft) und anders als heute separate Abteile. Unterwegs schläferte die Fahrgäste das monotone Geräusch der Räder auf den Schienen – tack-tack, tack-tack bei jeder damals noch nicht geglätteten Schweißnaht – angenehm ein. Die Toiletten rochen noch unangenehmer als heute, und man musste Bahnsteigkarten ziehen, wenn man durch die Sperre wollte, um jemanden am Bahnsteig abzuholen. Und: Die Mitarbeiter der Bahn waren noch Beamte.

Dampfloks: Sie zogen noch so manchen **D-Zug**, waren aber bereits Relikte der 50er-Jahre. Sie wurden abgelöst durch die **Diesellok V200**, welche kleinen Jungen auch als Teil ihrer **Märklin-Spielzeugeisenbahn Spur H0** unvergesslich blieb. Eisenbahnwagen von Fernzügen hatten noch **Abteile**, wurden aber im Laufe der 70er-Jahre zunehmend durch Großraumwagen ersetzt, weil diese für die Bahn kostengünstiger sind.

Trans-Europ-Express: Der Trans-Europ-Express (TEE), fälschlicherweise auch Trans-Europa-Express genannt, verkehrte von 1957 bis 1987 zwischen den Staaten der **EWG (Europäische Wirtschafts-Gemeinschaft)** sowie der Schweiz. Züge dieses Standards führten ausschließlich Wagen der ersten Klasse. Abgelöst wurden sie durch den EuroCity.

Daumen hoch – Trampen

Waren es wirklich die Bücher von **Jack Kerouac** und **Joseph Conrad**, welche die Jugend dieses Jahrzehnts auf die Straße

Tramper an einer Autobahnzufahrt in Nordrhein-Westfalen, aufgenommen im Juni 1969

trieben? Nur wenige der per Anhalter Reisenden dürfte sie damals schon gelesen haben. **Trampen** war einfach cool und funktionierte so: Du stellst dich an den Straßenrand, hebst einen ausgestreckten Arm mit einem himmelwärts weisenden Daumen – und schon hält ein Auto neben dir, und der Fahrer fragt, wohin du möchtest. So weit die Theorie. Die Praxis: Ja, es konnte schon mal geschehen, dass ein

Wagen bereits nach drei Minuten anhielt, aber es konnte auch passieren, dass man stundenlang im Regen am Straßenrand warten musste. Beliebte Reiseziele für Tramper waren neben spontanen innerdeutschen Rundreisen Europas Hauptstädte wie Amsterdam, Paris, Madrid, Kopenhagen und Stockholm.

Internationale Reiseziele

Flugreisen waren noch astronomisch teuer, für Schiffsreisen brauchte man zu viel Zeit. Also machte der Normalverdiener Ferien mit Motorrad, Auto oder Bahn und blieb im Lande oder auf dem Kontinent – zumindest in der ersten Hälfte des Jahrzehnts. Der pauschal organisierte Urlaub war immer noch fern, große Hotelanlagen, spezielle Feriendörfer und touristische Freizeitparks existierten noch nicht. Man wohnte in Pensionen oder in den Fremdenzimmern eines Gasthofes. Langsam wurden die Ferienziele aber exotischer:

An der französischen Riviera (hier Cannes) zeichnete sich bereits Ende der 60er-Jahre ab, was bald vielerorts zum Modell werden sollte: überfüllte Strände und Hotelanlagen.

Italien: Nicht umsonst versank in einem beliebten Schlager die rote Sonne bei Capri im Meer; wenn es ins Ausland ging, zog es die deutschen Urlauber häufig in das Land im Süden, wo die Zitronen blühen. Dieser Trend zu Adria und Riviera änderte sich aber im Laufe des Jahrzehnts.

Mallorca: Die Balearen-Insel kam in den 60er-Jahren in Mode; hatten 1960 noch rund 360.000 Touristen Mallorca besucht, so waren es 1970 bereits mehr als zwei Millionen pro Jahr.

Indien: Auf der Suche nach spirituellen Werten reisten gegen Ende der 60er-Jahre nicht nur die Beatles nach Indien; der neben dem Trampen aufkommende Rucksack-Tourismus führte besonders junge Leute nach Asien. Indien war häufig eine Station auf dieser Reise. Hardcore-Sinnsucher verschlug es bis nach **Nepal**.

Amsterdam: Die niederländische Provo-Bewegung, das Gegenstück zur deutschen APO, wählte Amsterdam als ihr Zentrum. Die Tatsache, dass dort weiche Drogen mehr oder weniger geduldet wurden und konsumiert werden konnten, lockte Hippies aus der ganzen Welt in die Stadt. Leer stehende Häuser oder Hausboote wurden von ihnen gemietet oder besetzt. In der Stadt etablierte sich ein reges kulturelles alternatives Leben, Orte wie das Jugendzentrum **Paradiso** und der **Melkweg** lockten die „Szene“ an.

Ähnlich wie Amsterdam entwickelte sich **Swinging London** zu einem beliebten Reiseziel. Wer „hip“ sein wollte, wählte zum Shoppen die **Carneby Street** in der englischen Hauptstadt.

Up, up and away! – Luftverkehr

Das Flugzeug war in diesem Jahrzehnt das Verkehrsmittel der Reichen und Schönen: Fliegen war unerschwinglich teuer. Deshalb stellte eine Urlaubsreise mit dem Flugzeug eher eine Seltenheit dar. Man reiste geschäftlich – oder war superreich.

Noch zu Anfang der 60er-Jahre wurde ein Teil des Flugverkehrs über viermotorige Propellermaschinen abgewickelt. Dabei handelte es sich z.B. um die in den 50er-Jahren gebauten Modelle Douglas DC-6 und Douglas DC-7.

Douglas DC-7

Boeing 707: Die Flugzeuge mit Strahltriebwerken lösten die Modelle der 50er-Jahre ab wie etwa die viermotorigen Propellermaschinen Lockheed Super Constellation oder die Douglas DC-6. Seinen Erstflug hatte das vierstrahlige Passagierflugzeug am 20.12.1957, es wurde bald neben der Douglas DC-8, die als erstes Verkehrsflugzeug im Sinkflug schneller als der Schall fliegen konnte, der **Douglas DC-9** und der **De Havilland Comet** in verschiedenen Typen zu einem der führenden Langstreckenflugzeuge der 60er-Jahre. Später kamen die Typen **Boeing 727** und **Boeing 737** hinzu. Maschinen dieser Kategorie konnten bis zu 200 Passagiere über Langstrecken befördern. Gegen Ende des Jahrzehnts, nämlich 1969, transportierte der **Jumbo-Jet**, die **Boeing 747**, damals eine technische Sensation, über 450 Passagiere – mehr als je ein anderes Flugzeug zuvor.

Boeing 707

Nicht für Touristen geeignet, aber Teil der Luftfahrtgeschichte der 60er-Jahre waren folgende Flugzeuge: Eher als eine Lachnummer denn als Technik-Ikone ging die **Lockheed F-104 Starfighter** der Bundeswehr in die Luftfahrtgeschichte ein. Das Jagdflugzeug fand durch eine Absturzserie, die durch technische Mängel und Konstruktionsfehler ausgelöst wurde, ungewöhnliche Aufmerksamkeit; dennoch blieb das Flugzeug im Dienst. Von den 900 Starfighter-Maschinen unterschiedlicher Modelle, die bis 1991 bei der Bundeswehr im Einsatz waren, gingen 292 durch Unfälle verloren. 116 Soldaten kamen ums Leben. Manche Bundesbürger führten über lange Jahre Strichlisten und schlossen Wetten ab, wann der nächste Starfighter vom Himmel fallen würde. Politisch führte dieses Desaster zur sogenannten Lockheed-Affäre, in die der bayerische Ministerpräsident Franz Josef Strauß verstrickt war.

F-104 Starfighter

Die technische Fantasie aller Jungen und Männer faszinierte die **North American X-15**, ein Raketenflugzeug, das im Jahre 1966 die erstaunliche Geschwindigkeit von 7.214 km/h erreichte. Der Pilot war ein gewisser William Joseph Knight.

31 GERMANY
26 DENMARK
27 DOMINICAN REPUBLIC
28 ETHIOPIA
29 FINLAND
30 FRANCE

Sport

Sportveranstaltungen hatten anfangs noch nicht die große mediale Bedeutung wie heute. Außerdem war die Vielzahl der heutigen Trendsportarten nahezu unbekannt. Fußball, vielleicht noch Handball, Boxen und Leichtathletik interessierten die Menschen. Dafür war der Sport eher in das lokale Umfeld der Menschen eingebettet. Vater und Sohn gingen sonntags auf den Fußballplatz und jubelten für ihren Verein.

Im Leistungssport veränderte sich viel. Neue Materialien waren die Ursache für bessere Spitzenleistungen in der Leichtathletik, und die Helden des Sports fanden nach und nach immer mehr Aufmerksamkeit in den Medien. Es wundert nicht, dass sie versuchten, ihren Erfolg mithilfe chemischer Unterstützung zu steigern – **Doping** war weit verbreitet und wurde erstmals von offizieller Seite bekämpft: 1960 brachte der Europäische Rat eine Resolution gegen den Gebrauch von Dopingsubstanzen im Sport ein. Frankreich erließ 1963 erste Anti-Doping-Gesetze, Belgien folgte 1965. Im Jahre 1968 wurden zum ersten Mal **Dopingtests** bei den Olympischen Winterspielen in Grenoble und den Olympischen Spielen in Mexiko eingeführt, und das Internationale Olympische Comitee (IOC) erstellte eine Liste mit verbotenen Substanzen und Trainingsmethoden.

Wichtige Sportler & Sportereignisse

Armin Hary gewann 1960 bei den Olympischen Spielen in Rom eine Goldmedaille im 100-m-Lauf. Seine Rekordzeit: handgestoppte 10,0 Sekunden auf einer Aschenbahn – Weltrekord! Ganz Deutschland lief am Bildschirm mit ihm. Doch seine Bestmarke fiel noch in diesem Jahrzehnt: Als 1968 bei der Olympiade in Mexico City erstmals auf einer **Tartanbahn** gelaufen wurde, erzielten die Athleten allgemein bessere Zeiten. Der Amerikaner **Jim Hines** lief die 100 m in 9,9 Sekunden. Auch der Weltrekord der Frauen wurde verbessert – **Wyomia Tyus** aus den USA lief die Kurzstrecke in 11,0 Sekunden. Weitere Weltrekorde bei den Männern fielen dank Tartan, und möglicherweise

Bernd Cullmann (r.) und Armin Hary am 8.9.1960 beim Wechsel in der 4x100-m-Staffel während der XVII. Olympischen Sommerspiele von Rom

auch wegen der günstigen Höhenlage des Veranstaltungsortes: Die Athleten erzielten neue Spitzenleistungen über 4 x 100 m, 200 m, 800 m ...

Der Weltrekord im Stabhochsprung, bisher 4,80 m von Don Bragg mit einem Metallstab gesprungen, wurde 1961 von dem Athleten George Davies mit einem **Glasfiberstab** um 3 cm übertroffen. Wenig später war diese Art von Stab Standard bei allen Athleten. Heute liegt der Weltrekord übrigens bei über 6,00 m.

1964 errang **Willi Holdorf** bei den Olympischen Sommerspielen in Tokio die Goldmedaille im Zehnkampf. Dabei zeigte er besonders im abschließenden 1500-m-Lauf enormen Kampfgeist.

Die Olympischen Winterspiele in Squaw Valley 1960 gehörten zu den ersten Sportveranstaltungen, die im Fernsehen gezeigt wurden. Es folgten die Olympischen Sommerspiele 1964 in Tokio und 1968 in Mexiko-Stadt, bei der Deutschland erstmals mit zwei Teams vertreten war: **Bundesrepublik Deutschland** und **Ostdeutschland**. Statt der jeweils üblichen Nationalhymne wurde Beethovens **Ode an die Freude** gespielt, wenn ein Sportler aus der Bundesrepublik und der DDR eine Goldmedaille gewannen. Beide Länder präsentierten sich erst ab 1972 vollkommen eigenständig. Das olympische Feuer entzündete erstmals eine Frau, die mexikanische Hürdenläuferin Enriqueta Basilia. Der amerikanische Hochspringer Richard Fosbury erstaunte das Publikum im Stadion und vor den Fernsehempfängern mit dem **Fosbury-Flop**, einer neuen revolutionären Hochsprungtechnik.

Gustav „Bubi" Scholz war einer der erfolgreichsten Boxer der 50er- und frühen 60er-Jahre und brachte es bis zum Europameister in unterschiedlichen Gewichtsklassen, zuletzt 1964 im Halbschwergewicht. In seinem einzigen Weltmeisterschaftskampf gegen Harold Johnson unterlag er. Nach Ende seiner Karriere machte er durch alkoholische Exzesse auf sich aufmerksam und wurde 1984 wegen fahrlässiger Tötung verurteilt: Er hatte betrunken auf seine Frau geschossen.

Cassius Clay, der spätere **Muhammad Ali**, begeisterte das Publikum in seinem Weltmeisterschaftskampf 1964 gegen Sonny Liston durch seinen eleganten Boxstil. Im Rückkampf 1965 machte Cassius Clay durch einen von nur wenigen Zuschauern überhaupt bemerkten **Phantom Punch** erneut von sich reden, einem blitzschnellen Schlag, der Sonny Liston schon nach 105 Sekunden auf die Bretter schickte.

Cassius Clay setzte als Boxer in den 60er-Jahren neue Maßstäbe.

Wolfgang Graf Berghe von Trips war adelig, was den Deutschen schon immer imponiert hat, hieß mit vollem Namen Wolfgang Alexander Albert Eduard Maximilian Reichsgraf Berghe von Trips und war einer der talentiertesten Rennfahrer seiner Zeit. Er belegte Plätze auf den vorderen Rängen der Formel 1 und wurde posthum Vizeweltmeister: Am 10.9.1961 verunglückte er beim Großen Preis von Italien in Monza; sein Wagen schleuderte in einen Maschendrahtzaun und riss 15 Zuschauer mit in den Tod.

Mit dem Ausgleichstor von Wolfgang Weber (89. Min.) flammte die Hoffnung auf einen Sieg der Deutschen in der WM 1966 wieder auf. Es folgten das Wembleytor und schließlich die 4:2-Niederlage gegen England.

Der 24.8.1963 war der erste Spieltag der **Fußball-Bundesliga**, die das Interesse der Zuschauer in den Stadien und vor den Radio- und Fernsehgeräten deutlich steigerte. Das **erste Bundesliga-Tor** schoss Timo Konietzka für Borussia Dortmund in der Begegnung Borussia Dortmund gegen Werder Bremen. Die Deutschen Meister in der Fußball-Bundesliga waren in den 60er-Jahren:

1963/64: 1. FC Köln
1964/65: Werder Bremen
1965/66: TSV 1860 München
1966/67: Eintracht Braunschweig
1967/68: 1. FC Nürnberg
1968/69: FC Bayern München
1969/70: Borussia Mönchengladbach

Bei der **Fußball-Weltmeisterschaft 1966** in England fiel im Endspiel zwischen England und Deutschland das berüchtigte **Wembley-Tor** – eines der umstrittensten und gleichzeitig berühmtesten Tore der Fußballgeschichte. Das Spiel endete 4:2 für England. Auf dem Rasen standen damals für Deutschland: **Franz Beckenbauer** • **Lothar Emmerich** • **Jürgen Grabowski** • **Helmut Haller** • **Siegfried Held** • **Heinz Hornig** • **Horst Dieter Höttges** • **Wolfgang Overath** • **Karl Heinz Schnellinger** • **Willi Schulz** • **Uwe Seeler** und im Tor **Hans Tilkowski**.

Auch der Radsport hatte einige Fans, zumal ein Deutscher 1967 die Straßenweltmeisterschaft der Radprofis gewann: **Rudi Altig**.

1969 war ein weiteres gutes Jahr für die Leichtathletik. Die Diskuswerferin **Liesel Westermann** zeigte großartige Leistungen, stellte mit 63,96 m einen Weltrekord auf und wurde zur Weltsportlerin des Jahres gewählt.

Zukunftsmusik

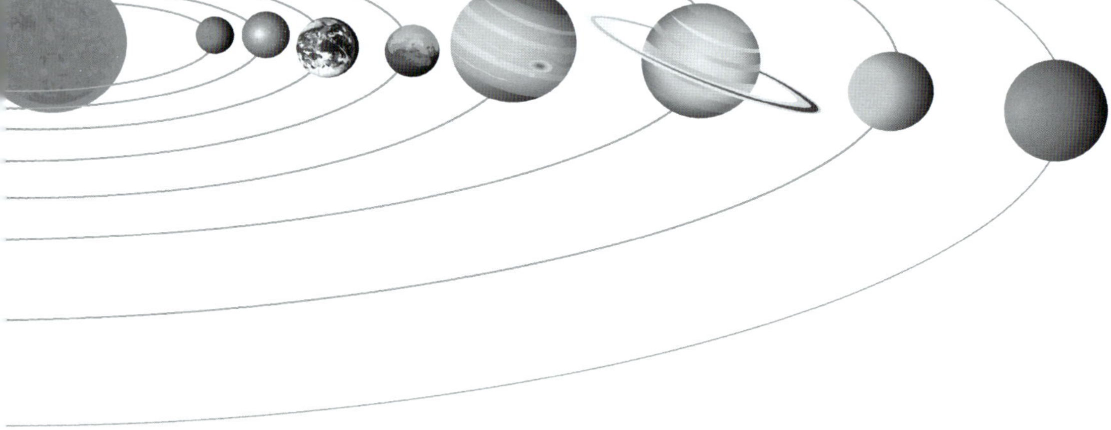

Das Wort Zukunft hatte in den 60er-Jahren einen süßen Klang, die Möglichkeiten schienen in den Vorstellungen der Menschen grenzenlos. Technische Lösungen versprachen ein Leben im Paradies unerschöpflicher Waren- und Freizeitangebote, eine Welt voller Reichtum, Gesundheit und Wohlergehen für jedermann existierte als kollektive Vorstellung, die nur wenige in Frage stellten. Das Weltall war durch die beginnende Raumfahrt ein neu zu entdeckendes Universum und die Bühne naiver Science-Fiction-Fantasien voller Raumschiffe und Superhelden. Fremde Planeten als schier unerschöpflicher Lebensraum schienen verlockend und so nah, als könne man sie in unmittelbarer Zukunft mit dem Raumtaxi erreichen, banales Urlaubsziel für Touristen.

Auf zu den Sternen, Mann!

Die **Raumfahrt** war seit den 50er-Jahren mit dem ersten Satelliten Sputnik und der Hündin Laika ein zentrales Thema der Menschen geworden, und spätestens seit der ersten Erdumrundung eines Menschen, **Juri Gagarin**, am 12.4.1961 waren Astronauten oder auch Kosmonauten die männlichen Helden jener Tage. Viele Jungen kannten damals die gesamten Baureihen der amerikanischen und manchmal auch der russischen Weltraumraketen und ihre Daten, insbesondere die Länge der Geschosse, auswendig. Zum Beispiel der Raketen, die so schillernde Namen trugen wie **Atlas**, **Delta**, **Thor**, **Titan** oder **Saturn**.

Hatte das **Mercury**-Programm der NASA den ersten US-Amerikaner, **John Glenn**, am 20.2.1962 ins Weltall gebracht, so bereitete das Projekt **Gemini** weitere Vorhaben der bemannten Raumfahrt vor. Ziel war es, grundlegende Techniken für längere Weltraumreisen zu entwickeln, insbesondere für das **Apollo**-Programm und den Mondflug, hier bereits an anderer Stelle erwähnt. Unter anderem übten die Astronauten die ersten Spaziergänge im luftleeren Raum.

Allen Heynk, amerikanischer Astronom und Ufo-Forscher, während einer Presseerklärung 1966 nach der angeblichen Sichtung von Ufos in Hillsdale/Michigan

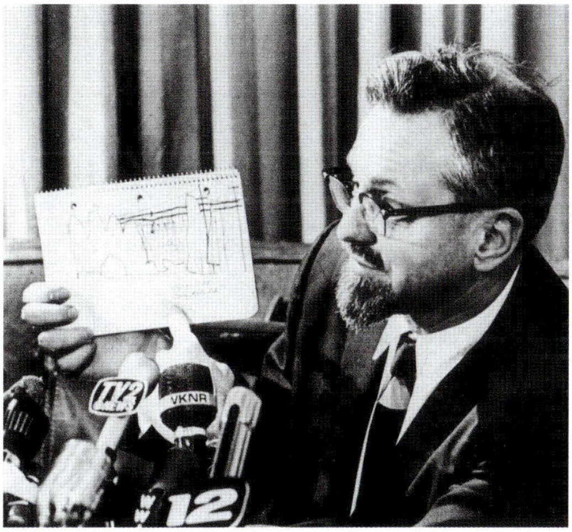

Ufos und Außerirdische

Sie waren – nicht zuletzt dank **Erich von Däniken** – ein Thema von großem Interesse in den 60er-Jahren. Dieser vertrat die Ansicht, dass das Leben auf der Erde aus dem Weltall stamme und von Außerirdischen auf unseren Planeten gebracht worden sei.

Ufos waren als unbekannte Flugobjekte aus dem All in den populären Medien immer für eine Sensation gut und daher über lange Jahre allgegenwärtig. Jeder hoffte, einmal selbst eines zu sehen. Vorträge zum Thema zogen Massen von Menschen an. Alles in allem handelte es sich wohl um eine Folge des großen Interesses an der Raumfahrt. Viele Fotos, die publiziert wurden, waren Fälschungen.

Außerirdische waren seit dem Roswell-Zwischenfall 1947, einem angeblichen Absturz eines unbekannten Flugobjektes in der Nähe der US-Kleinstadt Roswell und den davon inspirierten Büchern und Spielfilmen, in der Vorstellung vieler Menschen des Jahrzehnts gegenwärtig. Berichte über Entführungen und medizinische Manipulationen brachten Tageszeitungen gute Auflagen. Wissenschaftler bestärkten den Alien-Glauben. So begann Frank Drake von der Cornell-Universität 1960 das erste moderne SETI-Experiment, die systematische Suche nach Außerirdischen, die übrigens bis heute erfolglos blieb.

Das Jahrzehnt der Zukunftsvisionen

Was sich Experten und ganz normale Menschen dieses Jahrzehnts nicht alles vorgestellt haben über eine neue, märchenhaft andere und in allen Punkten bessere Zukunft! Auf zu den Sternen, Mann! lautete das Motto der zukunftsgläubigen Technikfanatiker, und ihre Utopien waren maßlos und ohne Realitätsbezug. Das **Raketenauto** für jedermann, der von Flugzeugtriebwerken angetriebene **Jet-Zug**, **Rohrpost-Nahverkehrssysteme**, gigantische **Städte unter Wasser**,

Skizze eines Luftkissenschiffes als Passagierdampfer, entworfen vom Schweizer Ingenieur Carl Weiland

Das magische Jahr 2000

Alle Zukunftshoffnungen und -erwartungen projizierte eine von der Idee des technischen Fortschritts berauschte Menschheit auf ein ominöses Jahr 2000, Symbol für ein technikgestütztes Paradies und Utopie einer geradezu paradiesischen Gesellschaft ohne Arbeit, aber mit höchstem Wohlstand für alle. Die These der Zeit: Im Jahr 2000 werden alle Probleme der Menschheit gelöst sein. Welthunger, Krankheit und Tod, besiegt von Wissenschaft und Technik – eine geradezu kindlich-naive Vorstellung, wie wir heute wissen.

Roboter gehörten zu den Fantasieprodukten der Technikgemeinde, und die Vorstellung, dass im Jahr 2000 niemand mehr arbeiten müsse, war sehr verbreitet. Roboter als Spielzeug, echte **„Men in Blech"** (so der Titel einer erfolgreichen Ausstellung im Jahr 2007 im Technischen Museum Wien), taumelten unter erheblicher Geräuschentwicklung und mit vielfach blinkenden Lichtern durch die Kinderzimmer – bis ihre Batterien leer waren. Tausende Kinder in antiautoritären Kindergärten bauten aus den Kartonverpackungen von Fernsehern, Waschmaschinen und Kühlschränken ihre eigenen Roboter, die mit Alufolie und Silberbronze verkleidet wurden. Schöne neue Welt.

riesige **Raumstationen**, **menschliche Ansiedlungen auf dem Mond** und den Planeten des Sonnensystems, ja **intergalaktische Reisen** wurden prognostiziert und quasi schon geplant und für das interessierte Publikum in Büchern dokumentiert.

Gab es Aspekte der Zukunft, um die man sich sorgte? Ja, die **Atombombe** machte Angst, und vor allem fragte man sich, ob man sie überleben könnte. Ansonsten war die Atomkraft gut und die unerschöpfliche Energiequelle kommender Tage: Ja, Atomenergie war ein Thema, aber nicht etwa ein technikkritisches. Der erste Atomreaktor wurde schon 1942 in den USA gebaut. Zur Vorbereitung der Jugend auf eine strahlende Zukunft gab es **Wilesco R200**, das **Atomkraftwerk als Spielzeug**.

Darstellung der Sea City des 21. Jahrhunderts, vorgestellt am 28.2.1968 vom britischen Technologieminister Benn

Bildnachweis

Akradecki: S. 199 o.
Bundesarchiv: S. 13 o. (Bild 183-M0804-0757 / CC-BY-SA), 14 (B 145 Bild-F078072-0004 / Katherine Young / CC-BY-SA, 17 (B 145 Bild-F004204-0003 / Adrian, Doris / CC-BY-SA), 26 (Bild 183-88574-0004 / Stöhr / CC-BY-SA), 27 (Bild 183-B0624-0041-005 / CC-BY-SA), 31 (B 145 Bild-F024827-0005 / CC-BY-SA), 188 (Bild 183-1984-1126-312 / CC-BY-SA)
burts: S. 66 u.
Charles01: S. 61 o., 63 o.
Dean, Jeff: S. 57 l.
DeFacto: S. 61 u. l.
Deutsche Bundespost: S. 144
Deutsches Zweirad- und NSU-Museum: S. 55 u. (Joachim Köhler)
Disques Vogue: S. 152 M.
Doerfer, Thomas: S. 65 l.
Dontworry: S. 153 o.
Entheta: S. 100 o.
Ephesos: S. 55 o.
Executive Office of the President of the United States: S. 15 Cecil W. Stoughton
Golluch, Norbert: S. 74 u., 152 u.
Grobe, Hannes: S. 154
HAUK MEDIEN ARCHIV / Alexander Hauk: S. 16
Hendrike: S. 148 o.
Henning, Pär: S. 193 u.
Karavias, Stylianos: S. 125 u.
KarleHorn: S. 64 M.
Kelebek: S. 61 u.r.
Klaffs, Heinrich: S. 146 u.
Laws, Richard William: S. 140
Library of Congress: S. 12, 30, 155 u., 192 o., 202
Marmet, Eduard: S. 199 u.
Maysy: S. 57 r.
Museo Che Guevara, Havana, Kuba: S. 13 u. © Alberto Diaz Gutierrez (Alberto Korda)
NASA: S. 20, 24 o., 33, 199 M.
National Archives and Records Administration: S. 24 u., 28,
Nite Owl: S. 153 u.
ONordsieck: S. 62 u.
Palumbo, Tom: S. 78
picture-alliance: S. 6, 7 Wolfgang Herold, 10 u. United Archives/TopFoto, 11 o., 11 u. United Archives/TopFoto, 18 United Archives/TopFoto, 19 United Archives/TopFoto, 21 Sven Simon, 22 dpa, 23 o. dpa, 23 u. dpa, 24 M. akg, 25 akg, 32 u. dpa, 34 Volkmar Hoffmann, 35 dpa, 36 dpa, 38 dpa, 39 imagestate/HIP/MuseumofLondon, 41 Presse-Bild-Poss, 42 imagestate/HIP/Spectrum Colour Library, 43 dpa, 44 dpa, 45 Mary Evans/ROGER, 46 Aßmann, 47 United Archives/TopFoto, 48 Manfred Rehm, 49, 50 Mary Evans, 52 United Archives/TopFoto, 53 United Archives/ TopFoto, 54 dpa, 56 Mary Evans, 68 dpa, 69, 70 dpa, 71 u. dpa, 73 o. Kurt Röhrig/Helga Lade, 73 u. akg, 76 dpa, 77 dpa/Heinz-Jürgen Göttert, 79, 81 The Advertising Archives, 82, 83 akg, 84 akg, 85, 86 M. Kurt Röhrig/Helga Lade, 87, 88 o. dpa /Wilhelm Bertram, 88 u., 89 Presse-Bild-Poss, 92 o. Dr. L. von Endrefy/Helga Lade, 93 dpa, 94 akg/Paul Almasy, 95 imagestate/HIP/Spectrum Colour Library, 98 The Advertising Archives, 99 akg, 101 Kurt Geiger, 103 United Archives/TopFoto, 104 o. akg, 105 u. akg, 106 Heiko Wolfraum, 107 Kurt Röhrig/Helga Lade, 108 The Advertising Archives, 109 United Archives/TopFoto, 110 United Archives/TopFoto, 111 akg/Gert Schuetz, 112 Harry Flesch, 113 o. United Archives/TopFoto, 113 u. Hannes Hemann, 114 Chris Hoffmann, 115 United Archives/TopFoto, 116 KPA, 117 Presse-Bild-Poss, 118 o. akg, 119 dpa, 122 u. dpa, 122 o. dpa, 123 dpa, 124 chromorange, 125 o. Mary Evans, 126 dpa/Daniel Karmann, 127 o. akg, 127 u. akg, 128 o. akg, 128 u. akg, 129 empics/Ryan Wilkisky, 130 M. WILDLIFE/C.Krutz, 131 Fritz G. Blumenberg, 132 dpa, 133 o. dpa/Photoshot, 133 u. dpa/Heirler, 134 dpa, 135 kpa, 136 Photoshot, 137 United Archives/TopFoto, 138 Photoshot, 139 maxppp/ Leemage, 141 Photoshot, 142 u. dpa/UPPA, 143 dpa, 145 o. United Archives/TopFoto, 145 u. Photoshot, 149 dpa/Harry Flesch, 151 dpa/Mickey Bohnacker, 156 o., 157 maxppp/Leemage, 158 Mary Evans, 159, 160, 161 Konrad Giehr, 162, 163 o. MAXPPP/Leemage, 163 u., 164 o., 164 u., 165 KPA/United Archives, 166 o. akg, 166 u., 167 kpa, 168 MAXPPP/Leemage, 169 KPA, 170 o. akg/Paul Almasy, 171 dpa/ Willi Gutberlet, 174 Mary Evans, 175 dpa, 176 akg, 177 dpa, 178 landov, 179, 180, 181 Dieter Klar, 182 akg/ Horst Janke, 183 o., 184 dpa/Manfred Rehm, 185 o., 185 u. dpa/Roland Scheidemann, 186 dpa/Stefan Puchner, 187 akg, 189 dpa/ Kurt Ulrich, 190 dpa/Manfred Rehm, 191 dpa, 192 u. dpa/ Göttert, 194 o. Helga Lade Fotoagentur GmbH, 195 dpa, 196 akg/Binder, 197 dpa/ Wilhelm Bertram, 198 dpa/Horst Ossinger, 200 dpa, 201 dpa, 203 Sven Simon, 204 o. Karl Schnörrer, 205 Mary Evans, 206 dpa, 207 dpa
Pietsch, Gerhard: S. 32 o.
Rateyourmusic: S. 146 o.
Ronald Feldman Fine Arts: S. 193 o.
Rosenthal, Gert: S. 183 u.
Rundvald: S. 60
Spurzem, Lothar: S. 58, 59 o., 59 u., 62 M., 63 M., 64 u., 65 r., 67
Storbeck, Sven: S. 62 o., 63 u.
Stockhausen-Verlag, Stockhausen Foundation for Music www.stockhausen.org: S. 155 o.
Summaria, Jim/www.jimsummariaphoto.com: S. 147
Thinkstock: S. 8 alle, 9 alle, 10 o., 40 alle, 51 alle, 54 (Rahmen), 68 Rahmen und Hintergrund, 71 o., 74 o., 75, 86 o., 86 u. li., 86 u. M., 86 u. r., 90 o., 90 u., 91, 92 u., 93 l., 96 alle, 97 alle, 98 Hintergrund, 101 Rahmen, 102 o., 102 M., 104 M., 105 o., 118 Rahmen, 118 u. l., 118 u.r., 120 alle, 121 alle, 130 o.l., 130 o.r., 130 u.l., 130 Hintergrund, 152 o., 156 Rahmen, 156 u.l., 156 u. M., 156 u.r., 170 u.l, 170 u.M., 170 u.r., 170 Hintergrund, 172, 173 alle, 194 u.l, 194 u.r., 194 Rahmen, 204 u.
Vente, A./Beeld en Geluidwiki: S. 142 o.
Warren, Allan: S. 150
Werner, Berthold: S. 64 o.
www.acosta.eu: S. 104 u.
www.rheinstore.de/Bornheim-Hersel: S. 100 u., 102 u.
Zenz, Rainer: S. 72
韋駄天狗: S. 66 o.